新时代中国特色社会主义
理论与实践研究丛书
王焕斌◎主编　杜永明◎副主编

中国古代国家制度体系的延续与价值初探

屈会涛◎著

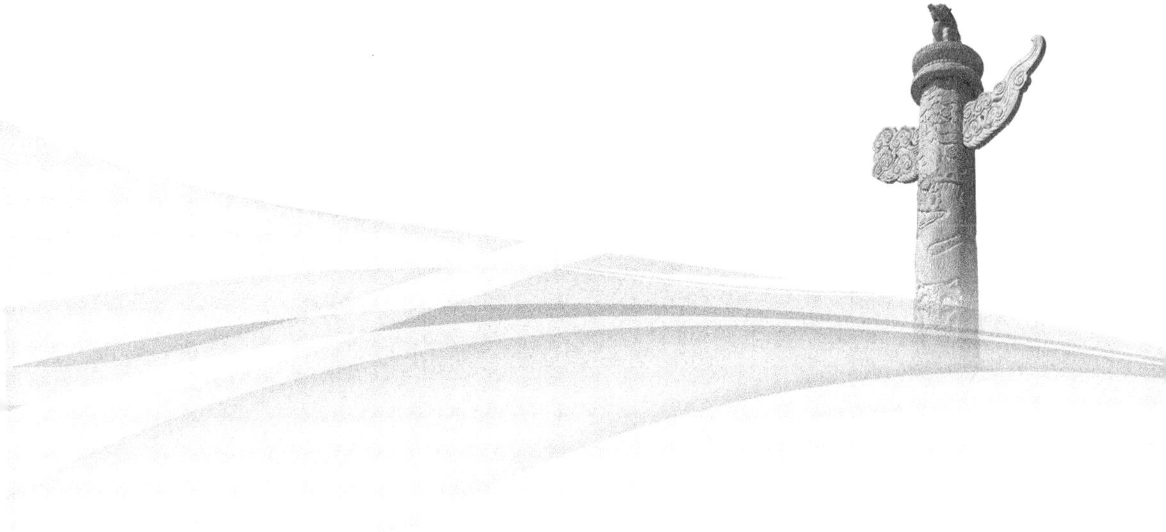

知识产权出版社
全国百佳图书出版单位
—北京—

图书在版编目（CIP）数据

中国古代国家制度体系的延续与价值初探/屈会涛著．—北京：知识产权出版社，2022.11

ISBN 978-7-5130-8459-8

Ⅰ.①中… Ⅱ.①屈… Ⅲ.①政治制度—研究—中国—古代 Ⅳ.①D691.2

中国版本图书馆CIP数据核字（2022）第217202号

策划编辑： 蔡 虹　　**责任校对：** 谷 洋
责任编辑： 张 荣　　**责任印制：** 孙婷婷
封面设计： 回归线（北京）文化传媒有限公司

中国古代国家制度体系的延续与价值初探

屈会涛 著

出版发行： 知识产权出版社有限责任公司	**网　　址：** http://www.ipph.cn
社　　址： 北京市海淀区气象路50号院	**邮　　编：** 100081
责编电话： 010-82000860转8109	**责编邮箱：** 107392336@qq.com
发行电话： 010-82000860转8101/8102	**发行传真：** 010-82000893/82005070/82000270
印　　刷： 北京九州迅驰传媒文化有限公司	**经　　销：** 新华书店、各大网上书店及相关专业书店
开　　本： 787mm×1092mm 1/16	**印　　张：** 16.5
版　　次： 2022年11月第1版	**印　　次：** 2022年11月第1次印刷
字　　数： 230千字	**定　　价：** 88.00元

ISBN 978-7-5130-8459-8

本书为：2022 年度山东省艺术科学重点课题“山东新型城镇化进程中增强进城人口文化归属感研究”；山东交通学院 2019 年博士科研启动基金项目“济南地区特色乡村的产业振兴与乡村治理”（项目批准号：BS201902059）；山东交通学院 2021 年度党建和思想政治教育研究课题“社会与个体互动视域中高校思想政治教育接受规律研究”（项目批准号：21SZY15）阶段性研究成果。

丛书前言

长期以来，为不断深入推进马克思主义理论中国化，提高运用马克思主义立场、观点、方法研究解决各种重大理论和实践问题的能力，同时更好地服务经济社会发展，党和国家领导人一直非常重视马克思主义理论与实践研究工作。党的十八大以后，中国特色社会主义进入新时代，在党中央的坚强领导和科学指引下，马克思主义研究工作紧紧围绕学习、研究、宣传习近平新时代中国特色社会主义思想这一根本任务，在著作编译、理论阐释、问题研究、学科建设、教材编写、队伍建设等方面取得了丰硕成果，为建设具有中国特色、中国风格、中国气派的哲学社会科学体系，不断开创新时代中国特色社会主义思想理论建设新局面发挥着重要作用。

山东交通学院为了更好地服务于国家和区域经济社会发展，实现全面建成高水平应用型交通大学这一重大目标，在学校《“十四五”发展规划纲要》和《“十四五”学科建设规划》中，提出要主动应对挑战，抢抓机遇，实现特色发展、创新发展、高质量发展，优化学科布局，加强内涵建设，形成高峰突起、重点突出、特色鲜明、交叉融合的学科体系，按照“强化引领 + 打造高峰 + 做强支撑 + 夯实基础”的学科建设思路，打造“1153”型学科布局，而起思想引领作用的马克思主义理论学科在此学科布局中占据突出位置。学校坚决贯彻落实党在教育领域的各项路线、方针、政策，坚持党对高校的全面领导，高度重视马克思主义学院建设和马克思主义理论研究。近年来，学校在思政课教师队伍建设、思政课教学质量提升和马克思主义理论学科建设等方面，主动加大了支持力度，亦取得了显著成效。

2021年5月8日，我校马克思主义学院邀请国家马克思主义理论研究和建设工程首席专家、兰州大学教授刘先春先生来校讲学。在学术活动期间，我向其颁发了山东交通学院“客座教授”聘书并与之进行了深入交流。刘教授了解到我校马克思主义学院近几年引进了一批青年博士才俊。他们有学术热情，有理论研究基础，但需要学校为他们未来的发展创设一个更好的学术发展平台。因此，刘教授向我们建议，不妨以这些青年博士教师的学位论文和前期研究成果为基础出版一套关于马克思主义理论研究的丛书。我深感这是一个好建议，便立即着手开始了这套丛书的论证策划工作。

2021年7月7日，学校马克思主义学院承办组织了我校首届习近平新时代中国特色社会主义思想理论与实践学术研讨会暨丛书出版工作选题论证会，会议邀请了山东大学周向军教授、山东省委党校谭建教授、山东财经大学沈大光教授和我校范书林教授担任选题论证专家。根据选题的科学性、整体学术水平、核心观点的创新性、框架结构的合理性等几个方面从报名的10部书目中选取了几部作为丛书规划书目。

丛书各位作者根据专家意见对专著内容进行了多次修改，补苴罅漏，字斟句酌，及时吸纳最新研究成果，使专著达到了出版要求。经调研论证，选定了知识产权出版社作为协议出版单位，丛书名称也确定为“新时代中国特色社会主义理论与实践研究丛书”。几部专著分别从国家制度、文化自信、大学生思想道德修养和社会主义核心价值观等诸方面，阐释了中国特色社会主义理论与实践在新时代的发展与创新。它们虽然不是面面俱到的论述，但直面的都是中国特色社会主义发展中的重大课题。作者们从较新的理论视角，以较新颖的研究方法，对相关领域的研究成果进行了较为全面的梳理归纳，折衷各家观点，提出自己的见解，展现出了一定的学术功底和理论水平，一定程度上代表了我校马克思主义理论学科的研究水平，令人欣慰。

当然，这套丛书虽命名为“新时代中国特色社会主义理论与实践研究丛书”，但我们深知这些成果并非是对中国特色社会主义理论与实践的全面系统研究，而是从诸多方面中的几个侧面出发而做，更多是一种基础性、局部性甚至是准备性的研究。诸位作者初入学界，研究眼界、基础、能力都还有待提升，再加上学术研究背景各不相同，肯定还存在不少需要完善的地方。雏凤新声，希望得到读者和学界的宽容与接纳，也欢迎各位专家批评指正，以使我们后续的研究能够更加深入并渐趋完善。

经过一年多的努力，这套丛书终于要和大家见面了。在此，我要向帮助学校马克思主义理论学科发展献计献策的刘先春教授等各位专家学者表示衷心的感谢，向承担丛书出版任务的知识产权出版社表示感谢。在丛书策划出版过程中，马克思主义学院牵头做了大量工作，也得到了学校党委宣传部、科研处、发展规划与学科建设处的鼎力支持，在此一并表示感谢。同时，也要向丛书的各位作者表示祝贺，专著的出版只是阶段性成果，希望他们以此为契机，在未来的教学和学术研究中取得更大的教科研成果。

在丛书出版之际，马克思主义学院希望我写几句话介绍出版缘起，故不揣谫陋，写下了上面的话，是为前言。

王焕斌

2022年8月

总　序

党的十八大以来，中国特色社会主义进入新时代。以习近平同志为主要代表的中国共产党人，坚持把马克思主义基本原理同中国具体实际相结合、同中华优秀传统文化相结合，坚持毛泽东思想、邓小平理论、“三个代表”重要思想、科学发展观，深刻总结并充分运用党成立以来的历史经验，从新的实际出发，创立了习近平新时代中国特色社会主义思想。习近平同志对关系新时代党和国家事业发展的一系列重大理论和实践问题进行了深邃思考和科学判断，就新时代坚持和发展什么样的中国特色社会主义、怎样坚持和发展中国特色社会主义，建设什么样的社会主义现代化强国、怎样建设社会主义现代化强国，建设什么样的长期执政的马克思主义政党、怎样建设长期执政的马克思主义政党等重大时代课题，提出一系列原创性的治国理政新理念新思想新战略，是习近平新时代中国特色社会主义思想的主要创立者。习近平新时代中国特色社会主义思想是当代中国马克思主义、二十一世纪马克思主义，是中华文化和中国精神的时代精华，实现了马克思主义中国化新的飞跃。党确立习近平同志党中央的核心、全党的核心地位，确立习近平新时代中国特色社会主义思想的指导地位，反映了全党全军全国各族人民共同心愿，对新时代党和国家事业发展、对推进中华民族伟大复兴历史进程具有决定性意义。

如何继续深化对习近平新时代中国特色社会主义思想的学习和研究，不断夯实新时代中国特色社会主义理论与实践的基础，不断丰富马克思主义中国化最新理论成果，就成为我们理论工作者重要的政治任务。这就要求我们，一方面，把马克思主义的基本原理与中国实际相结合、与中国优秀传统文化相结合，以马克思主义的立场、观点和方法推进习近平新时代中国特色社会主义理论与实践的研究；另一方面，鉴于中国快速经济社会发展带来的一系列问题，如何总结出新时代中国特色社会主义的独特意蕴，发掘传统与现代的各种资源，发挥对全面建设社会主义现代化的积极作用，深入关注中国现实，同时回应新时代中国特色社会主义实践中的重要理论问题与现实问题，从而为马克思主义的学科发展与中国的经济社会发展提供有益的思想资源，就需要我们进行有意的探索。2021 年 5 月 8 日，承蒙邀请，本人非常荣幸来到山东交通学院讲学并受聘为学校客座教授。“天下马院是一家”。报告结束后，又受山东交通学院马克思主义学院林源书记和杜永明院长的盛情之约，与马克思主义学院教师进行了座谈。让我惊喜地了解到山东交通学院马克思主义学院近几年获得快速发展，师资力量不断增强，特别是近年来新招聘一批青年博士教师，他们学养深厚、基础扎实、科研积极性高、学术潜力大，是马克思主义学院的新生力量和未来的学术骨干。有鉴于此，我向林源书记、杜永明院长及学校有关部门领导提出建议，以部分青年教师现有的或原有前期成果为基础，出版一套关于新时代马克思主义基本理论、马克思主义中国化及相关内容的丛书。既可以为本院的学科发展做一些基础性的工作，激发教师们的工作与科研热情，促进“教研相长”，又可以为学校的整体发展做些有益的工作。可喜的是，去年的这个建议变成了这套“新时代中国特色社会主义理论与实践研究丛书”的面世，我感到由衷的高兴和祝贺！

关于这套“新时代中国特色社会主义理论与实践研究丛书”的编写工作，有必要向读者做一些解释与简要说明。

第一，这套丛书虽然命名为“新时代中国特色社会主义理论与实践研究丛书”，但就目前的研究成果而言，距离全面、系统、详尽的新时代马克思主义理论与实践研究还有一定的差距。随着中国特色社会主义实践的不断深化拓展，这一研究成果还需要不断充实和完善。

这套丛书主要以某个问题或主题为研究主线，以此为中国特色社会主义理论与实践的研究框架，为将来编纂更加全面、系统、详尽的新时代中国特色社会主义理论与实践的研究著作做一些基础性的准备工作。

第二，这套“新时代中国特色社会主义理论与实践研究丛书”的编写模式是，以著者的博士论文或者以其原有的科研积淀为基础，依托于国家治理体系与治理能力现代化的学术背景，既研究新时代中国特色社会主义的理论与实践发展的传统历史根基、优秀文化涵养、理论渊源，又尝试性探究、梳理新时代中国特色社会主义理论与实践基础的转向、微观领域中存在的问题等。当作者们围绕各自主题进行阐述时，关于新时代中国特色社会主义理论与实践的历史背景、问题演变与发展脉络就呈现在其中。

第三，这套“新时代中国特色社会主义理论与实践研究丛书”的撰写，主要是基于作者们自身的学术研究背景和已有的研究成果。也正是因为如此，他们的研究领域和关注的焦点不尽相同，而且囿于自身条件和社会历史发展的局限性，对重要理论的挖掘和实践的理论总结尚存在诸多欠缺之处，暂时付诸阙如，以待将来条件成熟时再做补充。

第四，这套“新时代中国特色社会主义理论与实践研究丛书”，主要尝试述及诸多研究中的几个侧面，涵盖国家制度体系的延续与价值探究、大学生思想道德修养策略探讨、新时代文化自信展示等较为完整的研究逻辑主线，而马克思主义价值论的新时代发展更是贯穿其间。这套丛书对于推动新时代中国特色社会主义理论与实践研究具有重要的理论意义与学术价值。党的十九届六中全会通过的《中共中央关于党的百年奋斗重大成就和历史经验的决议》提出了马克思主义中国化的三次历史性飞跃，为新时代中国特色社会主义理论与实践创新提供了新的研究方向。希望关于新时代中国特色社会主义理论与实践的相关研究以及其他内容会有更多的研究成果面世。

综上所述，由山东交通学院马克思主义学院教师尝试撰写的这套

"新时代中国特色社会主义理论与实践研究丛书",是他们努力奋斗不懈追求的阶段性成果,尽管还有许多需要完善和改进之处,但瑕不掩玉,也恳求学界同仁不吝赐教,共同努力推动新时代中国特色社会主义理论与实践研究不断走向深入。

刘先春

2022 年 8 月

CONTENTS

目录

导 论

一、研究缘起

2000—2003 年，著名社会学家李培林对广州的“城中村”进行了实地考察和系统研究，他发现广州城中那些被高楼大厦包围着的村庄，十分神奇地将传统与现代结合在了一起。在这些“城中村”中生活的居民有种特有的睿智，一方面汲取着有利于自身的新东西，另一方面仍按照千年不变的传统逻辑行事。❶ 这种传统逻辑所形成的社会网络和合作方式，成为当地传递信息、信任、技术、资金等社会资源的主要渠道，有力地推动着当地经济的发展。与此同时，他也发现那些经济迅速发展和民众生活快速改善的地区，往往并不是具有大量国家投资项目的城市地区，而是具有传统的工商精神的乡村地区。这种地区（如苏南、闽浙、珠江三角洲）在发展中所利用的许多行为规则，多是靠传统伦理、家族网络和人情信用等维系的一套非正式规则。❷

当然，李培林所观察到的只是中国历史连续性在当代的一个表现。近代以来，中国社会虽然经历了变革，但传统文明与当下的社会文化之间依然存在着顽强的连续性。从 1978 年改革开放以来，随着激烈的反传统主义逐渐退潮，在国家治理中，传统复兴的趋势更为明显，并在吸收优秀传统资源构建新的制度体系上有了一定程度的自觉性。有的学者认为，中国改革开放之所以能够取得如此伟大的成就，政府和市场固然发挥了很大作用，但传统文明的复兴也是不容忽视的

❶ 李培林. 村落的终结：羊城村的故事［M］. 北京：商务印书馆，2004：82.
❷ 李培林. 村落的终结：羊城村的故事［M］. 北京：商务印书馆，2004：87.

因素[1]。外国政治观察家也发现，历史上的古典国家对 1978 年以来中国逐渐形成的国家体制有着很大的影响。[2]

中国在世界诸国中一向以历史悠久著称，留下的传统文化资源也尤为丰富。在五千年的文明历史中，中国所进行的一系列的制度创新和政治设计，为维持中华文明的发展和进步，维护中国作为一个领土广袤、民族众多的统一国家，维护国家的长治久安、经济社会的持续发展做出了不可磨灭的贡献。传统国家制度和当代中国的社会主义制度在根本目标上，当然是截然不同，不能相提并论的，[3] 但传统制度对当代制度有着重要的影响，而且传统制度中也有可资今天借鉴的优秀资源，这都是不容否认的事实。

既然历史与现实之间存在着这种的延续性，而传统制度体系也对今天的国家治理产生了实际的影响，那么，如何看待和借鉴这一制度传统，就成为今天推进国家治理体系和治理能力现代化不得不面对的重大问题。具体而言，这些问题主要包括：如何理解中国历史上的国家制度体系与今天国家治理之间的关系？今天的国家治理中，有哪些或多少制度因子是历史的遗留？传统国家制度体系对今天的国家治理到底有何意义？它是一种沉重的负担，还是难得的资源？如果是一种资源，又如何开发和利用它？归根结底，就是古代的国家制度体系的当代延续和现代价值问题。

二、研究对象

本书的研究题目是“中国古代国家制度体系的延续与价值初探”。这里的“古代”指的是学术界公认的从上古时期至鸦片战争这一时段。此后中国开始接触西方文化，走上现代化之路，国家制度发生了很大变化。

---

[1] 姚中秋. 世界历史的中国时刻［J］. 开放时代，2013（2）：7.

[2] 福山. 政治秩序与政治衰败：从工业革命到民主全球化［M］. 毛俊杰，译. 桂林：广西师范大学出版社，2015：337.

[3] 李约瑟. 四海之内［M］. 劳陇，译. 北京：生活·读书·新知三联书店，1987：130.

其次是“国家制度体系”这一概念，古代历史中的“国家制度体系”并不是一个稳定的实体。在漫长的历史时期，随着时代变迁，它几乎时时刻刻都在发生变化。本书无意去追踪这些制度的细致变化，而只关注这一“制度体系”的总体结构和其中的重要制度。不可否认，自秦汉时代，传统国家结构中的制度仍处于变动中，但国家结构却维持了一定的稳定性。这种比较稳定的国家结构，无论是身处传统制度之中的古代知识分子，还是现代以中国古代历史为研究对象的专业历史学家，抑或国外的汉学家，对它的描述基本上是比较一致的。本书所研究的就是这一取得基本共识的国家结构中的“制度体系”，也就是秦汉时代逐渐形成的国家制度体系。当然，就内容而言，这一“制度体系”仍然包罗万象，本书只研究其中的理念和制度两个方面。这两个方面，也只关注在治国理政过程中发挥过重大作用的部分。当然，为了研究的完整性，所关注的这些方面勾连在一起，也能够反映出古代国家制度体系的基本框架。

所谓“延续”，主要是指“古代国家制度体系”中的理念和制度在近代以来的延续与变化，某些理念或制度因子在当代的发展以及它们在当代社会中所实际发挥的作用。所谓“价值”，主要是指“古代国家制度体系”中的因素能够在当代社会中所发挥的作用，主要包括它们对促进国家治理体系和治理能力现代化的作用，它们对构建制度自信的作用。本书的重点并不是研究“古代国家制度体系”的具体内容，而是这一制度体系的当代延续和现代价值。历史研究是为现实服务的，传统国家制度体系的现代价值是本书的主要目标。追踪古代理念和制度在当代的“延续”，也是为了考察那些在当今时代仍然在发挥作用的理念和制度因子，最终目的仍然是为了探讨“古代国家制度体系”的现实价值。

在 2019 年 10 月召开的十九届四中全会上，习近平总书记在论述我们为什么要坚定中国特色社会主义制度自信时，首先强调的就是“中国特色社会主义制度和国家治理体系具有深厚的历史底蕴”[1]。中

---

[1] 习近平．习近平谈治国理政：第三卷［M］．北京：外文出版社．2020：119.

国特色社会主义制度和国家治理体系“植根中华大地、具有深厚中华文化根基”[1]，而“中国古代国家制度体系”正是这一“历史底蕴”和“文化根基”的重要组成部分。习近平总书记的这一论断为我们以传统国家治理资源增强制度自信、推进国家治理体系和治理能力现代化提供了根本遵循。追寻当代国家治理体系的历史底蕴和发掘古代国家制度体系的现代价值，正是本研究有机交融的一体两面。从这一意义而言，本研究就是在习近平总书记这一论断的基础上对当代国家治理体系的传统根基与历史底蕴进行阐释。

三、理论基础

中国共产党自成立之日起，就非常重视历史传统在革命活动、政治生活和经济社会中的作用，是“中华优秀传统文化的忠实传承者和弘扬者”[2]。今天，积极汲取传统治国理政的经验和智慧，对完善国家治理体系、提升国家治理能力仍具有重要的意义。习近平总书记一直非常重视从历史传统中汲取国家治理的思想与经验。在一系列重要讲话和集体学习中，他对传统国家治理理念、制度和实践对当今国家治理的意义、如何将传统国家治理经验应用于当今的治国理政实践中做出了诸多深刻的论述和卓有成效的探索。这些论述和探索主要体现在以下几个方面：

第一，充分肯定了传统国家制度体系的时代价值。早在2014年2月17日举行的省部级主要领导干部学习贯彻十八届三中全会精神全面深化改革专题研讨会上，习近平总书记就提出：“一个国家选择什么样的治理体系，是由这个国家的历史传承、文化传统、经济社会发展水平决定的，是由这个国家的人民决定的。我国今天的国家治理体系，是在我国历史传承、文化传统、经济社会发展的基础上长期发展、渐进改善、内生性演化的结果。”[3] 所以，为了更深刻地认识今天

---

[1] 习近平. 习近平谈治国理政：第三卷［M］. 北京：外文出版社. 2020：122.

[2] 中共中央文献研究室. 十七大以来重要文献选编［M］. 北京：中央文献出版社，2013：558.

[3] 习近平. 习近平谈治国理政：第一卷［M］. 北京：外文出版社. 2018：105.

的制度体系，以及更好地完善这一制度体系，就要加强对历史上治国理政经验的挖掘和阐发。

2014 年 9 月 24 日举行的孔子诞辰 2565 周年国际学术研讨会上，习近平总书记提出中华优秀传统文化“可以为治国理政提供有益启示”❶。同年 10 月 13 日，在第十八届中央政治局的第十八次集体学习中，习近平总书记强调，中华民族在漫长的历史过程中积累了丰富的治国理政经验。要治理好今天的中国，需要对我国历史和传统文化有深入了解，也需要对我国古代治国理政的探索和智慧进行积极总结。❷将传统治国理政的经验作为中央政治局集体学习的主题，充分显示了党中央对传统治国经验价值的重视。

第二，系统概括了传统国家治理理念、制度与经验的主要内容。在孔子诞辰 2565 周年国际学术研讨会上，习近平总书记在总结中国文化的启示时，就提到了不少传统国家治理的理念，如以民为本、安民富民乐民的思想，为政以德、政者正也的思想，清廉从政、勤勉奉公的思想等❸。2019 年 10 月 31 日，在十九届四中全会第二次全体会议上讲话中，他的论述更为丰富深入。他说：“在几千年的历史演进中，中华民族创造了灿烂的古代文明，形成了关于国家制度和国家治理的丰富思想”❹。接着他详细列举了这些思想，并强调这些思想理念与马克思主义交流融通之后，促进了马克思主义的中国化，也对当代中国的治国理政产生了重大影响。

除了思想，习近平总书记在多个场合也提到过传统政治制度的价值。在如何贯彻十九届四中全会精神的意见中，他曾经详细列举过中国历史上的国家制度，他说：“中国在人类发展史上曾经长期处于领

---

❶ 习近平．在纪念孔子诞辰 2565 周年国际学术研讨会暨国际儒学联合会第五届会员大会开幕会上的讲话［M］．北京：人民出版社，2014：6.

❷ 习近平．在中共中央政治局第十八次集体学习时强调牢记历史经验历史教训历史警示 为国家治理能力现代化提供有益借鉴［EB/OL］．（2014－10－13），https：//news.12371.cn/2014/10/13/ARTI1413196364304826.shtml.

❸ 习近平．在纪念孔子诞辰 2565 周年国际学术研讨会暨国际儒学联合会第五届会员大会开幕会上的讲话［M］．北京：人民出版社．2014：6.

❹ 习近平．习近平谈治国理政：第三卷［M］．北京：外文出版社．2020：119－120.

先地位，自古以来逐步形成了一整套包括朝廷制度、郡县制度、土地制度、税赋制度、科举制度、监察制度、军事制度等各方面制度在内的国家制度和国家治理体系，为周边国家和民族所学习和模仿。”❶ 中国传统的制度体系不仅是完善的，而且在世界上长期领先于其他国家。

关于传统国家治理经验，他也非常重视。2013 年 4 月 19 日，十八届中央政治局第五次集体学习总结了历史上反腐倡廉的经验。2016 年 12 月 10 日，十八届中央政治局第三十七次集体学习总结学习了我国历史上的法治和德治经验。2018 年 11 月 28 日十九届中央政治局第十次集体学习研究了我国古代吏治思想和治吏经验。在十九届四中全会上，习近平总书记全面总结了从古代至改革开放，中国当代国家治理体系的形成与演变过程以及在这一过程中取得的经验❷。

习近平总书记对传统治理理念、制度和经验的论述，揭示了传统治国理政智慧与探索的丰富内涵，既深化了相关研究，为研究者指明应该深入研究的重点方向，也为传统治理经验在哪些领域和方面能够成为国家治理现代化的重要资源提供了宝贵的启示。

第三，科学总结了传统国家治理理念与制度现代化的原则、途径与方法。传统国家治理理念与制度毕竟是当时社会环境下的产物，其中有值得借鉴的积极经验和做法，也不可避免地带有显著的历史局限性。所以，对传统治国经验不能不加辨别地全盘继承，而必须进行科学地区分、理性地辨别，然后在此基础上进行创造性转化、创新性发展。在这种辨别和发展过程中，要遵循人民性、古为今用，要坚持马克思主义的立场、观点和方法。以马克思主义为指导，就是要以马克思主义的基本原理和科学方法，研究分析传统国家治理智慧和经验，去粗取精，推陈出新，实现马克思主义与中华优秀传统文化的有机结合。

区分历史传统中的精华与糟粕，这是毛泽东提出来的原则，而创

---

❶ 习近平. 习近平谈治国理政：第三卷［M］. 北京：外文出版社. 2020：120.

❷ 习近平. 习近平谈治国理政：第三卷［M］. 北京：外文出版社. 2020：119 – 120.

造性转化、创新性发展的方法则是随着时代发展和认识深化所进行的创新，是党在历史传统的现代转化方面的一次方法论上的升华。2013年12月30日，习近平总书记在主持十八届中央政治局第十二次集体学习，首次提出“努力实现中华传统美德的创造性转化和创新性发展”❶。此后，这一原则和方法就被普遍地应用于中国传统文化的现代转化和国家治理体系与治理能力现代化中。创造性转化与创新性发展为新的历史时期弘扬传统文化、建设新文化提供了新思路，成为党指导社会主义制度和文化建设的重要方针政策。

这些有关传统国家治理理念、制度与经验的新看法和新论述，使人们对传统国家制度体系的价值以及传统国家制度与当代国家制度之间的关系有了更为系统、深刻的认识。人们已逐渐认识到，今天的国家治理是在传统国家治理的影响下发展出来的，其中有着鲜明的传统治制度基因，而吸收和借鉴传统国家治理的经验与智慧，既是已经实现了制度现代化的国家的成功经验，也是长期保持和不断增强我们国家治理优势的重要方法。

四、研究设想

学术界在“中国古代国家制度体系的延续和价值”上已经有比较丰富的研究成果，有从宏观上论述传统国家制度与当代国家治理的关系的，也有具体研究某一项制度在创造性转化和创新性发展中的演变轨迹的。本书在吸收这些研究成果的基础上，将研究重点放在具体理念、制度在近代以来的内生性演化和以传统国家治理资源构建制度自信上。

本书主要包括以下三个方面的内容。

第一部分主要研究传统国家治理体系的形成、特征与成就，解决传统国家制度体系值不值得继承以及有没有可继承的资源的问题。经过研究可以发现，古人在治国理政上所进行的探索、留下的智慧是我

❶ 习近平. 建设社会主义文化强国 着力提高国家文化软实力［EB/OL］.（2013-12-31），http：//news.12371.cn/2013/12/31/ARTI1388504955461547.shtml.

们今天推进国家治理现代化的重要资源和借鉴。这是本书第一章的内容，也是接下来所要进行研究的基础。

第二部分主要研究传统国家治理理念、制度体系与中国当代国家治理理念、制度体系的关系。研究方法是具体考察国家治理中重要的治国理念和制度的内涵、变化和影响，这是本书第二章、第三章的内容。第二章分别从“天下”“为公”“民本”“德治”四个方面，研究了传统国家治理在当代的延续与新生。第三章分别从“大一统”国家形态、文官行政制度、科举制和乡村自治传统四个方面，研究了传统国家制度体系在当代的延续、对今天国家治理的影响。

第三部分主要研究如何利用传统国家治理资源和治国理政智慧构建制度自信，这也是本书第四章、第五章的内容。第四章主要研究当前我们构建制度自信面临的问题，针对西方文化优越论在中国的出现以及引起的反思进行讨论，然后在此基础上对我们如何利用古代国家治理资源确定自主发展道路、如何理性看待西方的影响进行了论述。第五章主要研究了近代以来在国家制度领域自我贬低认识范式的形成以及对这一范式的反思。只有超越自我贬低的认识范式，才能重思传统治理资源，以传统资源构建制度自信。最后从坚持中国道路、形成中国模式、发展具有自身特性而又有益世界的新文明形态三个角度，论述了传统资源对制度构建和国家治理现代化的意义。

第一章　中国传统国家治理体系的形成、结构与成就

怎样看待自己国家的历史传统？这是任何一个国家在现代化过程中都必须面对和需要解决的问题。中国古代国家治理的理念、制度与实践是传统历史文化的重要组成部分，也是国家治理不可忽视的宝贵资源。要实现国家治理体系和治理能力现代化，需要对传统国家治理经验进行科学分析、理性借鉴。而要实现这一目标，需要科学地认识传统国家治理理念与体系，包括其形成过程、结构与成就。本章我们将首先分析传统国家治理体系的内容，治理理念将放在第四章分析这些理念的现代嬗变时再逐项分析。

一、中国传统国家治理体系的形成

中外学术界有关中国传统国家治理体系的形成已经有非常丰富的研究，这里将首先介绍三种比较典型的研究成果，在此基础上，对其中制度转变的关键时期——春秋战国和秦汉之际，做更详细的分析。这样安排，既能够梳理中国制度变迁的大势，又可以透过其中的关键点明了制度变迁背后的本质内涵。

（一）传统国家治理体系的形成过程

由于中国古代政体变迁脉络相对比较清晰，学术界对中国传统国家治理体系形成过程的研究分歧不大，差别只在于研究视角和所使用的术语。这里主要介绍中外学者的三种代表性观点，将不同学者的研究成果进行综合比较，传统政体嬗变演进的轨迹就更清晰了。

1. 部族时代—封建时代—大一统帝国时代

唐代散文家柳宗元曾经写过一篇著名的文章《封建论》。在这篇文章中，他认为中国的政体演变经过了部落、方国、封建、郡县等几个前后相继、不可逆转的阶段。而至秦代，“裂都会而为之郡邑，废侯卫而为之守宰”❶，正式建立了由流动官员任守宰的郡县制，天下由此一统，中国传统国家治理体系也正式形成。此后这种以郡县制为主体的制度延续了两千多年，所谓“百代都行秦政法”❷ 就是这个意思。

这里柳宗元所说的由封建到郡县的转变，可以说是中国历史上几千年才会有的大事件，其意义可与国家的诞生和鸦片战争的爆发相比。而且这一转变实际上已经隐含了部族、封建、大一统帝国三个阶段的大致轮廓，代表了受西学影响之前，中国文人对自身历史变迁的深刻感知❸。

柳宗元的这种阶段划分，在现代史学出现之后，被吕思勉、周谷城等史学家继承了下来。此后，这种划分方式又被现代的考古发掘和最新研究成果加以证实完善，成为于古有征、包容性强，而且切合中国历史实际的一种政体演变的时代划分。

吕思勉在《中国制度史》一书中说：“今日极大之国，其始，未有不自极小之部落来者也。我以为国家之成，实经三时代：（一）部落时代；（二）封建时代；（三）郡县时代。”❹

部落时代，吕思勉后来亦称其为“部族时代”。关于这一时代，吕思勉在其《先秦史》中曾这样描述：“封建以前，实当更立一部族之世，然后于义为允也。”❺ 因为上古时代的民众彼此之间不能没有关

❶ 柳宗元. 柳宗元散文精品选［M］. 西安：陕西人民出版社，1995：4.

❷ 这句诗出自毛泽东《七律·读〈封建论〉，呈郭老》，诗句表达的意思应该受到了其同乡谭嗣同的影响。晚清以来，中国知识分子将中国落后的根源归结为封建专制，秦始皇及其所建立的秦制就成为中国知识分子批判的对象。

❸ 王家范. 中国历史通论［M］. 上海：华东师范大学出版社，2000：87.

❹ 吕思勉. 中国制度史［M］. 上海：上海教育出版，2002：326.

❺ 此处吕思勉自注：“部落曰部，氏族曰族，见《辽史·营卫志》。”吕思勉. 先秦史［M］. 上海：上海古籍出版社，1982：374.

系，他们或者是以氏族为单位，或者是以部落为单位生活在一起，既然生活在一起，就很有可能推选一个才德出众的人，并听命于他。或者有一个部族，其人口最多，财力很雄厚，武装力量也很强，其他部落匮乏时，要靠它救济；发生大的战争时，就听它的指挥。这样久而久之，其他部落就会被这个强大的部族所慑服。于是，各个部落就慢慢地都听命于这个强大的部族了。在封建社会之前的时代，其社会情形大致就是这样。[1]

吕思勉的这段描述其实并不完全是根据中国古典文献提出来的，其间已经吸收了大量现代人类学和民族学的研究成果。在上古时代或社会发展层次较低的社会中，群体一般都是以血缘关系为纽带相处的，或称为氏族，或称为部落，是社会最基本的组织单元，也是以后一切复杂社会组织的出发点。

随着部族规模的不断扩大，社会逐渐由部族时代过渡到封建时代。根据目前我国新石器考古的新进展可知，随着人口的增长，部落之类的血缘组织逐渐成长为各种形式和规模的都邑聚落。这种都邑聚落在上古时代也被称为“国”[2] 或者“邦”。所以，都邑时代大概就是中国古史记载中的万国时代。由万国散处，到有一个统治中心，就是由部族社会向封建社会的转变，这一转变以较大的都邑发展成为核心邦国为标志。这时，在一定的地理范围内，有一个核心部族以天下共主的名义统领各都邑方邦。

这种国家形态，因夏朝文献不足，还不能完全确定其具体形态。在殷商时代，因为有丰富的甲骨文献和考古资料，能够比较清楚地看到，整体的国家结构已经初具雏形了。商王都邑往往称“商邑”“大邑商”，这说明它原先也是一个“部族方国”，后来经过征战等方式成为天下共主。商王国有自己直辖的下属邑和核心统治区域，这之外的地方被称为“四方”“四土”。在四方、四土之内的方国，承认商王的宗主权，但内部有较大的自由权利。他们各有属于自己的邑聚，有

[1] 吕思勉．先秦史［M］．上海：上海古籍出版社，1982：374－375．

[2] “国”最初的含义就是邑，即城墙包围的一片区域。

的都邑和民众数量还相当可观。但他们与商王的关系也并不完全稳定，经常处于叛、降、臣、服的不定状态，甲骨文中就有很多商王征讨方国的记载。

西周取代殷商，除了在封建体制下核心部族发生转移这一变化外，更重要的是西周的统治者发现了一种更为紧密的维系中央与地方关系的办法。对于原来臣属于商王的邦国，西周统治者一般也予以承认，但他们开始在一些重要的战略要地，派驻兄弟姻亲或亲信功臣建立诸侯国，这就是："封建亲戚、以蕃屏周"[1]。而且随这些诸侯来到当地的，还有他们的一部分同姓族人或被征服的殷商后裔，他们以一个武装集团的形式保持着对周边地区的控制。

为了与封邦建国相适应，西周还独创了另一制度——宗法制。这一制度规定，不论宗族延续多少代，作为大宗嫡长子的周王一直保持全族宗子的地位。这就避免了随着血缘的衍生而产生的疏远和离心力，从而保证了分封出去的同姓诸侯能长久地维护周王的权威。宗法制配合分封制，形成了稳定、坚固的封建制。所以，西周的国家结构要比殷商时期紧密得多。

当然，也必须看到，分封出去的邦国毕竟有土有民，又有完备的政府机构。在周王室有足够的权威时，这些世袭的地方贵族尚有意愿维持与中央的关系，但一旦周王室衰微，贵族自身实力膨胀，就开始追求自己的霸权。这样，封建制度就无可挽回地解体了。在由封建向"大一统"国家转变的过程中，一系列新的政治理念和制度被创造出来。这些理念和制度经过五六百年的积累，由细微变化汇成整体性的根本变革，形成了后世延续两千余年的"大一统"帝国体制。

2. 古国—方国—帝国

这一发展模式是由 20 世纪中国考古学的奠基人之一苏秉琦提出来的。苏秉琦一生都在持续不断地思考中国文明和国家起源的问题，他对中国考古学的两大贡献：一是提出考古学文化区系类型学说的理论方法；二是提出中国古代文明起源和国家形态发展学说，后者是在

[1] 出自《左传·僖公·僖公二十四年》。

前者的基础上完成的。苏秉琦首先根据新石器时期全国各地原始文化的特色，将其划分为北方、东方、中原、东南、西南和南方六大区系类型，然后在此基础上研究每一类型的发展演变，提出了文明起源和国家形态发展过程的理论。

1985 年 10 月，苏秉琦提出了中国文明起源过程的想法。他认为这一过程经过了古文化、古城、古国三个前后相承的阶段。古文化就是原始社会以石器和陶器为代表的文化，古城是指城乡最初分化意义上的城和镇，古国是指高于部落的、稳定的、独立的政治实体，由古文化，经古城，发展至古国阶段，是文明起源的逻辑、历史的过程。❶

1991 年，在《迎接中国考古学的新世纪：中国考古学理事长苏秉琦教授访谈录》中，他又提出了“古国、方国、帝国”是国家形态发展三部曲的看法。1994 年，在《国家的起源与民族文化传统（提纲)》一文中，他阐述了“北方原生型”“中原次生型”“北方草原续生型”是国家形成的三种模式。这样，由文明起源过程、国家形态发展阶段和模式构成的一个比较完善的理论体系就形成了。

最早进入古国阶段的是北方文化区系中的红山文化。内蒙古、辽宁地区的红山文化是国家起源的原生型文明。在距今五千年以前，这一地区率先跨入古国阶段，形成了早期城邦式的原始国家。❷ 此后，全国各地“不迟于距今四五千年前大体都进入古国时代，即城邦、万国林立时代”❸。

古国时代之后是方国时代，方国时代大约始于距今四千年前。“方”，其本意就是国❹。方国相对古国而言，已经是比较成熟、高级

❶ 俞伟超. 本世纪考古学的一个里程碑［M］//苏秉琦. 中国文明起源新探. 北京：生活·读书·新知三联书店，2019：183.

❷ 苏秉琦. 中国文明起源新探［M］. 北京：生活·读书·新知三联书店，2019：126.

❸ 苏秉琦. 中国文明起源新探［M］. 北京：生活·读书·新知三联书店，2019：127.

❹ “方”的本意为国，传世文献最早见于《周易·既济卦》。商周文献中的这一观念无疑是上古时期的遗留。

的国家。夏、商、周三个王朝都是方国。❶ 殷商时代，在“大邑商”之外，存在各种规模的方国，被称为“多方”，如鬼方、羌方、土方、周方等。这些方国发展程度并不完全相同，但一些发展程度较高的方国已经对商王朝构成巨大的威胁。方国的一个重要标志是军权、神权等权力集中在一个人手里，大国凌驾于小国之上，独霸一方。之所以这样，是因为“这时期一是群雄逐鹿，一是从洪水到治水”❷。群雄逐鹿必然导致方国之间的相互征服和国家规模的持续扩大，如汤伐桀、周克商、周公东征、昭王南巡等，而治理洪水也需要打破小国之间的界限。“所以，方国时代是产生大国的时代，也为大一统帝国的出现做了准备。”❸

方国的下一个发展阶段就是帝国，从方国向帝国的演变类似于上文已经论述过的从封建向帝国的转变。只不过一个是从古文献结合现代人类学研究成果引申出来的结论，一个是从考古学中得出的结论，二者侧重点不同，但殊途同归。

苏秉琦说，“从‘古文化、古城、古国’的观点，到‘古国—方国—帝国’的理论，是中国各区系由民族到国家具有普遍意义的发展道路。”但由于史前区系文化的个性、文化特征、历史过程不同，具体道路又各不相同。具体来说，就是中国国家起源过程大致有三种模式❹。

第一种是“原生型”，主要是北方的红山文化和夏家店下层文化，它们地处辽西、蒙南和冀北的交汇处，属于上古时期的冀州地区，也就是黄帝部族生息繁衍的地方。它们在距今五千年前率先进入古国阶段。不晚于距今四千年前，又超越了古国阶段，进入了成熟的方国时代。大概距今两千多年前，“西周初期召公之所以封至‘燕’地，其

❶ 苏秉琦. 中国文明起源新探 [M]. 北京：生活·读书·新知三联书店，2019：130－131.

❷ 苏秉琦. 中国文明起源新探 [M]. 北京：生活·读书·新知三联书店，2019：131.

❸ 苏秉琦. 中国文明起源新探 [M]. 北京：生活·读书·新知三联书店，2019：131.

❹ 苏秉琦. 中国文明起源新探 [M]. 北京：生活·读书·新知三联书店，2019：141－143.

立国基础绝不会是野蛮的原始社会，而是高度发达自有来源的文明社会”❶。

中原地区则为第二种模式，即“次生型”。它经由尧舜、夏商周三代，从距今四千年到两千年前，在北方原生型国家的影响下，逐步产生社会分工与阶级分化，最终形成了超大型的政治实体。与北方不同的是，中原地区国家形成的另一动力来自治理洪水的需要，中原地区国家形成大致与《史记·五帝本纪》中后半段记录的洪水治理成功相吻合。

第三种为“续生型”，它是大一统国家建立后，北方草原民族进入中原后的建国模式，如鲜卑、契丹、女真、蒙古等族。它们在与中原文明接触之后，又各自分别经历了古国、方国、帝国三个阶段。北方民族所建立的续生型国家虽然出现得较晚，但它们持续不断地扩大了中国的疆域，为中华民族注入了新的活力与生命。

不过，苏秉琦所说的“原生型”和“次生型”都是中原地区国家形成的模式，它们前后相继，差别不是特别大。而“续生型”则是文明和国家形成后，在草原上生活的少数民族入主中原建国的模式，与前二者有质的不同。所以，后来研究民族史的学者认为，在中国历史上有两种国家建构模式：一种是外儒内法的君主官僚制国家建构模式；另一种是从汉地社会边缘的中国内陆亚洲边疆发展起来的内亚边疆帝国模式。这两种建构模式形成的国家形态也并不完全相同。❷

3. 氏族制度—邑制国家—君主国家

这种国家形成与发展理论是日本学术界的研究成果。氏族制度是人类普遍经历的一个历史阶段，上文已有详细的论述，此处不再赘述。邑制国家是日本学术界的一项发现，其在一定程度上揭示了殷商时期的历史特色。

关于殷商时期的国家制度，在第二次世界大战后的日本学界存在

❶ 苏秉琦. 中国文明起源新探［M］. 北京：生活·读书·新知三联书店，2019：139.

❷ 姚大力. 追寻“我们”的根源：中国历史上的民族与国家意识［M］. 北京：生活·读书·新知三联书店，2018：149.

着都市国家论和邑制国家论两种观点。都市国家论以宫崎市定、贝冢茂树为代表，邑制国家论以宇都宫清吉和松丸道雄为代表。都市国家论参照欧洲历史发展进程，将殷商时期的国家形态置于氏族制度—都市国家—领土国家—大帝国这种国家形态的普遍发展阶段之中，认为中国殷商时期的国家形态与希腊、罗马历史上的城邦或城市国家相似，城内以拥有军事特权的市民（即“国人”）为主。而邑制国家论则将殷商史置于中国古代特殊性之中，倾向于强调“邑”的氏族制特点。[1] 都市国家论和邑制国家论的关注点虽然都在城市这一共同的社会组织上，但其研究取向却有根本性的差异，二者一为求同，一为存异。

对这两种观点，后来的日本学者大多认为，都市国家论太胶柱于希腊、罗马的经验，而邑制国家论则从邑和其内部的氏族制出发，更多地考虑了中国本土的经验，更为合理[2]，虽然这种“族”已经不仅仅是原来氏族制的遗存，而是历史条件下再生产的产物。[3] 哥伦比亚大学教授李峰在《西周的政体：中国早期的官僚制度和国家》一书中，将西周称为“权力代理的亲族邑制国家”[4]，就是继承了这一观点。

殷商、春秋时期人们居住的地方被称作“邑”。这些“邑”分为几个层级，有国都所在的“大邑”，有从属于“大邑”的氏族的“族邑”，有从属于“族邑”的较小的“属邑”，各种邑构成了层层相属的关系，这种关系成为殷商时期基本的国家构成关系。“邑”大多是

---

[1] 松井嘉德．周的国制［G］//佐竹靖彦．殷周秦汉史学的基本问题．北京：中华书局，2008：74－80．

[2] 江村治树．古代城市社会［G］//佐竹靖彦．殷周秦汉史学的基本问题．北京：中华书局，2008：20－21．

[3] 吉本道雅．先秦时期国制史［G］//佐竹靖彦．殷周秦汉史学的基本问题．北京：中华书局，2008：66．

[4] 李峰．西周的政体：中国早期的官僚制度和国家［M］．北京：生活·读书·新知三联书店，2010．此处引用的“权力代理的亲族邑制国家”见该书结论部分。李峰在国内接受过完整的考古学训练，后留学日本，对日本学界研究成果非常熟稔，最后在美国拿到博士学位，入职哥伦比亚大学。美国的中国上古史研究，一直都受到人类学的巨大影响，所以这一论断无疑也总结了西方封建社会的研究成果、汉学研究成果以及人类学家对非洲原始国家形态的研究成果。

农村聚落，其居民是以血缘集团方式存在的，他们在“邑”周围的“田”里耕作，战时组成军队，编入“邑”统治者即诸侯的军团。各种“邑”的内部往往还有生产陶器、骨器等生产和生活用品的作坊等生产场所，可以生产各种工具，供贵族和当地居民使用。❶

在“邑”的内部，统治者和被统治者都是以氏族组织的形式存在的，所以统治采取的是氏族支配氏族的方式。在这里，个人尚未作为直接的统治对象出现。而各个邑制国家的土地、人民都由其诸侯占有，王的支配权并不直接到达“邑”的内部。而且王也受到其所属氏族的约束，权力集中于个人的程度受到各种各样的限制。所以实际而言，此时并不存在后世意义上的那种权力集中的统一国家。❷

这种邑制国家在春秋战国时期开始向君主集权国家过渡。这种过渡实际上包括王和人民的两个转变过程：其一，王摆脱了氏族制的羁绊，使从前的族人臣属于自己之下。这样，过去城邑中的支配氏族就渐趋解体；其二，作为君主的支配对象的人民，也随着被支配氏族的解体而变成个体化的分子，成为君主直接支配的对象。

而随着邑制国家内氏族的解体，邑开始向地缘化方向发展，为了控制这些城邑以及城邑内部分散的人民，于是郡县制产生了，君主集权制度形成了。此后，皇帝对人民的统治，不再是通过间接支配氏族的形式，而是通过户籍、赋役等制度由皇帝直接支配人民，即以个人的形式接受皇帝直接的统治。也就是说，全体人民无论男女，都要缴纳赋税，男子还需要服兵役、徭役。❸

以上是中外学者对中国政体转变过程的研究成果，虽然介绍的是整体的转变，但重点在于春秋战国之前的阶段。之所以如此，是因为在春秋战国时期酝酿着中国历史上的剧变，这是下文研究的重点。

---

❶ 这是江村治树总结的伊藤道治和松丸光雄的研究成果，见《殷周秦汉史学的基本问题》一书。江村治树．古代城市社会［G］//佐竹靖彦．殷周秦汉史学的基本问题．北京：中华书局，2008：22.

❷ 西嶋定生．中国古代帝国形成史论［G］//日本学者研究中国史论著选译：第二卷．黄约瑟，译．北京．中华书局，1993：34－35.

❸ 西嶋定生．中国古代帝国形成史论［G］//日本学者研究中国史论著选译：第二卷．黄约瑟，译．北京．中华书局，1993：34－35.

（二）春秋战国时期在政治结构上的突破

春秋战国时期是中国政治发生剧烈变化的时期，这种变化主要表现在政治结构、制度和理念三个方面。在接下来的两章中，将对重要的制度和理念逐项进行详细研究。这里则重点分析政治结构方面的变化。

春秋时期奉行与西周时期一样的政治原则，所以诸侯国的政治结构也与西周时期相似。但由于战争的频繁发生、疆域的持续扩大和社会生产力的不断发展，诸侯国内的世族获得了西周时期所没有的发展机会，从而成长为可以与君主分庭抗礼的政治势力，所以春秋中晚期，各诸侯国多出现了一种君权旁落、几个世族组成稳定的政治统治核心、世代把持政权的局面。❶

当然由于周天子权威的衰落和各诸侯国的区域差异，这种政治局面的表现形态和发展程度也不完全相同。下面将分别介绍各诸侯国世族掌握政权的情况，然后在此基础上分析这种政治形态出现的原因，以及在春秋时期政治变迁中的意义。我们可以按照国君与世族权力大小的不同组成一个权力渐变的谱系分别进行论述。

1. 秦国

秦国的贵族势力在整个春秋战国时期主要的诸侯国中是最弱的。与其他诸侯国不同，秦国并不将公子、公孙等出身公族的子弟赐予采邑、姓氏而成为王朝之下臣，他们仍作为宗室的成员之一，一直被凝结在强大的王族集团之中。❷ 不仅如此，秦国也不存在像齐国、卫国那样强大的异姓宗族。见于史籍的秦国异姓宗族只有子车氏、百里氏、士（刘）氏等小宗族，这些家族存在时期短，且地位不高，❸ 在政坛中发挥的作用也不大。

秦国没有大的、世代相承的卿大夫阶层，这一点从考古发掘的历

---

❶ 朱凤瀚．商周家族形态研究［M］．天津：天津古籍出版社，2004：395－396．

❷ 佐竹靖彦．佐竹靖彦史学论集［M］．北京：中华书局，2006：134－135．

❸ 钱杭．周代宗法制度史研究［M］．北京：学林出版社，1991：195－196．

史上也可以清楚地看出来。目前，在关中地区还没有发现春秋秦国卿大夫的封邑，国都之下很少发现中小城址，说明没有形成东方那样的城邑等级分层体系。❶ 与世族力量弱小相适应，秦国国君的权力非常强大，不仅可以随意将实力雄厚的公子驱逐出国，而且会让地位很高的将军和贤人陪葬。❷

那么，秦国为什么会出现这种国君强大而世族弱小的政治形态呢？钱杭认为这与秦国独特的伦理结构有关。由于秦国一直存在强大的、无制约的父权，导致秦人对在世在位的父、君的高度尊崇。❸ 赵鼎新则认为，这与畜牧民族的影响和秦武公的改革有关。由于秦国地处西陲，政治难免受畜牧民族的影响，政府结构比较简单，权力也相对比较集中。还有一个原因是秦武公强化君权，秦武公是在秦出公被弑之后，由弑杀出公的三家贵族拥立的，但秦武公即位后立刻诛杀了拥立他的三家贵族。此外，他还利用以活人殉葬的制度来打击贵族势力，并在新获得的领土上采用新的制度——县制，进行管理。❹

总之，在特殊的政治、社会环境中，春秋时期的秦国并没有延续西周的封建制和世官世族制，是依靠在国内大肆分封公子或功臣，从而形成势力强大的世族。而秦朝是在与戎狄斗争的过程中，受其影响，逐渐形成了一种集权政治结构、一种非血缘的政治。

2. 楚国

楚国世族与国君的关系，与中原地区的国家相比也是非常特殊的，主要表现为世族数量多，有斗氏、蔿氏、成氏、屈氏、伍氏、申氏、沈氏、潘氏、昭氏、景氏、鲁阳氏等，他们的力量很强大。但与此同时，国君的权力也很强大，而且当世族与国君发生冲突时，世族往往不堪一击。

楚国世族的规模和世族与王权之间的关系都可以庄王九年的若敖

---

❶ 梁云．战国时代的东西差别：考古学的视野［M］．北京：文物出版社，2008：251．

❷ 秦穆公以三贤殉葬，秦景公驱逐其弟公子伯车。

❸ 钱杭．周代宗法制度史研究［M］．北京：学林出版社，1991：202．

❹ 赵鼎新．东周战争与儒法国家的诞生［M］．夏江旗，译．上海：华东师范大学出版社，上海三联书店，2006：139－141．

氏之乱分为前后两期。前期世族的规模很大，实力很强，在楚国的政治中具有举足轻重的地位。但自从庄王灭若敖氏之后，楚国就不再有大的世族，像囊、沈、阳、西、鲁阳这些新生世族，其规模都不是很大。而原来的二流世族屈氏在春秋后期就已经算是规模很大、地位很高的世族了。到战国时期，大的世族只剩下屈、景、昭三家。

与世族在楚国政坛中的沉浮不定不同，公室子弟，特别是楚王的兄弟、子侄一直都是在楚国上层政治舞台上的活跃力量。他们一般担任令尹一职或为高级军事将领。但是，当公子阶层势力过于强大时，君主会有意识地以世族牵制他们。所以，整个春秋战国时期，楚国的政治势力高下基本表现为在世族与公室之间往复摇摆。

那么，导致楚国这种特殊的世族与王权关系的原因何在？钱杭认为，这与楚国特有的宗族结构有关。楚国世族的家族结构往往非常松散，世系不明，嫡庶难分。❶ 这主要表现在两个方面：一是楚国世族的世系并不连贯，每一个世代都有一些世系不清、来源不明的族人；二是楚国家族很早就开始实行异居异财制，子重、子反两人杀掉申公巫臣一族的子阎、子荡，子重自取子阎之室，让沈尹和王子罢瓜分了子荡之室，这说明子阎、子荡的财产已经分开了。而且子重灭掉了申公巫臣一族，屈氏却并没有灭亡，屈氏族人屈建后来还做了楚国令尹。楚国世族这种结构松散的特性，应该和它的宗法制不严密有很大的关系。

童书业认为，这种特殊的世族和王权关系与楚国的国家发育程度有关。他认为，楚、秦、吴、越这四个国家地处边陲，它们的社会发展阶段还比较落后，没有卿族凌驾于君主之上的事情发生。❷ 春秋时期的楚国，封建制的发育程度还没有中原诸国成熟，所以楚王作为大宗的权威还是很强大，其君权就比较集中。❸ 也就是说，封建制的发展程度对君主的集权程度有着直接的影响。中原国家奉行封建制唯

❶ 钱杭．周代宗法制度史研究［M］．北京：学林出版社，1991：226－227．

❷ 童书业．春秋左传研究［M］．北京：中华书局，2006：302．

❸ 童书业．春秋左传研究［M］．北京：中华书局，2006：58．

谨，所以君主权威衰落得也最快。

3. 齐国

春秋时期，齐国政治的主要特点是具有比较大的开放性，政治人才的选拔除了血缘这一标准外，还坚持一定程度的唯才是举，所以出现了公室卿族和异姓卿族联合执政的局面。[1] 但是从总体来说，齐国各个世族的发展规模和程度都不高，低于鲁、晋、郑、卫等国，这样就造成国君权力相对世族而言处于优势地位。

齐国的公族之卿有崔、庆、高（子尾）、栾（子雅，皆惠公孙）、国、高。除了国、高二氏，其他各族的存在时间都不长。国、高族运之长远，并不意味着宗族力量多么强大，而是因为此二氏为周天子命臣，均有来自外部的政治力量维持着它们的特殊地位，这也恰恰证明，姜姓公族的普遍发展水平并不高。[2]

齐国的异姓宗族有管、鲍、晏、田四个。管、鲍、晏三个世族的发展水平也不高。景公时晏子为相，其之所以成功并非因为有强大的宗族背景，关键在于顺乎民心，顺乎君心。[3] 只有田氏是个例外，它虽然是个外来世族，但比齐国的其他宗族具有严格和完整得多的宗法传统。[4] 即便如此，田氏代齐也并不是通过扩大宗族实力来实现的[5]，其夺权是通过类似于后世权臣利用一系列权谋来实现的。

整个春秋时期，齐国没有强大的世族，君主一直保持着强大的优势，而且有能力引进一些出身低微的士人，甚至通过阉竖来参与政治。自齐桓公任用管仲改革以来，齐国的政权一直保持相当大的开放性。但是比较吊诡的是，战国时期，当中原地区其他国家的世族已经对政治无甚影响时，齐国的世族，特别是田氏仍对政治有着举足轻重的影响力。看来，在切断血缘对政治的影响力方面，齐国和楚国一样，做得并不彻底。

---

[1] 吕文郁．周代的采邑制度［M］．北京：社会科学文献出版社，2006：179.
[2] 钱杭．周代宗法制度史研究［M］．北京：学林出版社，1991：212.
[3] 钱杭．周代宗法制度史研究［M］．北京：学林出版社，1991：218－219.
[4] 钱杭．周代宗法制度史研究［M］．北京：学林出版社，1991：219.
[5] 钱杭．周代宗法制度史研究［M］．北京：学林出版社，1991：221.

4. 宋国

宋国的世族势力比齐国强，世族数量也相当可观，有出自戴公的华氏、乐氏、老氏、皇氏，出自桓公的鱼氏、鳞氏、荡氏、向氏，庄公的仲氏，文公的灵氏，共公的石氏和平公的边氏等。宋国在相当长的时期内，是几个先君遗族并存，共同参与朝政。[1]

而宋国是殷商后裔，可能受周人宗法封建制的影响比较小。终春秋之世，君权一直比较强固。春秋中叶以后，宋国世族的力量固然很强大，但君权也很强大，所以世族作乱，无不以失败告终。元公时，华、向二族甚横，惧宋公讨伐，作乱，失败后奔楚。春秋晚期，又有司马向魋及大尹专政之乱，也失败了。[2] 所以，楚太宰犯曾说："诸侯惟宋事其君。"[3]

宋国的这种政治结构，与其宗法制度不严密、世族结构特别松散有很大关系。宋国世族的各个家族都有不少世系无可追踪的族人，而这些族人往往也并不是无足轻重的人，他们大多数曾在宋国任卿职，其世系的缺失，应该不仅仅是一时的失载。而且宋国家庭规模很小，父子兄弟不居一处的很多，也就是说，宋国的家庭结构是一种非常小的核心家庭，这些小的家庭往往有自己独立的家庭利益，所以宋国兄弟相残的事时有发生。世族叛乱时，同一家族的人往往分属不同的阵营，而国君讨伐某一家族时，便会拉拢其所要讨伐家族的一部分，而这一部分不仅不参与叛乱，反倒会帮助君主平乱。

宋国的家族结构决定了其不可能产生鲁、郑等国所出现的世族政治，因为它们的家族规模小、居住分散，力量比较弱小，而且同属一氏的各家族都有自己的利益，在世族与君主冲突时，同一氏族也会分属不同阵营，所以在宋国的历次动乱中，世族没有胜利的。

战国时期，宋国的政治发展过程与齐国很相似。韩非子在评述战国初期政局变迁时曾说："田氏夺吕氏于齐，戴氏夺子氏于宋。"[4] 田

---

[1] 朱凤瀚. 商周家族形态研究［M］. 天津：天津古籍出版社，2004：452.

[2] 童书业. 春秋左传研究［M］. 北京：中华书局，2006：89－90.

[3] 《左传·昭公·昭公二十一年》。

[4] 《韩非子·忠孝》。

氏代齐不久后，宋国的戴氏也篡夺了宋国的君位。而且戴氏篡宋与田氏代齐的原因十分相近，所以韩非子将二者并列。作为中原国家的宋国和齐国，在春秋时期君权都是比较强固的，这与它们没有厉行西周的宗法封建制有关。当然，宋国政治的血缘色彩远重于齐国，但两者的政治形态毕竟有相似之处，所以其被取代的原因也是相似的。可惜的是，戴氏篡位不久，就被齐国灭掉了。

5. 卫国

卫国是周公之弟康叔的封国，真正的宗周子弟之国。卫国奉行宗法封建制是没有问题的，但卫国毕竟是殷商旧地，居民多为殷商遗民，虽然孔子说“鲁卫之政，兄弟也”[1]，其实卫国的政治与鲁国还是有很大不同的。其中一个不同就是卫国的世族数量较多，来源多元，政治斗争较为复杂。

卫国大的世族大致有十四个：孔氏为姞姓，这是卫国不多的姬异世族；石氏出自靖伯，世叔氏出自僖侯，孙、宁出自武公，它们的产生都是在春秋之前；褚师氏、蘧、赵不知所出；齐、北宫、子叔、公叔、公孟、南，这六个世族分别出自宣、成、穆、献、襄、灵，虽然出现得有早有晚，但其崭露头角都是在献公之后。

公元前559年，孙氏、宁氏不甘献公侮辱，将献公驱逐出国。献公复国后，逐孙氏，杀宁氏，石氏惧诛出奔，献公从而得以掌握政权，公族得以大量参政，一批新的卿族相继产生，如北宫氏、司寇氏、子南氏、公叔氏。出公、昭公时期又驱逐了孔氏、褚师氏、大叔氏，这样，卫国旧的卿族全部被驱逐出境，而一些新生的卿族也连带被驱逐。这些世族被驱逐后，剩下的新世族中势力最大的是灵公之后的子南氏。而出公复位后夺南氏田，引起南氏不满，南氏联合其他世族驱逐出公，立悼公，从此政权落入南氏手中。

6. 晋国

晋国的世族与君权的关系大概是春秋时期最复杂，也是变化最剧烈的。春秋初期，晋国将公族扫荡一空，并且诅无畜群公子，所以晋

[1] 《论语・子路》。

国无公族，但扫荡公族的一个直接结果就是公室的强大和异姓异氏宗族的兴起。❶ 异姓卿族的发展并非一开始就形成对公室的威胁，公室在相当长的一段时间内，对卿族具有生杀予夺的权力。❷

由于晋国的政治结构和所奉行的政治原则没有改变，即使是异姓世族，其势力也会不断发展直至僭越君权。晋襄公七年，赵盾始执政，世族势力开始上升。童书业说，这是春秋史上的一件大事。从此以后，晋国政权逐渐下移，大夫专权，政出多门。晋国也终致霸业不再，最后出现了三家分晋的局面。❸

公元前 607 年，晋成公自周回国即位，因为在国内没有根基，不得不敷衍异姓卿族，又实行了新的有利于世族的政策。“宦卿之嫡子而为之田，以为公族。又宦其余子，亦为余子，其庶子为公行，晋于是有公族、余子、公行。”❹ 这一措施的目的是使卿大夫与公室利益相融合，以调和公室与卿大夫之间的矛盾，但实际上却使卿大夫集团的权力上升，为其当政奠定了基础。❺

此后，晋国政坛上逐渐出现了栾、韩、范、赵、魏、狐、先、羊舌、中行、智、程、郤、祁、籍等十几个大世族。这些世族在与君主斗争以及相互斗争中逐渐消亡，最后在春秋晚期形成了韩、范、赵、魏、中行、智六卿执政的局面。公元前 497 年，韩、赵、魏、智四家联合驱逐了范氏、中行氏。公元前 452 年，韩、赵、魏三家又灭掉了智氏，由此形成了三家分晋的局面。

7. 郑国

郑国的政治发展过程比较单一，大致可以分为两个阶段，襄公之前多为公子执政，襄公之后七穆迅速取得政权。七穆，即由郑穆公的七个儿子衍生出来的家族，分别是良、游、国、罕、驷、印、丰，著名的贤人子产就出自其中的国氏。

---

❶ 钱杭. 周代宗法制度史研究［M］. 北京：学林出版社，1991：241.

❷ 钱杭. 周代宗法制度史研究［M］. 北京：学林出版社，1991：242.

❸ 童书业. 春秋左传研究［M］. 北京：中华书局，2006：86.

❹《左传·宣公·宣公二年》。

❺ 朱凤瀚. 商周家族形态研究［M］. 天津：天津古籍出版社，2004：518.

七穆掌权后，公子阶层无权干政，郑国国君形同虚设，郑国原来的一些小的世族也在斗争，或被灭，或被驱逐。这种局面一直持续到战国初期，郑国被韩国灭掉。

8. 鲁国

卿大夫执政的现象在鲁国最为典型，也发展得最为彻底。鲁国的政治有一个脉络比较清晰的演变过程，在隐、桓、庄、闵、僖、文、宣公时期，都是公子、公孙阶层执政，也就是说，政权掌握在公族的手中。政治发生变化是在宣公十八年（前 591 年），这一年季文子利用宣公逝世的机会一举驱逐两代执政的东门氏，从此政权落入三桓手中，此后鲁国即不再有公子、公孙执政的现象，因此也没有再产生新的世族。

三桓掌握政权后，虽然他们之间仍然还有斗争，但基本上能有效消除分歧，稳固地掌握政权。而且他们仍然遵循"周道亲亲"的政治传统，不断分封分化出小的支庶世族。同时由于三桓政治势力的膨胀，其内部的家臣也攫取了巨大的政治势力，这使得家臣屡屡据邑叛乱，甚至出现了"陪臣执国命"的现象。鲁国作为最接近"周道"的国家，也展示了宗法封建制所导致的权势转移的最完整的过程。

战国初期，鲁国国君利用外部力量驱逐了三桓，重新掌握政权，建立权力较为集中的君主制。而被驱逐的季孙氏回到自己的封邑，自立为一个新的国家——费，鲁、费两国，直到战国中晚期才被楚国灭掉。

以上我们分析了秦、楚、齐、宋、卫、晋、郑、鲁八个诸侯国的世族发展情况以及这些诸侯国内世族与君主的关系，可以发现，除了秦国之外，世族在这些国家中都是举足轻重的政治力量，有的世族还凌驾于君主之上，最后甚至覆灭了宗国，自己成为一国之君。

那么，这些世族是如何做到这一点的呢？春秋时期为什么会形成一种君主与世族分享权力的政治结构？要回答这些问题，就要说到春秋时期家族的性质。

春秋时期的家族并不像后世的家族那样是社会组织，而是一个以血缘为纽带的政治组织。确切地说，它是一个包括亲属、家臣、私徒属和采邑领地在内的具有政治、经济功能的共同体。它有自己的名称，也就是所谓的“氏”，这种“氏”一般以始祖的字或始祖受封的采邑来命名。它有自己统辖管理的民众、采邑和私人武装，也有管理这一切的一套家臣系统。所以，先秦时期所说的“齐家”与后世的家务管理有着本质的区别，先秦时期的“齐家”，实际上就是在治理一个小型国家，若家族治理得好，就可以去“治国”。

通过对比以上世族与君主权力之间的关系，就可以发现，这些世族的势力与其国家奉行宗法封建制的程度成正比，也就是说，一个国家实行宗法封建制越彻底，该国的世族结构就越坚固，它就越能团结自己的宗族，成为一股强大的政治势力，君主失权的程度就越彻底。所以，异姓的秦、楚、齐、宋四国，世族力量就不如出自周王同姓的卫、晋、郑、鲁四国强大。卫、晋、郑、鲁等国出现了部分强宗大族凌越君主、世代垄断最高权力的现象。[1]

那么，这种卿大夫执政的历史意义何在？它对春秋时期政治结构的转变有什么作用？可以说，这种卿大夫执政促成了国家结构形式由封建制向集权制的转化。[2] 卿大夫执政既然代表当政贵族集团的整体利益，这种性质的政权机构必然要进一步限制国家的土地在分封制名义下再流向任何私家，从而防止新的世族势力形成，扼制了封建制的再生，并促使郡县制得到较快的发展。[3] 同时，为了与郡县制度相适应，在地方官吏的委派上开始实行新的官僚制度。这些制度变革为国家结构形式向集权制发展奠定了基础。所以，政治结构的变迁直接促成了政治制度的演进，一定的政治制度是与一定的政治结构相适应的，政治结构变化，政治制度也会随之变化。

中原国家由于实行宗法封建制，其国家内部的变化要远较秦、楚等边疆国家剧烈，诸侯、卿、大夫、士的地位逐层倒塌，权势不断下移，最后士阶层兴起。以贵族下层与庶人上层合成新兴的士人阶层，

---

❶ 朱凤瀚. 商周家族形态研究［M］. 天津：天津古籍出版社，2004：515.
❷ 朱凤瀚. 商周家族形态研究［M］. 天津：天津古籍出版社，2004：517.
❸ 朱凤瀚. 商周家族形态研究［M］. 天津：天津古籍出版社，2004：528.

这一阶层就成为后世官僚集团的前身；而一部分诸侯、大夫也集中权力，转化成权力集中的君主，战国时期中央集权的君主国家就逐渐形成了。[1] 当然，这种制度在各个国家出现的时间并不一致，但最早都是在中原地区形成的。

这似乎是历史的悖论，中国后世的中央集权制国家并不是从秦、楚这类君权较强的国家发展而来的，而是由中原地区侵凌君主、执掌国柄的世族蜕变而成的。所以，战国初期，制度最先进的是最先完成这一蜕变的中原地区，尤其是三晋地区。分晋后，赵、魏、韩三家分别在自己控制的领土上继续推行改革，其中魏文侯的改革最为系统，魏国也最早从封建制国家蜕变成中央集权的官僚制国家。

改革之后，魏国国力大大增强，于是开始了野心勃勃的领土扩张。魏国的扩张对邻国造成了重大威胁，以至于触动各国进行了一波又一波的法家改革。[2] 其中尤以秦国的改革最为成功，三晋的制度由献公和商鞅等人持续不断引入秦国，引起了一场巨大的政治社会变革，改变了秦国的社会面貌，也奠定了中国以后两千多年政治和社会制度的基础。[3]

（三）秦汉之际的制度变迁

秦人僻在边疆，处于戎狄之间，造就了秦人尚武、剽悍之风，也赋予了秦国社会浓厚的军事化色彩。而军事制度与官僚制度所遵循的原则有不少是相近的，所以，当商鞅将关东地区新发展出来的官僚制度引入秦国时，这一制度在秦国得到了更纯粹也更深入的贯彻，表现出其他关东国家难以想象的机能和效率。而在官僚制度的支撑下，秦国的军国主义传统也获得了更大的扩张。军国主义传统与官僚制度相互支撑、相互成就，使秦国的综合国力有了大的提升，最终凌驾于关东六国之上，实现了天下一统的伟业。

---

[1] 童书业．春秋左传研究［M］．北京：中华书局，2006：311.

[2] 赵鼎新．东周战争与儒法国家的诞生［M］．夏江旗，译．上海：华东师范大学出版社，上海三联书店，2006：96－97.

[3] 屈会涛．论三晋制度对秦国的影响［J］．黑龙江史志，2014（8）：43.

这种带有浓重军事色彩的官僚制度可以平天下，却不能守天下。尽管秦国的官僚制度在很多方面还不能与后世相比，但其专业性和合理化却是后世无法企及的。因为秦国官僚的主体是由通晓法律的文吏来担任，而且这种官僚制度直接深入基层社会，排除了习俗、礼教和居民自治秩序等各种因素的干扰。无疑，秦制在专业性和合理化方面的纯粹性达到了更高层次，然而这种纯粹却注定了它必然崩溃。这是因为专业、高效的行政制度在皇帝制度下可能蜕变成一股破坏力量。皇帝制度在中国古代社会的出现有其必然性，但这种集立法、司法和行政于一人之身的制度有其特定的问题。皇帝身系天下之重，本身应该成为政治社会的稳定之源，汉文帝说“天下治乱，在予一人”❶，贾谊说“天下之命，县于太子”❷，就是这个意思。当然，这也是君主制的正面意义。然而，君主集各种权力于一身，个人的权势欲和享乐欲也难免有无限膨胀的倾向，这种膨胀就会成为王朝危机的根源，也就是说，这种制度体系也存在固有的内在缺陷。这一缺陷的危害程度是与官僚制的效能息息相关的。也就是说，君主个人欲望的实现程度并不完全取决于其欲望的强烈程度和权势的大小，而在于君主所支配的官僚行政机构的能力与效率。事实上，在君主恣睢没有得到有效限制的前提下，恰恰是专业化程度和运转效率更高的官僚机构对社会的破坏力更大。这就是为什么秦始皇统一六国之后，能够筑长城、修驰道、起阿房宫，致使天下疲敝，不堪忍受，秦朝也落得二世而亡的结局。

之所以如此，是因为文吏作为卓有成效的执行工具，却没有价值追求，无法约束君主制的非理性倾向。秦国的文吏熟谙律法，清廉、高效，具有非常高的行政素养，这点就连儒学宗师荀子也非常赞赏。但是，他们没有独立的思想意识和价值追求，不具备反思和反省君主政策取向的意识和能力。作为一名官员，他们能忠实、高效地执行既定政治方针，但当皇帝的决策出现问题时，他们却不能纠正政策中的

---

❶ 班固的《汉书·文帝纪》。

❷ 贾谊的《新书·保傅篇》。

失误。

君主恣睢加上高效的行政官僚，有时难免造成国家与社会的严重对立。传统农耕社会，社会分化不明显，流动性较小，基本上还是熟人社会。居民之间的关系主要还是血缘、姻亲、朋友、邻里等原生性的社会关系。民间宗教、道德、习俗等规范在社会中发挥的作用要远大于法律的作用。但是，以文法吏为代表的秦国行政官僚却要将法制和君主的意志贯彻到底，为了达到最佳的效果，把居民以什伍的形式组织起来，并采用连坐、举报等制度就成为必然的选择。所以，秦代的官僚制度在破坏基层社会自然形成的基本规范的前提下，统治越来越严酷，越来越具有压迫性质。“天下苦秦久矣”，当居民无法忍受这种压迫时，秦朝的统治就只有灭亡一途了。❶

秦国因何而亡，如何才能避免秦二世而亡的命运，成为汉初统治者和儒生思考的重大问题。汉朝统治者的一大纠偏措施是鉴于秦王孤立无辅，重新分封宗室子弟作为王室的藩屏。但是，分封制的再现不仅没有起到相应的作用，反而成为王室的心腹大患，最终不得不通过推恩削爵等一系列手段将诸侯降至无足轻重的地位。

相反，终西汉一代，汉代儒生通过著书立说、上言进谏、对策陈政等各种方式向君主进谏，重建儒家价值理念的权威。他们主张重建君臣关系，强调儒学提倡的价值对政治的意义，极大地扭转了汉朝的政治取向，为一种新型政治形态的出现奠定了基础。总体而言，汉儒对秦政的批判主要集中在以下几个方面。

第一，批判秦制是绝对服从君主个人意志和欲望的体制，坚持以民为本的价值追求和施政目标。汉代儒生认为，国家、人民不是满足君主私人欲望的工具，其所维护的也不能仅仅是君主的私利。汉朝的儒生虽然也主张遵从君主的权威，但他们一般都认为天、民是更为终极的价值目标。韩婴在《韩诗外传》卷四中写道：“王者以百姓为

❶ 关于秦制的内在困境，学界有着丰富的研究，这里主要引用了阎步克《士大夫政治演生史稿》中的观点，以上有关秦制崩溃的观点以及崩溃原因的分析，皆出自该书第六章“文吏政治与秦帝国的兴亡”。阎步克．士大夫政治演生史稿［M］．北京：北京大学出版社，1996：225－254．

天。”董仲舒也说要“屈民而申君，屈君而申天。”❶ 鲍宣说：“天下乃皇天之天下也，陛下上为皇天子，下为黎民父母，为天牧养元元。”❷ 这是从根本政治目标上对秦制的批判，这一批判无疑对建立一种新型的政治模式发挥了很大作用。

第二，批判秦制任法、任刑的施政原则，主张任德、任教，为政以德。秦国尚法，一味地主张以法制绳制小民，规范基层社会秩序，这难免与基层的亲情礼俗发生冲突，秦国速亡与此也有很大关系。相反，儒家主张因俗而治，对礼俗、亲情、乡邻等朴素的情感表达了足够的尊重，更能获得民众的支持和认同。董仲舒在献给武帝的《天人三策》中说：“是故南面而治天下，莫不以教化为大务。立太学以教于国，设庠序以化于邑，渐民以仁，摩民以谊，节民以礼，故其刑罚甚轻而禁不犯，教化行而习俗美也。”❸ 政治要想走上正轨，就要走出尚法任刑的歧路，转而以德治国，同时通过教育、教化来提高民众的德行操守。

第三，批判秦制缺乏规谏机制，主张在国家行政体制中增加一个具有相对独立性的规谏机制。任何政治决策都不可能是十全十美的，都是在综合考量、权衡利弊，所以明智的统治者要能够及时纠正施政中的错误。如果皇帝刚愎自用、拒谏饰非，大臣夤缘附会、阿谀奉承，国家在政治上最终难免走入困境。所以，贾山在总结秦亡教训时说：“秦皇帝居灭绝之中而不自知者，何也？天下莫敢告也。其所以莫敢告者何也？亡养老之义，亡辅弼之臣，亡进谏之士，纵恣行诛退诽谤之人，杀直谏之士。”❹ 让直言进谏之人享有制度化的进言途径，是一个王朝政策必要的纠错机制。儒生扮演的正是这一角色。进谏的人并不单单是维护王朝和君主的利益，他应该有更高的追求。他不是仅服从于君主意志，而是服从于君主与儒生所共同遵循的道，这就是儒生应该坚守的原则——从道而不从君。

---

❶ 出自董仲舒的《春秋繁露·玉杯》。
❷ 班固《汉书·鲍宣传》。
❸ 班固《汉书·董仲舒传》。
❹ 班固《汉书·贾邹枚路传》。

汉儒对秦政、秦制的批判，最终归结到法家崇尚文法吏而贬斥儒学士这一倾向上，他们认为官员的主体应该是受过儒家思想教育的文士。这不仅关系到政治指导原则的转变，而且也不只是行政官员的来源与素质问题，根本的问题是国家与社会的关系能否打通，进而维持一种平衡。文法吏的行政素质高、专业性强，但他们只是君主的工具。儒学士在行政技术上虽不如文法吏，但他们有更高的道德追求和仁义原则，能够承担教化、规谏的责任，而且他们在一定程度上还能为民代言，防止君主权力过度扩张，维护基层社会的秩序和权益。所以，帝国政府最终离不开知识分子。它需要官僚化的知识分子以意识形态去维护君主的统治，需要他们的政治思想和规谏调节能力。❶

汉儒对秦制的批判对汉代统治者吸收秦亡教训、改革秦制具有重要影响。汉承秦制，就制度的总体框架来说没有问题，但其实汉制的施政原则、官员主体和价值追求都已经发生了巨大的变化，这里无法论述所有变化，主要论述这一变化的两个方面。

第一，皇权基础的变化。刘邦虽然也是靠武力征服得到天下，但其实他是以反楚联盟盟主的身份登上皇位，原因在于他在灭国过程中立的功德。因此，刘邦所建立的皇权是一种有限皇权。❷ 在随后的几十年中，汉代皇帝的权力不断增强，最终达到了至少不次于秦代的水平，而正是在这种从有限皇权向绝对皇权转变的过程中，皇帝权力的基础发生了根本的变化。皇权成为一种天命和德运的象征，皇权转而以道德和意识形态为其正当性的基础。

这种天命观虽有用天命限制君主的意图，但同时也给君主披上了一层神圣的外衣，赋予了皇权唯一性。正是这种天命观的流行，汉得天下逐渐被人们认为是天所授命的事实。因为天命予夺的标准是统治者的“德”，所以儒家所提倡的德治就受到了君主的推崇，“德”也

---

❶ 汉儒的政治批判这部分内容主要根据阎步克的《士大夫政治演生史稿》第八章“独尊儒术下的汉政变迁”撰写. 阎步克. 士大夫政治演生史稿［M］. 北京：北京大学出版社，1996：324－332.

❷ 李开元. 汉帝国的建立与刘邦集团：军功受益阶层研究［M］. 北京：生活·读书·新知三联书店，2000：143.

就成为皇权正当性的基础之一。其具体表现是儒家所提倡的仁、义、礼、信等各种品质和施政原则，成为汉代君主奉行的原则。

当然，随着皇权需要得到天命和德治等因素认可，皇帝所行使的实际政治权力很可能有所减弱，而这种权力无疑较纯粹基于武力之上的皇权要稳固得多，因为皇权既然是以天命和德治为基础，则是将对被支配者的外在强制转化为其自身的内心自觉，❶ 即权力变成了权威。也可以这样说：对于君主专制，有必要将其纳入意识形态的光晕之中，这样才能获得不是基于强权，而是基于文化价值和文化象征的合法性。❷

第二，士人政府的成立，即儒生成为政府官员的主要来源。士人政府的成立源于两项措施的实行：一个是罢黜百家独尊儒术；另一个是察举制度。

武帝即位之初，就下诏令天下郡国举贤良，丞相卫绾认为“所举贤良，或治申、商、韩非、苏秦、张仪之言，乱国政，请皆罢”❸，于是排除了法家、纵横家。董仲舒元光元年（前134年）对策时，请“诸不在六艺之科、孔子之术者，皆绝其道，勿使并进”❹，正式提出“罢黜百家，独尊儒术”。此后，“天下之学士靡然乡风矣”❺，儒学成为汉朝的官方意识形态。

汉代的察举制度，是在汉文帝到武帝时期逐渐形成的。它不仅为国家提供了稳定的行政官员来源，更重要的是打通了国家与社会的关系。察举制度变成国家与社会的桥梁，使各地的俊杰之士经过察举进入政府，政府的政令也经由各地俊杰之士达到各地。而文官系统也同时获得了儒家理念的支撑，在价值系统和目标追求上保持了相当的独立性。于是，文官系统由一个纯工具性的制度体系蜕变成兼具工具性和目的性的制度体系，❻ 这一系统是两千多年来中国政治保持合理性

❶ 钱杭. 周代宗法制度史研究［M］. 北京：学林出版社，1991：119.
❷ 阎步克. 士大夫政治演生史稿［M］. 北京：北京大学出版社，1996：323.
❸ 班固《汉书·武帝纪》。
❹ 班固《汉书·董仲舒传》。
❺ 司马迁《史记·儒林列传》。
❻ 许倬云. 中国文化与世界文化［M］. 南宁：广西师范大学出版社，2006：49－50.

的最稳定、积极的力量。

独尊儒术和察举制度推行后，西汉政府在武帝之后就渐渐转变为一种士人性质的政府。一方面，朝廷将儒家学说奉为官方正统的意识形态，而且在一定程度上受到儒生主导的科层体制的监督与控制；另一方面，儒士群体不但给予帝制政权以合法性的支持，而且经由种种择优录取的手段源源不断地为帝国科层体制输送管理人才。[1] 可以说，在传统农耕时代，这种政治形态是相当优良、合理的制度。

经过春秋战国至汉武帝时期，这几百年的制度变迁，实现了一种新制度的定型。那么，经过春秋战国至秦汉时期五六百年的演变而形成的帝国是一个怎样的国家？这种国家的结构又是怎样的？它有什么特征？

二、关于中国传统国家治理结构的研究

唐代思想家、文学家韩愈在著名的《原道》一文中说："是故君者，出令者也；臣者，行君之令而致之民者也；民者，出粟米麻丝，作器皿，通货财，以事其上者也。"韩愈写这篇文章的目的虽然是要重建儒家道统，但对传统国家结构也有比较清楚的论述。这种国家结构中的成员主要由三部分人组成：掌握最高权力的君主、执行君主命令而管理人民的官僚、出粟米服劳役供养君主和官僚的编户齐民。如韩愈所言，这种结构虽然简单，却十分清晰，是对中国传统国家治理结构最简明扼要的概括，也是受西学熏习之前，中国人最原汁原味的体验和感知。

进入近代，西学东渐，中国、日本、西方学者以新的理论方法对中国传统国家治理结构进行了深入的研究和激烈的争论。在这三地的学者中，日本学者的研究水平相对较高，其观点也值得重视。

下面我们从介绍日本学者的研究成果开始，分别梳理日本、西方及改革开放后中国学者对传统国家治理结构所做的研究，然后在此基

[1] 赵鼎新. 东周战争与儒法国家的诞生［M］. 夏江旗，译. 上海：华东师范大学出版社，上海三联书店，2006：167.

础上分析其研究中对传统国家治理结构所形成的一致看法，进而对中国传统国家治理结构进行一个大致的描述。

（一）第二次世界大战后日本学者的研究

对中国史的研究，在日本有着悠久的历史，但近代以来的研究难免带有军国主义色彩和侵华史观的影响。第二次世界大战后，日本重新进行的中国史研究主要有两大特色：一是打破了原来以侵略行为扩张目的的停滞史观，这种史观认为停滞是中国历史的特性，如果要打破这种停滞状态，需要接受外力的帮助；二是从世界史或“世界普遍历史”的立场来看待中国历史，这种方法不是完全依照各个国家的地域特殊性来认识其历史，而是把它看作“世界普遍历史”中的一部分。[1] 这里所说的“世界普遍历史”，就是马克思主义者所提倡的五种生产方式论。[2]

第二次世界大战后，以东京大学为主体成立的历史学研究会开始应用马克思主义关于社会发展的基本原理对中国历史进行研究。历史学研究会负责人西嶋定生在 1949 年和 1950 年分别发表了《中国古代帝国形成考察之一：汉高祖及其功臣》和《古代国家的权力结构》两篇文章。在文章中，他提出：秦汉帝国是与复杂的父家长家内奴隶制相照应的权力结构，其国家权力的性质仍是父家长家内奴隶所有者的权力。[3]

西嶋的观点大致是说，经过春秋战国时期的社会大分化，社会形成了大土地所有者和没落农民两大群体，前者将后者变为家内奴隶，成为其私人所有者。但家内奴隶毕竟数量有限，仅靠家内奴隶无法保证生产、生活的正常运行，于是这些大土地所有者又会役使周围的小农以佃农制的形式为其耕作。但这种租佃制是由于生产力发展不平衡

---

[1] 谷川道雄. 中国中世社会与共同体［M］. 马彪，译. 北京：中华书局，2002：314－315.

[2] 谷川道雄. 中国中世社会与共同体［M］. 马彪，译. 北京：中华书局，2002：30.

[3] 西嶋定生. 中国古代帝国形成史论［G］//日本学者研究中国史论著选译：第二卷. 黄约瑟，译. 北京：中华书局，1993：19.

所导致的残存共同体关系，绝不能说成是农奴制，而是古代奴隶制在中国的变形，是中国式奴隶制，在其上建立的秦汉帝国，可以看作奴隶制国家。❶ 这就是著名的西嶋旧说。

西嶋旧说可以说是按照世界史发展规律论证中国社会，克服第二次世界大战前停滞论的尝试。❷ 但由于其内在逻辑上的障碍（主要是奴隶制度在中国历史上的适用性这一问题），这一学说刚一提出就受到增渊龙夫、守屋美都雄、滨口重国等学者的批判。其中滨口重国的批判除了指出西嶋旧说的缺点外，也指示出以后的研究方向，即强调中国史特殊性的倾向❸。

1953 年，滨口重国发表了《中国史上古代社会问题札记》一文。他说，从春秋战国至唐代中期，在中国历史上固然存在奴隶和佃农，但即使是在奴隶和佃农明显增加的时代，他们的数量也远远不及自耕农，而且自耕农长期处于社会底层，几千年来绝少变化。与此同时，从春秋战国至近代时期的中国，政治形态也一直都是君主制度，而且君主集权的程度也是逐朝加强。这些事实，恰好说明了君权的基础正是扎根在底层自耕民之中的。❹

滨口重国认为，中国古代社会的基本构造是皇帝和一般农民之间的阶级关系。不得不说，这一观点更切合中国历史实际。所以此说一出，就在当时的学术界引起了巨大的反响。❺ 西嶋定生在此基础上，接受了诸家的批评，又广泛吸收了 20 世纪 50 年代各领域的研究成果，提出了新的秦汉帝国结构论，这一观点在他的代表作《中国古代帝国的形成与结构——二十等爵制研究》一书中有着详细的论证。

西嶋定生认为，秦汉帝国是以克服氏族制而出现的君主制和对人

---

❶ 东晋次. 战后日本的中国史论争・秦汉帝国论［G］//日本学者研究中国史论著选译：第一卷. 黄约瑟，译. 北京：中华书局 1993：331 – 332.

❷ 谷川道雄. 中国中世社会与共同体［M］. 马彪，译. 北京：中华书局，2002：17.

❸ 谷川道雄. 中国中世社会与共同体［M］. 马彪，译. 北京：中华书局，2002：30.

❹ 滨口重国. 中国史上古社会问题札记［G］//日本学者研究中国史论著选译：第一卷. 黄约瑟，译. 北京：中华书局，1993：100.

❺ 谷川道雄. 中国中世社会与共同体［M］. 马彪，译. 北京：中华书局，2002：321.

民的个别人身支配为基本构造的统一帝国。[1] 所谓“个别人身支配”，是指皇帝统治的对象不是殷商、西周时期的氏族，而是一个个的人。国家中所有的人并非作为氏族集团被整体支配，而是个别的被支配。[2] 这就是著名的西嶋新说，至此，东京学派的理论建构获得了重大进展。[3]

后来，木村正雄又对西嶋新说有所补充，他认为虽然全国存在很多私产，皇帝没有占有全部土地，但全国的山川丛泽和水利机构都控制在皇帝的手中。农田的开垦耕种离不开大规模的人工治水水利机构，这必须有统一的国家权力作为基础，国家就可以通过控制水利工程来实现对百姓的人身统治。[4] 很明显，木村是借鉴马克思、韦伯和魏特夫等人所提出的治水学说对西嶋新说进行了完善，他想解答的是“个别人身支配”这种统治秩序出现的原因。

20 世纪 80 年代后，几位出身京都大学的研究者另组中国史研究会，继承日本夙有传承的马克思主义史学，对中国专制主义问题进行了新的探讨，其中渡边信一郎从国家与社会之间的关系角度，对西嶋新说进行了新的检讨。他认为，一个国家的专制程度可以通过是否具有政治代表性的中间团体进行判断。在传统中国，社会组织力的脆弱、社会阶级与身份集团的不成熟以及中间团体欠缺政治代表性，形成了国家与小农家庭直接联系的政治结构，且获得了巩固。[5] 这从社会分层的角度对西嶋的理论进行了完善。

通过梳理几十年来日本学界对中国传统治理国家结构的研究，可以发现，在相互辩难、不断完善的过程中，其认识已经比较成熟了。

---

[1] 西嶋定生．中国古代帝国形成史论［G］//日本学者研究中国史论著选译：第二卷．黄约瑟，译．北京：中华书局，1993：36.

[2] 西嶋定生．中国古代帝国形成史论［G］//日本学者研究中国史论著选译：第二卷．黄约瑟，译．北京：中华书局，1993：36.

[3] 王德权．东京和京都之外［G］//渡边信一郎．中国古代的王权和天下秩序：从日中比较史的视角出发．徐冲，译．北京：中华书局，2008：190.

[4] 东晋次．战后日本的中国史论争・秦汉帝国论［G］//日本学者研究中国史论著选译：第一卷．黄约瑟，译．北京：中华书局 1993：335.

[5] 王德权．东京和京都之外［G］//渡边信一郎．中国古代的王权和天下秩序：从日中比较史的视角出发．徐冲，译．北京：中华书局，2008：181.

（二）西方学者的研究

日本学界之所以能在中国国家传统治理结构研究上取得这种突破性进展，除了其自身的学术素养和研究精神外，也与国际学术界对马克思主义的单线发展观的反思分不开。单线发展观是苏联领导人对马克思主义的机械理解，对其的反思最初是由美国的现代化论者开始的，后来马克思主义阵营内部也出现了反思热潮。❶

现代化论者的反思，可以日本史专家赖肖尔为代表。赖肖尔虽然是日本史研究专家，但他由中日对比研究所得出的有关中国历史的观点在国际学术界产生了很大影响。20 世纪 50 年代后期，他的《日本近代的新见解》一书在日本出版后，名噪史坛。❷

赖肖尔的研究是从中日两国对现代化的不同反应开始的，为什么在日本对现代化很敏感，而中国则反应较迟缓呢？他认为根本原因不是机械的马克思主义研究者所说的两国社会发展阶段不同，而是两国的国家结构有着本质的区别。他认为日本和中国一个是封建国家❸，另一个是中央集权国家。中国发达的官僚制、强烈的中华意识以及僵化单一的中央集权，在面对西方的学问和实力时，没有报以充分、灵敏的反应。日本则是相对比较分散的封建结构，国家存在多元化的权力中心，有利于接受外部影响，也有利于新生力量的发展。所以，中国近代化的姗姗来迟，不在于中国文明低下或社会发展迟缓，而在于其高度发展的国家结构。❹ 赖肖尔的这一观点对西方学界打破历史发展单线说、转变对中国的研究方向起到了非常大的作用。

出于与资本主义阵营的竞争和第二次世界大战后非欧洲地区后进各民族解放与发展的现实需要，法国和苏联的马克思主义者在 20 世

---

❶ 谷川道雄．中国中世社会与共同体［M］．马彪，译．北京：中华书局，2002：53.

❷ 谷川道雄．中国中世社会与共同体［M］．马彪，译．北京：中华书局，2002：32.

❸ 赖肖尔这里所说的“封建”不是社会生产方式意义上“封建”，而是国家结构上的“封建”，主要是指一种间接的国家权力行使方式。

❹ 谷川道雄．中国中世社会与共同体［M］．马彪，译．北京：中华书局，2002：34－35.

纪60年代初也开始了对斯大林提出的五种生产方式的单线说的反思。

法国马克思主义者姜·谢依是最初的反思者，他认为不能简单地将西方的发展线索套在中国历史上，应该对中国独特的官僚制予以特别的关注。另一位学者罗杰·嘎罗狄虽然使用的还是马克思的亚细亚生产方式这一概念，但他说，亚细亚生产方式之后，虽然迎来了封建的生产方式，但却打上了亚细亚生产方式遗制的烙印，赋予了中国封建制的独特性质。中国的封建土地所有是与帝国的官僚特权相结合的，即所谓官僚封建制。[1] 嘎罗狄走的虽然没有谢依远，但他也注意到了中国传统国家治理结构的独特特征，其研究的心路历程与西嶋定生相似。

研究他们反思的理论资源可以发现，这种强调国家特色的多元历史发展观至少可以追溯到马克斯·韦伯的理论。韦伯在其研究中国的专著《儒家与道教》一书中明确提出，中国自秦代以后的社会即为一种不同于西欧封建社会的“官僚帝国社会”，春秋及春秋以前则是“封建贵族社会”。[2]

《儒教与道教》一书虽然出版于第一次世界大战时期，而且韦伯不通中文，也不是专职的汉学家，只能通过二手文献进行研究，但是这本书出版后，却对西方的中国史学研究产生了持久而深远的影响。其中的关键在于，韦伯提出了此后所有中国研究者不得不面对的问题，即中国为什么没有先于西方走上现代化之路，这就是著名的“韦伯问题”。

那么，韦伯给出的答案是什么呢？他认为根本原因还是在于中国特殊的国家结构，中国传统国家治理结构可以概括为“家产官僚制”。在这种统治形态下，有权力集中的君主，有为其服务的家臣集团，君主一元化、集权地统治着全部国土和人民，家臣集团只是在一定的时

---

[1] 谷川道雄．中国中世社会与共同体［M］．马彪，译．北京：中华书局，2002：51．

[2] 这是何怀宏在《世袭社会及其解体》一书中的总结。何怀宏．世袭社会及其解体［M］．北京：生活·读书·新知三联书店，1996：16－17。马克斯·韦伯将先秦时期的国家称为封建国家，这种国家是由贵族主导的；他有时称秦代之后的国家为家产官僚制，有时称为官僚制帝国。

期作为中央派出的官员来治理地方。从秦汉帝国到明清时期，这种统治形态在中国延续了两千多年。❶

通过上面的论述可以看出，其实赖肖尔的观点是由韦伯对中国史的研究发展而来的，但赖肖尔毕竟是日本史研究专家，有关中国研究的诸多方面还没有展开。在这方面继承韦伯的观点，并继续进行具体化深入研究的是匈牙利裔法籍学者白乐日。❷

白乐日（Etienne Balazs，1905—1963 年）年轻时即去柏林留学，潜心攻读马克思和韦伯的著作，并矢志不渝地称自己是他们的忠实信徒和私淑弟子，他也是西方汉学界少有的马克思主义汉学家。白乐日的研究领域虽然广泛，涉猎过秦汉、六朝、隋唐的社会经济与思想文学等各方面的研究，晚年更是推出了庞大的“宋史研究计划”，但他也发表了不少对中国史进行整体性宏观把握的论文，其中一部分收录在英文版《中国文明与官僚制》（*Chinese Civilization and Bureaucracy*）一书中。

在这些论文中，他最关心的问题是以帝制为中心的传统国家治理结构，在从公元前 3 世纪至 19 世纪的漫长时代中是怎样维持下来的，以及这一国家治理结构在近代以后又是如何变化的。白乐日认为，中国社会的恒常性特征在于它的官僚制。具体来说，帝政时代国家的基本结构首先是以广大的自给自足的自耕农阶层作为社会基础，其次是位于这一层阶层上为了管理这一阶层而出现的文人官僚。文人官僚出身于绅士阶层，他们的权威不来自土地所有权，也不在于地位、势力的世袭权，而是其作为意识形态代表者的特质身份，这种身份可以让他保持一定的独立性，由于独立性来自于其所寄托的意识形态，也造成了文官阶层整体的保守性。这就是近代以来中国的文人士大夫对西

❶ 何怀宏. 世袭社会及其解体［M］. 北京：生活·读书·新知三联书店，1996：17－18.

❷ 谷川道雄. 中国中世社会与共同体［M］. 马彪，译. 北京：中华书局，2002：44.

方、西学抱持一种强烈拒斥态度的原因。[1]

（三）改革开放后中国学者的研究

改革开放以来，中国学术界的思想获得了解放，学术研究成果逐渐丰富。为了探究历史的真实性，不同学术背景的学者对中国传统国家治理结构提出了不同的解释，其中影响较大的有金观涛、刘青峰的"超稳定系统"，刘泽华的"王权主义"和秦晖的"大共同体本位"。

金观涛是北京大学化学系出身，对系统论、控制论非常熟悉，主张以系统论重新研究中国历史，其研究的主要成果有《兴盛与危机：论中国社会超稳定结构》一书。在书中，他将中国社会分为政治、经济、意识形态三个系统。政治系统是儒生阶层组成的官僚机构，经济系统是地主士绅基层役使的广大佃农和自耕农阶层，意识形态系统是儒生一致信仰的儒家思想和国家学说。

中国传统国家治理结构的独特之处，在于实现了政治、经济和意识形态性系统的一体化，一体化意味着把经济结构、意识形态结构的组织能力和政治结构中的组织力量相互耦合起来，从而形成一种超级组织力量。这种国家治理结构与西欧中世纪政治权力、经济权力和宗教权力分属于封建主、城市商人和基督教士的分散结构是完全不同的，[2] 中国的儒生群体可以将意识形态与政治结构耦合在一起，从而实现高度的一体化。

不仅如此，这种政治与意识形态一体化的结构也具有把以小农经济为主体的社会组成稳定大国的组织能力。金观涛和刘青峰认为，中国封建社会利用宗法一体化结构对基层的小农实行强控制。[3] 官僚机构和宗法制度相配合，形成了强大的财政汲取能力。从而，在没有现

---

[1] Etienne Balazs. Chinese Civilization and Bureaucracy: Variations on a Theme [M]. New Haven: Yale University Press, 1964. 2021 年广西师范大学出版社出版了白乐日的《天朝的封建官僚机制：古代中国经济和社会研究》，书中也有类似的论述。

[2] 金观涛，刘青峰. 兴盛与危机：论中国传统社会的超稳定结构 [M]. 长沙：湖南人民出版社，1984：27 - 28.

[3] 金观涛，刘青峰. 兴盛与危机：论中国传统社会的超稳定结构 [M]. 长沙：湖南人民出版社，1984：56.

代大工业的情况下，古代中国就足以维持庞大的官僚机构和超强的国家能力。

虽然一体化强控制带来了古代中国文明的高度繁荣，但是这种国家治理结构的高度协调一致也使新的社会因素很难萌芽与正常生长。传统国家的一体化治理结构是一个自足的结构，无论是人力资源、思想资源，还是经济资源都无须外求，不仅不需要外求，它还会把任何外来因素看作对自身结构均衡的挑战，如外商、佛教等。而且，这种治理结构的再生能力很强，虽然传统王朝会覆灭，但三个子系统都会在新的条件下重建、重组，再度形成一个高度协调的超稳定系统。❶所以，中国古代历史在很大程度上就表现为一种王朝的治乱循环，这也是中国传统社会停滞的重要原因。

金观涛的研究在 20 世纪 80 年代初的确给人耳目一新的感觉，在学术界也有相当大的影响力。华东师范大学王家范教授在反思 20 世纪的通史编撰时认为，可以在金观涛的研究基础上，接续其思路，对传统国家治理结构进行深入研究❷。但金观涛毕竟是研究自然科学出身，他所使用的系统论等方法是新颖的，所使用的数学工具也是一般史学研究者无力采用的，而其使用的资料基本上都是二手资料，这难免限制了其研究的可信度和深度。

刘泽华的“王权主义”或称“王权支配社会”的观点是他在 20 世纪 70 年代末、80 年代初对改革开放前二十多年史学研究成果进行反思和自己孜孜不倦的学术研究过程中逐渐形成的。此后这一观点也成为刘泽华各种著作的中心思想，并得到不遗余力的论证和宣传。以这一观点为中心，在学术界形成了一个以刘泽华为代表的学术流派。

刘泽华所说的“王权主义”并不仅仅是一种政治现象，它大致包括三个层面的含义：一是以王权为中心的权力系统；二是以这种权力系统为骨架形成的社会结构；三是与这种权力系统和社会结构相对应

---

❶ 金观涛，刘青峰. 兴盛与危机：论中国传统社会的超稳定结构［M］. 长沙：湖南人民出版社，1984：58.

❷ 王家范. 中国历史通论［M］. 上海：华东师范大学出版社，2000：37.

的观念体系。❶ 刘泽华认为，中国社会自有文字记载以来就被一个权势利益集团控制着，这个集团以其首领“王”或后来的“皇帝”为代表，他们对社会的控制称为“王权支配社会”或“王权主义”。

当然，在任何国家里，具体的行政工作都是由少数人，确切地说是由少数政治精英执行完成的。但是，掌管具体行政工作人数的多寡其实与政治权力对社会的控制是两个层面的问题。刘泽华所说的“王权主义”，是指政治权力一直在传统中国国家中居于主导地位，经济、宗教、学术思想与各种社会组织都匍匐于权力之下。

刘泽华说，在传统国家中，不是经济力量决定着权力分配，而是权力分配决定着社会经济分配，社会经济关系的主体是权力分配的产物；在社会结构诸因素中，王权体系在各种结构中居于主导地位；在社会诸权力中，王权是最高权力；在日常的社会运转中，王权起着枢纽作用；社会与政治动荡的结局，最终是回复到王权秩序；王权崇拜是思想文化的核心，而“王道”则是社会理性、道德、正义、公正的体现；等等。❷ 这段话是对其“王权主义”学说主要内容的概括。

当然，对中国历史稍有常识的国人，对这一论点并不陌生，这一现象其实就是我们通常所说的“官本位”的表现。早在20世纪40年代，王亚南在《中国官僚政治研究》一书中就对这一问题进行过初步研究。而刘泽华将政治权力对社会各领域的支配这一问题独立出来，提出了“王权支配社会”的理论，正是对王亚南研究的深刻分析。总体而言，他们的研究深刻揭示了中国传统国家治理结构的一个重要方面。

20世纪90年代后，对中国传统国家治理结构进行整体研究取得的一个重要成果是秦晖提出的“大共同体本位”。“共同体”这个概念出自德国社会学家滕尼斯的著作《共同体与社会》，现代社会之前的各种组织都是以共同体的形态出现的，如家族、行会、宗教结社

---

❶ 刘泽华，汪茂和，王兰仲. 专制权力与中国社会［M］. 天津：天津古籍出版社，2005：2.

❷ 刘泽华，汪茂和，王兰仲. 专制权力与中国社会［M］. 天津：天津古籍出版社，2005：2-3.

等，这种共同体的规模较小，可以称之为小共同体，而国家则属于大共同体。

与现代化之前的西方社会相比，中华传统的统治秩序具有鲜明的“国家主义”的特征。如果说中古欧洲是宗族社会的话，古代中国则是一个“编户齐民”的社会。[1] 所谓编户齐民，就是国家通过户籍制度控制广土小民。在这种国家治理结构中，国家要以官方、半官方的组织，如“闾里什伍”来取代自然的血缘族群，甚至用强制分异、不许族居和鼓励告亲来瓦解小共同体，以实现皇权对臣民个人的人身控制。[2]

所以，秦晖解释说：“秦汉以来的传统中国并非滕尼斯所讲的那种以个人为本位的‘社会’，但地缘、血缘等自然形成的小共同体也并无西方中世纪那样发达。在古代中国的专制主义中央集权国家下，无数小农的个体家庭直接为编户齐民而隶属皇权及其下延权力组织（吏权）。”[3] 在这种结构中，小共同体无法取得自主地位，社会各领域都不得不接受集权国家作为一个大共同体的强控制。在它的强控制下，小共同体组织的发育受阻，个人权利的成长也不可能实现，结果就形成一种以大共同体为本位的社会。

当然，秦晖所说的传统国家结构与西嶋定生的研究成果有很大的相似性，而且从秦晖的一些表述中也可以感受到他受日本学者的影响很大。但提出“大共同体”这一概念，的确将传统国家治理结构的研究推进到一个更深的层次，也具有更强的理论色彩。

（四）传统国家治理结构概观

通过对比分析中外诸多学者对中国传统国家治理结构的研究，粗览之下可以发现，这些理论大致得出了相似的结论。不论是西嶋定生

[1] 秦晖．传统十论［M］．上海：复旦大学出版社，2005：98．古人称户籍为“民数”，关于户籍制度对国家的重要性古人有很多论述，现代学者也有诸多研究。杜正胜的专著《编户齐民》专门研究了编户齐民这一阶层在春秋战国时期的形成过程。

[2] 秦晖．传统十论［M］．上海：复旦大学出版社，2005：145．

[3] 秦晖．传统十论［M］．上海：复旦大学出版社，2005：143－144．

的“个别人身支配”、韦伯的“官僚帝国社会”，还是金观涛的“宗法一体化结构实行的强控制”、刘泽华的“王权支配社会”、秦晖的“大共同体本位社会”，他们都已经认识到传统中国社会是一个高度政治化的社会，社会中的决定性力量是政治权力。而这种政治权力是由作为制度中心的皇帝来掌握的，皇帝为了支配每一个人，需要掌握他们的各种信息，就需要把他们编入户籍，样社会基层的民众就成为编户齐民。而皇帝为了管理编户齐民，就需要官僚的协助，但这些官僚必须都是非世袭的和流动的，以防止他们变成世袭贵族，威胁君主权力，所以要定期从社会中选拔优秀人才，由此产生了察举制度、科举制度。

这样，传统国家的治理结构就呈现在我们面前：中国传统国家治理的结构和本质是皇帝通过出身于士大夫阶层的流动官僚对编户齐民进行直接的个别人身支配。这一概括可以说是上述各种理论的交集，皇帝通过出身于士大夫阶层的流动官僚对编户齐民进行直接的个别人身支配形成的社会，必定是一个“官僚帝国社会”，必定是一个“大共同体本位社会”，也一定会出现“王权支配社会”的状况，最后也会形成一个不易打破的超稳定结构。

在这样的国家治理结构中，位居最高层的是君主，他享有独一无二的名分和至高无上的权力。皇权高于一切，这就是这一结构的根本特点。位于中间层的是官僚，官僚以及作为官僚后备军的士大夫阶层是帝制时代最活跃的因素，同时也是联系国家与社会最主要的因素，而打通国家与社会之间的关系无疑是国家得以维系的重要条件。最下层则是占当时社会最大多数的编户齐民，他们是帝制时代最主要的生产者，中央集权的君主统治就是稳固地建立在这种小农经济的基础之上。国家掌握的编户齐民的多少和掌握的程度如何，直接决定了其实力的强弱和政权的兴衰。

还有一个问题，就是在前近代社会，国家或者说君主对基层民众的控制到底能达到何种程度？吉登斯在其名作《民族－国家与暴力》中说：“传统国家的统治集团缺乏左右其臣民日常生活的固定手段。与此相对照，现代国家的一项主要特征就在于：国家行政人员的控制能力的巨大扩张，直至甚至能左右个人日常活动的最私密部分。”❶ 当然，任何一个传统国家的控制力都无法与现代国家相比，但我们认为，中国古代帝国对民众的控制力无疑是很强的，至少与同时期的其他文明的国家相比，可以说是无与伦比的。而中国传统国家具有很多现代国家才具有的特征，尤其是在国家控制能力这一方面，已经越来越多地得到学术界诸多学者的认可。这一点可以称为中国传统国家的早熟性或现代性。显然，这种早熟性或现代性就是这一结构的外在表现。

所以，我们说中国传统国家治理结构是皇帝通过出身于士大夫阶层的流动官僚对编户齐民进行直接的个别人身支配，这种说法虽有简单化的倾向，但也抓住了问题的主要方面。因为我们只是希望就中国古代帝国的结构和本质提出一个简明的概括，而不是对其进行面面俱到的描述。

从这种结构出发，对黄仁宇所说的中国社会形态为“潜水艇夹心面包”（submarine sandwich）这一观点就会有更深刻的认识。黄仁宇关心的主要问题是中国历史的通解和中国历史的未来出路。他把16世纪明代中国社会结构称为“潜水艇夹心面包”：上面是一块长面包，也就是文官集团；下面也是一块长面包，是成万上千的农民；中层机构很简单，上下的联系依靠的是科举制度。❷

当然，本书只是对这种国家治理结构进行客观的研究，与价值判断完全无涉。世界上没有十全十美的制度，这种国家体制有其内在的缺陷，但取得的成就是不可忽视的。正如著名史学家许倬云所言，两千年来，编户齐民支撑的皇帝—文官体制，为中国百姓提供了比较安定的生活，也凝结形成了比较强大的国家力量。❸ 这一成就在同时期的传统国家体制中是相当突出的。

---

❶ 吉登斯. 民族－国家与暴力［M］. 胡宗泽，赵力涛，王铭铭，译. 北京：生活·读书·新知三联书店，1998：11.

❷ 黄仁宇. 中国大历史［M］. 北京：生活·读书·新知三联书店，2007：61.

❸ 许倬云. 历史大脉络［M］. 桂林：广西师范大学出版社，2009：32.

三、中国传统国家治理体系的特征与成就

由于中国传统国家治理的这种特殊结构，产生了一些不同于其他文明的独特特征。这种结构和特征对中华文明的延续与繁荣起到了重要作用，取得了其他文明难以企及的治理成就。

（一）中国传统国家治理体系的特征

中国传统国家治理体系的特征是在与世界上其他国家的传统治理结构的比较中显现出来的，这是中国与世界其他地区的文明接触后才能够提出来的问题，也是今天西方汉学和中国历史学研究的重要问题。关于这方面的研究成果，这里先举两个例子：一个是浙江大学赵鼎新教授根据西方汉学的研究成果总结的中国传统时期的政治特征；另一个是上海大学朱渊清教授从西方学者对“早期中国”研究中总结的中国文化的基本性格，两者之间具有诸多相同之处。这里将首先列举他们的研究成果，然后进行简单的评述，最后则总结其相似之处以及这些相似之处的意义。

赵鼎新在其《东周战争与儒法国家的诞生》开篇就列举了中国传统政治体制的独一无二的特征。他说：“与世界上的其他文明相比，在长达两千多年的帝制时代，中国历史至少呈现了如下七项主要政治特征”❶。

第一，世界史上其他帝国一旦灭亡则不复重兴，唯有中国自公元前221年秦帝国建立至1911年辛亥革命爆发，其间虽历经数番朝代兴衰隆替，但一个相似的帝国政体却得以延运续祚、绵延不绝。灭亡之后不再复兴的，以罗马帝国最为典型，学界也多有将罗马帝国与西晋帝国灭亡后的不同结局进行比较的成果。当然，世界上亦有灭亡后复兴的帝国，如波斯帝国，但它的统一时间远没有中国古代帝国长，而且，波斯也已经完全伊斯兰化了。这一点讲的就是中国传统国家治

---

❶ 赵鼎新．东周战争与儒法国家的诞生［M］．夏江旗，译．上海：华东师范大学出版社，上海三联书店，2006：1.

理体系的生命力与延续性，与其他帝国相比，其生命力之强与延续时间之长在世界历史上的确是比较突出的。

第二，早在秦朝统一前后，中国便出现了科层制政府并逐渐形成和完善了一套择优录取的科层选拔体制（meritocratically selected bureaucracy），远早于欧洲形成类似政制近两千年。虽然埃及、亚述早在公元前三千年就已经产生了初具形态的官僚制，但是成熟、稳定的官僚制依然是中国传统国家治理体系的最显著的特征，原因在于中国官僚制度比较完备，而且通过科举制度成功解决了官员的制度化来源问题。

第三，中国有世界几大文明中最为显著的强国传统。这一点的意思是相对于经济、文化、宗教等社会权力，政治权力在中国传统社会一直居于主导地位，其表现就是国家权力比较强大。对于这一点，我们在介绍王亚南、刘泽华、秦晖等人的研究成果时已有涉及。

第四，在古代世界的其他地方，军队领袖一般拥有决定性的政治影响力，而在中国古代帝制时代的大部分时间里，军队由文官控制，除非内战乱世，武将一般没有干涉政事的能力。这一点当然是中国传统国家治理体系的优异之处，其原因主要是中国有着比较稳定的君主制度和文官制度。君主有一套完善的掌握军事权的制度，其对军队的控制权不容他人染指。

第五，世界上绝大多数帝国均凭借军事征服以实现领土扩张，而古代帝制中国的开疆拓土，主要是北方游牧民族入主中土之后自身汉化的结果。这一点是美国汉学家顾立雅于1970年在著作《中国国家治理的起源》（*The Origins of Statescraft in China*）中首先提出来的，它展示了中国文明的和平性，当然这也是传统文治政府的结果。

第六，与其他世界文明体系相比，唯有古代帝制中国，超验了宗教，未曾对其政治产生重大影响，而政府对各种信仰均抱有宽容的态度。宗教组织在中国之所以未发展成重要的政治力量，一是因为王权至高无上，不允许任何力量凌驾于其上；二是因为儒家作为一种意识形态的非宗教性，也决定了其他宗教在不威胁其地位的前提下可以自由发展，因此对其他信仰较为宽容。

第七，与欧洲不同，商人阶级在古代帝制中国的政治舞台上不具有重要的政治地位，即使在商业化和城市化水平臻至顶峰的北宋时期亦是如此。中国的城市从未产生过能够平衡甚至对抗国家政权的力量。商人的地位与宗教的地位其实是一个事物的不同面相，他们地位的低下其实都是政治权力独尊的表现。❶

朱渊清在其主编的“早期中国研究丛书”的总序中也曾总结过传统国家治理体系的特征。他说：“早期中国不仅奠定了中华文明的基础，也孕育、塑造了此后长期延续的传统中国文化的基本性格：编户齐民自给自足的小农经济长期稳定维系；商人的社会地位始终低下；北方游牧民族入主中原基本都被汉化，帝国疆域的扩张主要不是军事征服而是文化同化的结果；各种宗教基本不影响政治，世俗的伦理道德教化远胜超验的宗教情感；儒家思想主导的价值观体系以及由此造就并共同作用的强大的官僚制度成为传统中国社会的决定性力量；等等。”❷

我们可以看到，朱渊清所列传统国家治理体系除了以编户齐民形态存在的小农经济这一特点赵鼎新没有讲到外，其他四点与赵鼎新所言基本一致。赵鼎新与朱渊清的研究领域和学科背景相差很大，但他们的研究结果却非常相似，这无疑显示出中国传统国家治理体系特征的鲜明性。

而这些鲜明的特征，与本书前面研究的中国传统国家治理结构密切相关。传统政体得以绵延不绝，是因为皇帝不允许任何人分享他的权力，也不允许社会上出现对其统治有威胁的势力和组织，社会结构不变，帝国体制亦得以维持。而强国家传统与秦晖所说的“大共同本位”实际上是一个意思，都是指国家对社会有一种强大的统治力量。商人的地位低下，是因为在这种国家治理结构中，只有作为编户齐民主体的农民和作为候补官僚的士大夫阶层是重要的，而流动的商人作

---

❶ 赵鼎新. 东周战争与儒法国家的诞生［M］. 夏江旗，译. 上海：华东师范大学出版社，上海三联书店，2006：1－2.

❷ 这段话为这套丛书的总序。这套丛书由上海古籍出版社出版，从 2006 年至今已经出版四辑，共 20 余册。

为一种不容易被国家力量控制的势力必然会受到打压。至于宗教，基本不影响政治，是因为皇帝的权力不希望受到任何势力和思想的限制。儒家思想对皇帝权力的牵制，是其希望从儒家思想中得到政权正当性不得不付出的代价，其他思想无法给皇权这种正当性，因此也就无法染指政治。

（二）中国传统国家治理体系的成就

中国传统国家治理体系不仅特色鲜明，而且取得了其他文明难以取得的成就，这主要表现在三个方面：第一，形成的时间较早；第二，延续的时间最长；第三，治理的绩效较优。

首先，从形成时间上看，马克斯·韦伯在《以政治为志业》这篇著名演讲中说："国家是这样一个人类团体，它在一定疆域之内（成功地）宣布了对正当使用暴力的垄断权。"❶ 显然，按照韦伯的定义，中世纪的欧洲还没有完成国家的构建，而中国则在春秋战国之后就已经实现了韦伯意义上的国家。

2011 年，美国著名的政治学者弗朗西斯·福山《政治秩序的起源：从前人类时代到法国大革命》出版。在书中，他追溯了现代基本政治制度的起源，并认为现代基本政治制度是由三种制度组成的：国家（the state）、法治（the rule of law）、负责制政府（accountable government）。现代基本政治制度把这三种制度结合在稳定的平衡状态中。❷

福山在书中还提到，卡尔·马克思、埃米尔·涂尔干、亨利·梅因、费迪南·滕尼斯、马克斯·韦伯等思想家认为西方经验才是现代化的范本，但是西方人所谓的现代国家元素在公元前 3 世纪的中国就形成了，这比它们在欧洲出现早了整整一千八百年。❸ 在国家建设上，

---

❶ 韦伯. 学术与政治［M］. 冯克利，译. 北京：生活·读书·新知三联书店，2005：55.

❷ 福山. 政治秩序的起源：从前人类时代到法国大革命［M］. 毛俊杰，译. 南宁：广西师范大学出版社，2012：16.

❸ 福山. 政治秩序的起源：从前人类时代到法国大革命［M］. 毛俊杰，译. 南宁：广西师范大学出版社，2012：19.

福山甚至称“中国第一”。“作为现代负责制政府的先驱，希腊和罗马非常重要。但在国家发展上，中国更为重要。”“只有中国建立了符合马克斯·韦伯定义的现代国家。”❶

福山说：“中国成功发展了统一的中央官僚政府，管理众多人口和广阔疆域，尤其是与地中海的欧洲相比。中国早已发明了一套非人格化和基于能力的官员任用制度，比罗马的公共行政机构制度更为系统化。公元1年时，中国总人口可与罗马帝国媲美，而中国人口比例中受统一规则管辖的，要远远超过罗马。”❷ 罗马与希腊、中世纪的西欧相比，其行政机器建设要完备得多，但与中国相比又是小巫见大巫了。

其次，从延续时间上看，从秦始皇统一六国至辛亥革命帝制结束，中国传统国家治理体系延续了两千多年，如果从“郁郁乎文哉”的西周时期算起，则传统国家治理体系差不多已经延续了三千年。这一时间跨度在有文字记载以来的世界各国历史中都是非常突出的。

在四大文明古国中，虽然古巴比伦地区建立国家最早，形成大规模的帝国也最早。公元前2334年，萨尔贡篡夺苏美尔的权力，建立了人类历史上第一个帝国。此后也有亚述、巴比伦等帝国相继兴起。但是，中东地区民族众多，政权更迭易手过于频繁，难以形成稳定的统治和长久的制度，这些帝国存在的时间都很短。

相比之下，埃及的统治比较稳定，结构也比较完善。它是一个单一的、集权化的乡村国家，由文职官僚、祭司、贵族以及军队支持与辅佐下的神圣君主家族所统治。❸ 这一结构与中国传统国家治理体系有诸多相似之处，但埃及的这一制度并没有延续到今天。埃及形成统一的国家大约是在公元前2920年，但公元前525年就被波斯帝国灭

❶ 福山. 政治秩序的起源：从前人类时代到法国大革命［M］. 毛俊杰，译. 南宁：广西师范大学出版社，2012：21.

❷ 福山. 政治秩序的起源：从前人类时代到法国大革命［M］. 毛俊杰，译. 南宁：广西师范大学出版社，2012：21.

❸ 芬纳. 统治史［M］. 王震，马百亮，译. 上海：华东师范大学出版社，2014：140－141.

亡，成为其行省之一，两百年后又成为希腊人的殖民地，后来又成为阿拉伯帝国的一部分。

印度的文明虽然一直延续至今，但历史上印度却很少形成统一的国家，其政治统治机构一直也不是很完善，以至于芬纳在其《统治史》第一卷中根本没有列出专章介绍印度。伊斯兰教兴起后不断渗入印度，在印度建立了一系列苏丹国，直至最终建立了莫卧儿帝国，但这已经不是印度本土的制度，而是阿拉伯制度与印度的结合了，而且延续时间也无法与中国相比。

美国著名政治学家亨廷顿在研究冷战后的国际关系时，将世界上的主要国家划归不同的文明。其中，印度文明的制度创造和延续时间上文已经分析过了，此处不再赘述。其他文明出现的时间都比中华文明要晚，国家建设就更晚了。以基督教为基础的西方文明是在罗马帝国的废墟上建立的，大致与中国的魏晋南北朝处于同一时期。伊斯兰教文明直至公元7世纪才出现，当时中国已经进入隋唐时期。

在世界主要的文明形态中，还有一种比较特殊的文明，其延续时间很长，影响也很大，就是犹太文明，但犹太人以宗教思想的发明见长，他们流落世界各地，没有具体进行国家建设与制度创新的外部条件。所以，这一民族虽然文化绵延长久，但在制度设计与延续上仍然无法与中国相比。

最后，再说治理绩效较优。在一定程度上而言，延续时间长也是治理绩效优的一种表现，这种时间跨度之长本身就是一项重大的成就。一种国家治理体系能够延续两三千年，其背后一定有特殊的机制在支撑着它。

当然，中国传统国家治理体系绝不仅仅是延续时间长，在这几千年中，中国文化持续发展，疆域不断扩大，人口不断增长，而且几千年来，中国在历史的大部分时期都保持了国家的统一和社会的稳定。芬纳在《统治史》中说，中国在有组织的政治活动方面，与苏美尔和埃及相比虽然是一个相对迟到者，但从商王朝开始，“直到法国大革命前，它在工艺、财富、疆域，以及在延续性和完全的自给自足等方面都遥遥领先于世界”[1]。

英国著名历史学家汤因比在其著作《历史研究》中，在将世界各种文明广泛比较后总结出了文明发展的两种普遍模式：希腊模式和中国模式。他说：“我的希腊模式中具有重要意义的结构成分是由分裂到统一的革命性变革，这是一连串破坏性更大的战争的产物，这些战争在政治统一实现之前已把文明拖入凄惨的境地。”[2] 希腊模式是通过一系列的战争由分裂走向统一的，在政治统一之前，文明已陷入凄惨境地。而这种模式在各个文明的历史中，是可以经常见到的。而在中国模式中，“我们会发现一种非常明显的结构：中国历史具有漫长的跨度，它表现为一个大一统国家理想不断变为现实，中间又不时被一些分裂和混乱的局面所打破。”[3] 汤因比曾经历第一次世界大战，“为他所在的世界分崩离析、各邦间展开相互残杀的大战所震撼”[4]，所以尽管他认为大一统国家是社会衰朽的副产品，但依然对大一统国家着墨甚多，对中国模式也很推崇[5]。

正如汤因比所说：“大一统国家之所以能获得人心，是因为它象征着从动乱时代的长期苦难中恢复过来。正是这一原因，使罗马帝国最终赢得了原本抱有敌意的希腊文人的尊敬。”[6] 接着他引用罗马统治下人们的感受来印证这一点，埃里乌斯·阿里斯泰德斯说：“当世界各国已经因内部纷争和动乱而把自己送上火葬的柴堆时，它们突然获得了罗马的统治，因而立刻恢复了生机。”阿庇安也认为罗马“长期稳定的和平也把全世界提高到一个安定繁荣的水平。”[7]

所以，习惯于民主政治的希腊人尽管认为让自己处于优于自己的人的统治之下，是一种“次好的”选择，但以他们在罗马帝国生活的

---

❶ 芬纳. 统治史［M］. 王震，马百亮，译. 上海：华东师范大学出版社，2014：474.
❷ 汤因比. 历史研究［M］. 刘北成，译. 上海：上海世纪出版集团，2005：35.
❸ 汤因比. 历史研究［M］. 刘北成，译. 上海：上海世纪出版集团，2005：37.
❹ 汤因比. 历史研究［M］. 刘北成，译. 上海：上海世纪出版集团，2005：序言1.
❺ 汤因比. 历史研究［M］. 刘北成，译. 上海：上海世纪出版集团，2005：39.
❻ 汤因比. 历史研究［M］. 刘北成，译. 上海：上海世纪出版集团，2005：243.
❼ 汤因比. 历史研究［M］. 刘北成，译. 上海：上海世纪出版集团，2005：244.

经验来看，这种“次好的”被证明是最好的。[1] 大一统的罗马帝国所带来的安定繁荣以及罗马人对自身政体的感受，可以在很大程度上说明中国传统国家治理体系所取得的成就，因为虽然同为大一统国家，但中国的治理体系比罗马帝国还要完备。

[1] 汤因比. 历史研究［M］. 刘北成，译. 上海：上海世纪出版集团，2005：243.

第二章　中国传统国家治理理念在当代的弘扬与新生

国家如何治理，政体如何安排，中国人对此有着深入的思考，形成了丰富而深刻的政治文化。传统政治文化中包含着丰富、深刻而极具生命力的价值理念，这些理念不仅在历史上支配着中国人的思维，即使在今天仍然有着重要的影响。而且越是深入地研究历史，越会发现这些历史上形成的思想、观念和传统，不少内容仍然以各种形式或多或少地存活于现代中国人的心灵和思想之中，并深深地渗入了现实生活中。[1] 本章将选取“天下”“为公”“民本”与“德治”四种理念进行详细的论述，先溯其源流，再明其在现代的变迁和价值。之所以选择这四种理念，一是因为其重要性，二是因为这四种理念交融相扣，形成了一个完整的整体。通过对这四种理念的了解，大致可以对中国传统治国理政的价值理念形成总体上的认识。

一、“天下”“新天下主义”与人类命运共同体

解放战争时期，中国共产党在北方已经解放的地区进行了轰轰烈烈的土地制度改革。在开展土地制度改革的过程中，进行了“开门整党”工作，让人民群众亲自监督改革的过程。河北省张北县的一位农民后来回忆时激动地说：“毛主席办的事就是咱们心上的事，是咱们

[1] 梁治平．为政：古代中国的致治理念［M］．北京：生活·读书·新知三联书店，2020：8.

的恩人，把军队干部交给咱们监督。”[1] 所以，在总结历史经验时，我们可以发现，1949 年中华人民共和国的成立正应了一条普遍规律：得民心者得天下。

那么，何为“天下”？中国人所理解的“天下”到底是什么意思？它在中国的政治思想中居于何种地位？今天又对我们推进国家治理现代化有什么意义？

（一）“天下”观念的源流

“天下”二字最早见于《周书·召诰》[2]，但天下的观念应该出现于夏、商时代[3]。根据殷墟卜辞记载，早在商朝时商人已经按照中心与四方的概念来认识和规划当时的社会。商人称自己为“中商”“大邑商”“天邑商”。四周的方国被称为“多方”“四方”“四土”。在商朝，商王作为当时方国联盟的共主，担负着敬奉天帝、治理四方的责任。“中商”加上“四方”，就构成了当时的天下。

武王克商，周人继承了这种天下观。周人称自己治理的区域为“王国”“中国”“周邦”。周围的邦国或诸侯被称为“四方”。“中国”加上“四方”就是当时的天下，后来“四方”或“四海”就成为天下的代名词。所以，周人的克商得国，被称为“惟文王、武王敷大德于天下”[4]，周王对国家的治理可以称为“燮和天下”[5]“用昭明于天下”[6]。

在西周晚期和春秋时期的青铜器铭文中，“四方”逐渐成为一个和周边的“蛮夷之邦”相对立的概念，[7] 天下的范围在扩展。西周、

[1] 王慎．得民心者得天下：以土改为考察中心（1946—1949）［J］．河池学院学报，2018，38（3）：105．

[2] 邢义田．天下一家：中国人的天下观［G］//刘岱．中国文化新论·根源篇·永恒的巨流．合肥：黄山书社，2012：191．

[3] 梁治平．为政：古代中国的致治理念［M］．北京：生活·读书·新知三联书店，2020：13．

[4] 《尚书·毕命》。

[5] 《尚书·顾命》。

[6] 《尚书·康王之诰》。

[7] 陈梦家．殷墟卜辞综述［M］．北京：科学出版社，1956：319－320．

春秋时期，华夷一直混杂而居，随着西周的灭亡，一部分蛮夷甚至迁居中原，但随着华夏族的联合、文明文化的发展以及华夷对立导致华夏族的自我意识逐渐增强，华夏与蛮夷之间的界分与区别意识越来越强。他们在生活方式和生活地域上也逐渐区分开来❶，逐渐形成了华夏居中原、蛮夷居四野的局面。

这种包含华夏与蛮夷的世界，就是春秋战国时期人们理解的“天下”，也是此后中国人“想象和处理内外关系的一种支配性概念”❷。很明显，它是一个整体性、等级化的文明体系和道德秩序。在这一体系内，华夷虽然不同，但同处于“天下”之中，同为天子子民，而且华夷之别也不完全出于种族，更大的区别是在文化和生活方式上。蛮夷先进于礼乐文明，即被视为华夏；华夏不遵礼仪，也会被视为蛮夷。这种灵活的夷夏观，显示了天下观念的内在活力与“强烈的规范性”❸，也成为此后两千多年中国人处理与周边民族、域外国家关系的原则。

公元前221年，秦灭六国“平定天下”❹，建立了一个在制度和疆域上都与殷商时代绝不相同的国家。秦汉时代的天下观也因为这一国家形态，在自身认同和内外之别上发生了很大变化。自身认同主要表现为天下视野的扩展和合法性的建构，统一所带来的自信心膨胀使秦始皇认为：“人迹所至，无不臣者。”❺ 王者无外，天下一家。董仲舒则提出了理论化色彩很强的大一统观念，这一观念为以汉为中心、由近到远、由诸夏和夷狄组成的等级制“天下秩序”提供了系统化的论证。而内外之别主要表现为华夷关系的制度化，一个针对四夷的册封朝贡体系逐渐成形，这也标志着至汉武帝时代，围绕着“天下”观念

---

❶ 梁治平. 为政：古代中国的致治理念［M］. 北京：生活·读书·新知三联书店，2020：23-24.

❷ 梁治平. 为政：古代中国的致治理念［M］. 北京：生活·读书·新知三联书店，2020：24.

❸ 梁治平. 为政：古代中国的致治理念［M］. 北京：生活·读书·新知三联书店，2020：27.

❹ 司马迁《史记·秦始皇本纪》。

❺ 司马迁《史记·秦始皇本纪》。

建构起来的中国古典国家形态逐渐完成❶。这种“天下”观念以及由此形成的国家形态在传统中国社会延续了两千多年。

（二）“天下”观念的内涵

从上文对天下观念源流的梳理中也可以看出，作为中国古代最独特也是最重要的政治理念之一，天下观念其实包含了一组虽不相同但又相互联系和支持的概念，这些概念体现了天下观念的不同侧面和倾向❷。大致说来，古人的天下观念至少包含以下三个层面的含义。

第一，“天下”即政权。“天下”一词最早出现在西周初期并不是偶然的。周人以蕞尔小邦灭掉东方大邦，这一成就使其十分谨慎、戒惧，为了给“征服”披上正当性的外衣，周人创造性地提出了“天命”的概念，也就是周人之“得天下乃天命所归”。这在周公对殷商旧臣的诰词中说得最清楚，他在《尚书·多士》中说：

> 尔殷遗多士！弗吊旻天，大降丧于殷。我有周佑命，将天明威，致王罚，敕殷命终于帝。肆尔多士！非我小国敢弋殷命。惟天不畀允罔固乱，弼我，我其敢求位？惟帝不畀，惟我下民秉为，惟天明畏。

大意是：你们这些殷商的旧臣啊！因为纣王不敬重上天，上天把灾祸降在殷国。我们周国得天命的佑助，奉行上天的明威，执行王者的诛罚，将殷国天命告绝的消息禀告天帝，殷的天命是天帝终止的。现在，你们众位官员啊！不是我们小小的周国敢取代殷商天命，是上天不再把天命给予邪罔不正的人，而来辅助我们，我们怎敢妄求王位呢？正因为上天不再把天命给邪罔不正的人，我们下民的所作所为应当敬畏天命。

周人能夺走商人的天命，说明天命不是固定在某一家的，这就是

---

❶ 梁治平．为政：古代中国的致治理念［M］．北京：生活·读书·新知三联书店，2020：43．

❷ 梁治平．为政：古代中国的致治理念［M］．北京：生活·读书·新知三联书店，2020：12．

所谓的“天命靡常”❶。那么，如何才能判断一个王朝获得了天命呢？这就要看“德”，所谓“皇天无亲，唯德是辅”❷。如何判断君主有无德行？这就要看人民是否满意，即“天视自我民视，天听自我民听。”❸ 这种思想就是中国人“得民心者得天下”这一观念的来源。

所以，中国传统的天下观天然地包含着天命、民本和敬天保民的思想，而中国古代的思想家，如董仲舒等人在论证本朝政权的正当性时，正是从这一角度展开的。建立国家，统理万民，不是为天子本人，也不是为了王侯将相，而是为了人民，“天下乃天下之天下，非一人之天下”❹“天下为公”等说的正是这个意思。

第二，“天下”还表示一种文明体系和价值系统。除了表现为上文所说的政权外，“天下”还可以表现为服饰、言语、道德、礼乐、生活方式等一系列社会生活实物。总之，天下还代表一种更为高级的文明。顾炎武在《日知录》卷十三《正始》条中说：

> 有亡国，有亡天下。亡国与亡天下奚辨？曰：易姓改号，谓之亡国。仁义充塞，而至于率兽食人，人将相食，谓之亡天下。……是故知保天下，然后知保其国。保国者，其君其臣肉食者谋之；保天下者，匹夫之贱，与有责焉耳。❺

这就是著名的“天下兴亡，匹夫有责”的出处。顾炎武在论证“亡国”和“亡天下”的区别时，用曹魏正始年间一个特别著名的历史事件举例说明。嵇绍之父嵇康被司马昭所杀，司马昭之子司马炎后来建立晋朝，是为晋武帝。在司马炎废魏自立之时，嵇康生前的好友山涛推荐嵇绍入仕，并说：“天地四时，犹有消息，而况于人乎一时。”❻ 这是说，天地和四时都有盈缩变化，人也得随时事而变化，不能因为父仇而拒绝入仕。嵇绍就接受了山涛的安排。入仕后，也特别

❶ 《诗经·大雅·文王》。
❷ 《左传·僖公·五年》。
❸ 《尚书·泰誓》。
❹ 班固《汉书·谷永杜邺传》。
❺ 顾炎武，黄汝成. 日知录集释［M］. 上海：上海古籍出版社，2013：756.
❻ 房玄龄等《晋书·嵇绍传》。

忠心，后来在八王之乱中为保护晋惠帝被害身亡。

而这件事正是顾炎武不能接受的，他说嵇绍虽为贤者，当时的人也认为山涛的劝告通达明理，但殊不知正是这种劝告“败义伤教至于率天下而无父者也”❶。因为天下秩序的维持正在于有一套礼仪规范，这套礼仪规范被打破了，天下迟早也会灭亡，所以西晋后来出现“五胡乱华”的局面并不奇怪，这正是丢弃了礼仪制度的结果。

所以，在古人眼中，天下还表现为一套价值系统和礼仪道德秩序。同样，现代研究者也注意到了这一特征，美国学者列文森曾说：“早期的‘国’是一个权力体，与此相比较，天下则是一个价值体。”❷ 天下的维持和进入天下秩序的标准是一套由传统儒家思想衍生出来的价值体系。

第三，“天下”还表现为一种以华夏为中心的文明等级秩序和中国人想象世界的方式。殷周时期的天下，虽然有中心和四方的区别，但方位意义大于文明意义，或者说政治意义大于文明意义，但春秋战国之后，中央王朝与边疆四夷的区别除了方位和政治意义，文明的意义成为最主要的区别，这就是天下观中的夷夏观。

《礼记·王制》曾描述过中原周边东夷、南蛮、西戎、北狄的生活方式，虽然这种生活方式的差别是“皆有性也”，也就是民族性不同，但这样的描述显然是带有某种价值判断的，其根本预设就是认为周边四夷的生活方式不如中夏地区。班固认为“夷狄之人贪而好利，被发左衽，人面兽心”❸，不必以礼义和他们接触。唐代的李淳风说得更为清楚明白，他认为华夏地区钟灵毓秀，礼仪、道德、文化水平都很高，圣人、君子生活在这种地方；而周边地区不仅生活条件恶劣、生活方式野蛮粗糙，而且民众也是残忍、狠戾的，无法与华夏地区相比。❹

---

❶ 顾炎武，黄汝成．日知录集释［M］．上海：上海古籍出版社，2013：757.

❷ 列文森．儒教中国及其现代命运［M］．郑大华，任菁，译．北京：中国社会科学出版社，2000：84.

❸ 班固《汉书·匈奴传》。

❹ 梁治平．为政：古代中国的致治理念［M］．北京：生活·读书·新知三联书店，2020：60－61.

李淳风的个人倾向是非常明显的，即华夏是文明的代表，是中心，是蛮夷向往和崇尚的对象。四夷散处四方，无论是环境还是文明都远远落后于华夏，是华夏抚循和统理的对象。华夏和四夷的区别不仅是生活环境不同，更主要的在于文明的程度不同，甚至是文明与野蛮的区别。既然四夷与中夏处于不同的文明发展水平上，所以夷狄入主中夏，其正当性就往往会被质疑❶，而“尊王攘夷”“内诸夏而外夷狄”则是必然的结果。

这种文明等级秩序，既是当时天下的现实，❷ 也是传统中国人认识和想象世界的方式。所谓“天不变，道亦不变”，随着疆域的扩大和认识的扩展，越来越多的民族被纳入天下的视野之中。然而，这种华夏中心主义或自认为华夏文明优越的倾向在前现代社会有着增强国家凝聚力的重要作用，但是进入现代之后，当它面对更为先进的西方文明时，传统的天下观却成为阻碍改革和向西方学习的巨大的思想意识障碍。

（三）天下秩序的崩解与民族国家意识的形成

传统中国与外界交往时，也不时地传入一些无法纳入天下秩序的知识和国家，但是由于这些国家与中华相距遥远，再加上它们虽为异质文明，却并不足以构成对中国的威胁，所以传统中国人自然而然地选择了避而不谈，予以忽略。但是鸦片战争以降，中国面对的西方文明却完全不同了。

传统的天下观是建立在中华文明优越感的基础之上的，但在鸦片战争后中国士大夫逐渐发现，西方国家也一样明礼行义，而且其声光电化、坚船利炮还远胜于华夏。所以中国并非世界上唯一的文明国

---

❶ 蒙古族和满族入主中原后，都曾引起当时夷夏观的变化，但四夷和中夏毕竟不同，传统的夷夏观也很难转变，所以他们在论证其政权正当性时，往往避开夷夏之别，而从天命观入手，天命观与夷夏观之间的这种张力，正显示了天下观的内在活力。

❷ 也有不少学者认为中国古代的天下秩序是构想出来的，现实中并不完全存在，如葛兆光在《对天下的想象：一个乌托邦想象背后的政治、思想与学术》一文中的论述。但是，即使天下未成为现实，也并不影响这一概念的现实规范力。

家，只不过是世界列国之中的一国。由此，在洋务运动时期，天下观逐渐让位于万国观，“天下”观念出现动摇，现代国家思想的产生才有可能。

中日甲午战争的爆发，彻底打破了中国人的“天朝上国”迷梦，也导致了以中国为中心的东亚天下秩序的彻底瓦解。中国青年纷纷奔赴日本、欧美寻找新的救国之道，“在此背景下，民族主义、民族国家一类源于西方的近代观念迅速传播开来”❶。与此相应，“国家”一词的使用在1895年之后愈加频繁，1900年后就更多了，接着使用量增多的是“民族”一词。❷“民族”开始代替“天下”成为中国认识和思考世界的核心概念。

梁启超在批评传统中国时就明确地说，中国人只知道忠君，却不知道爱国，不知道国家为何物，这正是国家衰亡的原因。相对于朝廷、天下这些或大或小的概念，他认为“国家为最上之团体”❸，是最好的、最适宜竞争的政治组织。梁启超的这一观点正是认识到现代民族、国家是现代国际关系基本政治单位的反映。所以，作为世界上与列强竞争的一分子，中国首先应该具有国家观念，中国为中国人之中国，而非天下人之中国。

总之，经过几代知识分子的努力，至清末民初，“国家”取代“天下”，成为新的政治论说的核心词汇。❹中国也不再追求网罗天下的政治共同体，而是建立起一个以华夏民族为主体的现代民族国家。那种以中国为中心且立基于华夷之辨的世界观，逐渐被民族国家平等共存共处的世界观所取代。❺

---

❶ 梁治平．为政：古代中国的致治理念［M］．北京：生活·读书·新知三联书店，2020：12.

❷ 金观涛，刘青峰．观念史研究：中国现代重要政治术语的形成［M］．北京：法律出版社，2009：242.

❸ 梁启超．新民说［M］．沈阳：辽宁人民出版社，1994：25.

❹ 梁治平．为政：古代中国的致治理念［M］．北京：生活·读书·新知三联书店，2020：81.

❺ 梁治平．为政：古代中国的致治理念［M］．北京：生活·读书·新知三联书店，2020：82.

但是，如果细绎天下观念在现代的命运也会发现，虽然天下秩序解体了，天下观念也被取代了，但传统天下观作为一种“曾经渗透和支配中国人心灵数千年的关于文明与道德秩序的想象”❶却并没有完全消失，其所蕴含的诸项构成要素通过各种途径和形式或多或少地顽强地延续和生存了下来。

例如，天下观所包含的“民本”和“敬天保民”的思想在今天依然是中国人所认同的极为重要的政治思想与原则，上文所说的解放战争时期的“得民心者得天下”就是这一思想的反映。这一思想的生命力来源于中国古人对政权的目的和正当性的思考，而任何时代的任何政权无不面对这一问题。至今，这一思想仍是中国人理解政权正当性的基本原则。❷

在传统天下观中，中国人对自身文明的定位，对我们今天的文明意识依然具有不可忽视的影响。今天我们虽然不再自视为高人一等的文明中心，但这种文明意识对中国人坚持自身文明的主体地位、坚持自身文明的特性仍是一种重要的资源。现代中国人面对的古今中西之争、传统与现代的纠葛，在很多地方都可以看到传统文明意识的影子。❸

天下观中包含的夷夏观在近代转变为现代民族主义，这一民族主义针对的不再是周边落后的部族，而是西方强大的帝国主义。“天下一家”思想也是中国人世界主义的源头，而中国人的世界主义是以扶助弱小民族、打倒帝国主义为目标的。❹接下来，我们将以“新天下主义”和“人类命运共同体”两个概念详细梳理传统天下观在今天的流变与影响。

---

❶ 梁治平．为政：古代中国的致治理念［M］．北京：生活·读书·新知三联书店，2020：85.

❷ 这一点，将在第二章第二节“民本”这一部分会详细论述。

❸ 这一点，将在第五章会进行详细的论述。

❹ 邢义田．天下一家：中国人的天下观［G］//刘岱．中国文化新论·根源篇·永恒的巨流［M］．北京：中华书局，2011：466.

（四）“新天下主义”

民族主义虽然是现代政治中的重要政治理念，民族国家也是现代政治与国际关系中的基本政治组织，但是从它们诞生之日起，就有其固有的内在矛盾。这种矛盾主要表现在以下两个方面。

第一，民族主义在权利上主张民族自决，在形态上主张民族独立，即一个民族为一个国家。但这是世界上绝大多数国家都做不到的，世界上的大部分国家都是多民族国家，而且同一民族分布在不同国家也是普遍现象。如果实行彻底的民族主义，势必引起大部分国家和国际关系的剧变，这是不现实的。即使实行民族主义了，也未必有利于全球治理的完善。这种基于血缘或种族的民族主义经常会演变成一股巨大的破坏力量。

第二，民族主义的排外性和民族国家主权的至上性，必然会导致国际关系的紧张和国际合作的困境。世界各地民族主义情绪的高涨、民族恩怨的纠葛是导致国际冲突和国家间关系紧张的主要原因之一。而当今世界面临的生态环境保护、应对气候变化、打击恐怖主义等问题都不是一个国家所能解决的，需要国际社会团结协作、共同努力。然而由于国家利益的不同和民族国家主权至上的特性，使国际合作在一定程度上变得比较艰难。

鉴于民族主义和民族国家体制所导致的困境，今天的学术界亟须在理论方面进行新的探索和创造。而“天下观”的复兴、“新天下主义”概念的提出，就是中国学术界在这方面进行努力的结果。新世纪以来，随着中国的快速崛起，国家局势发生了巨大变化，中国与世界的关系也需要重新构建；随着恐怖主义的蔓延和新兴市场国家的发展，国家秩序也需要重新塑造；同时，随着形势的发展，中国内部的民族关系以及民族与国家的关系也需要重新思考。

“新天下主义”的提出，就是中国相关各界学者借助传统的“天下”观念，去想象和构建未来国家形态和国家秩序的一次努力。它主要是要解决多民族国家如何构建、中国的身份认同如何在未来世界秩序中进行定位，以及主权国家在面对全球性问题时如何进行集体合作等现实性难题。[1]“新天下主义”的代表人物主要有赵汀阳、许纪霖、刘擎、干春松、秦亚青等。

赵汀阳认为，西方的政治思想和政治制度在根源上就存在一定问题，正如施密特所说，西方政治是建立在识别敌友并永远进行斗争的理念上的。霍布斯的“人自为战”的自然状态、近代的民族国家之间的斗争以及亨廷顿的文明冲突论都是这个问题的表现。所以，要摆脱这一困境，必须提出一种新的政治理念，这就是“天下体系”。赵汀阳设想的体系打破了西方政治学以“国家”为最高政治分析单元的局面，将“天下”作为最高分析单元。为了解决世界无序的问题，他又借鉴传统天下观的资源提出了“无外”“孔子改善”等原则。当然，现在看来这种理念还过于理想化，还留于纸面，但他从质疑西方国际理论的前提出发，其探索还是具有一定的启示意义的。

与赵汀阳侧重哲学思辨不同，许纪霖的“新天下主义”则相对平实具有可操作性。许纪霖认为，中国的崛起不只是经济或国家的崛起，更是一种文明的崛起，未来中国会以一种文明国家的形态存在于世，这就要求中国自身在国家形态构建和国家身份认同上，要与传统民族国家都不再一样，需要一种新的政治理念的支撑，这就是“新天下主义”。“新天下主义”是对民族主义与传统天下主义的双重超越，一方面，要把天下主义的普世性承接下来，从整个人类的普世文明、全球利益来思考和决策。另一方面，又克服了传统天下主义的华夏中心和等级化的弊端，吸收了近代民族主义中的健康价值，各个民族不论大小，一律平等，各个国家相互尊重主权。[2]

“新天下主义”尽管自提出后就面对诸多的质疑和争论，其在理论建构和制度实践方面也面临着一些问题和困境，但由于天下观的内在思想质素和超越价值，其复兴不仅表征着中华民族自身的复兴与强

---

[1] 赵赫．新天下主义：一种世界秩序构想的论争与启示［J］．世界经济与政治论坛，2021（2）：41．

[2] 这是许纪霖在多个场合和多篇文章中反复申述的观点，具体见其论文《新天下主义：中国如何成为文明帝国》《特殊的文化，还是新天下主义？》《新天下主义：对民族主义与传统天下主义的双重超越》等。

盛，而且更多的是对于现代世界政治新秩序的良性建构的贡献。❶ 因为它所包含的“和谐”“天下一家”“以德以义”等理念，对近代以来由西方主要国家建立的民族国家体系和国际秩序“霍布斯状态”，确实如汤因比所说，是一副有效解毒剂。❷

由此可以预言，未来中国的国家构建和对外交往不会像过去那样，完全像根据西方的民族主义理念进行，而是应该将传统天下观加以现代化的创造和转化，并依此进行必要的制度建构和关系再造。

（五）天下观念与人类命运共同体

中国的国家身份认同以及国际秩序中自我角色定位，一直是中国对外关系中需要面对的重要问题。从和平共处五项原则的提出，到韬光养晦、有所作为的策略选择；从世纪初提出的和平崛起、和谐世界，到新时代“人类命运共同体”构想，都是对这一问题的思考和回应。而这些思考和回应都或多或少地受到传统天下观的影响，尤其是习近平总书记提出的“人类命运共同体”构想。

2012 年党的十八大首次提出要倡导构建人类命运共同体，此后在多个外交场合，习近平总书记都在不断阐释和丰富这一构想。2015 年，习近平总书记在第 70 届联合国大会一般性辩论发表讲话指出：“当今世界，各国相互依存、休戚与共。我们要继承和弘扬联合国宪章的宗旨和原则，构建以合作共赢为核心的新型国际关系，打造人类命运共同体。”❸ 2019 年 11 月，习近平总书记在第二届中国国际进口博览会开幕式的主旨演讲中说：“中国文明历来主张天下大同、协和万邦。希望大家共同努力，不断为推动建设开放型世界经济、构建人类命运共同体做出贡献。”❹ 这就将人类命运共同体与传统的天下观联

❶ 杨毓团．从“天下主义”“民族国家”到“新天下主义”——中国民族主义特质流衍论略［J］．政治思想史，2016（2）：39.

❷ 姜义华．中华文明的根柢：民族复兴的核心价值［M］．上海：上海人民出版社，2012：259.

❸ 习近平．习近平谈治国理政：第二卷［M］．北京：外文出版社，2017：522.

❹ 习近平．习近平谈治国理政：第三卷［M］．北京：外文出版社，2017：213.

系了起来。

因此，人类命运共同体的构想，表达的是新型国际关系的中国方案，其中既包含了各国相互依存、休戚与共的现代外交理念，也借鉴利用传统天下观中的思想资源，创造性地将传统天下观中的大同理想、和而不同等理念融入现代外交理念之中，实现了传统与现代的有机结合和融通发展，其中既有对传统天下观的传承与借鉴，也有对传统天下观的超越与发展。

一方面，人类命运共同体构想传承了传统天下观的合理内涵。传统天下观强调“天下一家”“王者无外”“天下为公”，人类命运共同体主张世界上各个国家、各个文明命运相连，相互联系、相互影响，二者的理念是一致的。而且，传统天下观区分内外夷夏的标准不是现代民族主义强调的不可改变的种族、肤色等因素，而是文化发展水平和文明进步程度，这显示了传统天下观开放和流动的特性，与现代民族主义僵化、封闭的标准是完全不同的。人类命运共同体利于各个国家相互交往、相互借鉴，进而形成一种“和而不同”“美美与共”的文明秩序和交往体系。

另一方面，人类命运共同体的构想也克服了传统天下观的狭隘性和自我中心主义的倾向。中国古代的天下秩序往往只局限于以中国为中心的东亚地区，这种情况的出现固然受制于交通因素的限制，但也反映了传统天下观的狭隘性。人类命运共同体则是真正的“以天下观天下”❶，认为全世界各个国家各种文明越来越成为你中有我、我中有你的命运共同体。传统的天下秩序是一种中心边缘的差序格局，其有着强烈的华夏中心主义色彩，人类命运共同体则秉持各国主权独立、平等的现代意识，尊重各民族国家的平等自主的权利。人类命运共同体还坚持“万物并育而不相害，道并行而不相悖”❷ 的原则，维护人类文明的多元化和多样性。

总之，我们可以说，人类命运共同体既借鉴了现代民族主义的优

---

❶ 《老子 · 第五十四章》。

❷ 《礼记 · 中庸》。

良之处，又实现了对传统天下观中狭隘观念的超越；既表现了当代中国人对世界的理解，又肩负起了中国的世界担当，对推动建立公正合理的国家政治经济新秩序具有重要积极意义。[1]

二、“为公”与中国共产党的宗旨

《礼记·礼运篇》说：“大道之行也，天下为公。”也就是说，“天下”是天下人共有的，这个天下也应该为天下人服务。习近平总书记在很多场合都引用和阐述过这一理念，在第70届联合国大会一般性辩论的讲话中，他引用这句话阐述联合国的崇高目标[2]；在中国共产党的十九大报告结束语中，他引用这句话阐述共产党的立场、宗旨和目标。那么，“天下为公”到底是什么意思？“为公”这一理念在历史上的发展和流变是怎样的？它在今天有何价值？

（一）“公”的含义

“公”在传统时代有着多重含义。《辞源》列举了九种含义：第一，“正直无私”；第二，“共同”，如公敌等；第三，“公事”，所谓“夙夜在公”；第四，“公然，无所顾忌”；第五，“爵位名”，公、侯、伯、子、男；第六，“对人的尊称”；第七，“称谓”，可以指称祖父、父亲和丈夫的父亲；第八，“雄性”；第九，“姓”，姓氏之[illegible]。[3]

这九种含义，后五种类似于专有名词，词义非常固定，可置不论。第四种“公然”为副词，与此处我们讨论的“天下为公”关系不大。所以，重要的词义就是前三项。但在《辞源》中前三种含义的排序已经是“公”字之意在战国之后演变的结果了[4]，或者可以说，在《辞源》中的这种顺序与“公”字含义演变的顺序正好是相反的。

日本汉字学家白川静曾详细追溯过“公”字词意的起源，他认为

---

[1] 吕勇．新时代中国共产党的“天下观”及其使命［J］．桂海论丛，2019（5）：48.

[2] 习近平．习近平谈治国理政：第二卷［M］．北京：外文出版社，2017：522.

[3] 商务印书馆编辑部．辞源［M］．北京：商务印书馆，1988：168－169.

[4] 沟口雄三．中国的公与私·公私［M］．郑静，译．北京：生活·读书·新知三联书店，2011：46.

“公”的最初含义是公宫，公宫是氏族的宫庙，同时又表示要在宫庙中被祭祀的人。由于氏族具有共同体的性质，便有了公共之意、官府之意，公私关系就成了官民关系。[1] 这就是说，公最初起源于氏族这一共同体的公共事务，后来在国家成立的过程中，氏族共同体内的用语转移到政治、行政关系里[2]，公私关系也逐渐提升为君对国、官对臣、家对民的支配与被支配关系[3]。

所以，在殷周时代，“公”多指的是公事，其意大概包括与公家、公事相关的各种事物，其语意大概类似于《辞源》中的第三项解释。在上古时代，“公”首先指称的是公宫、公所、公庭、公田等，这是共同的祭祀场所或王公处理政事的场所以及王宫的所有物等；其次，也是最多的，是指官位或爵位，如多公、王公、三公，后来又由此衍生出公子、公族、公涂等；“公”还指公事，如公门、公家等，这里的“公”就与“官”是同义语，所以“公犹官也”。[4] 可以说，直到今天，以公事代称官事依然是中国人普遍认同的基本看法。

值得注意的是，“公”字的起源比“私”字要早得多。在“公”字出现时，“私”字还未出现，无论是在甲骨文还是在金文中，都没有可以被解释为“私”的意思的字[5]。在传世文献如《尚书》《诗经》中，虽有“私”字，但出现的次数比“公”字要少得多。而且，此时公、私的含义只是相对，并非相反。公、私所指称的并非相反的事物，只是归属主体不同而已，如“言私其豵，献豜于公”[6] 或“雨我公田，遂及我私”[7]。这里的“公”虽然也可以理解为国君或氏族首

---

[1] 沟口雄三. 中国的公与私·公私［M］. 郑静，译. 北京：生活·读书·新知三联书店，2011：233.

[2] 沟口雄三. 中国的公与私·公私［M］. 郑静，译. 北京：生活·读书·新知三联书店，2011：233.

[3] 沟口雄三. 中国的公与私·公私［M］. 郑静，译. 北京：生活·读书·新知三联书店，2011：46.

[4] 郑玄《周礼·地官·司徒》注。

[5] 沟口雄三. 中国的公与私·公私［M］. 郑静，译. 北京：生活·读书·新知三联书店，2011：235－236.

[6] 《诗经·豳风·七月》。

[7] 《诗经·小雅·大田》。

领，但考虑到“公”的共同体性质和职能，将其理解为公共、公众、共同之义也未尝不可，也就是由表示所属关系转而表示事物性质。❶所以，这里的“公”主要是公共的意思，而“公”的这一层意义，其实是氏族共同体时代的本意在殷周时代的遗留。《礼记·礼运篇》中的“天下为公”之“公”即是这一意思，这一词意也一直留存到了今天。

“公”为“私”的反义词，这是我们今天使用“公”字时最常用的语意，但这一语意其实起源很晚，最清晰的表达见于《韩非子·五蠹》：“古者仓颉之作书也，自环者谓之私，背私谓之公，公私之相背也，乃仓颉固以知之矣。”在韩非子那里，公、私不仅是相对的国、家和国家、臣民，而且公、私成为完全相反的事物。由此，公、私带上强烈的道德色彩，具有褒贬甚至正邪方面的含义。❷

之所以会这样，与法家的国家观念有着极大的关系。法家主张尊君，君主不仅是权力的中心、赏罚的主导者，也是善恶的评判者。在这一秩序中，由于富国强兵和尊君抑臣的目的，国君所代表的一切就成为正面的价值，而不忠君，不守法，与君主立异的皆为私，如私心、私行、私利、私学、私勇等，皆被认为有害于国家，会毁国乱行，被看作蠹虫、奸邪诡诈。❸“私”在法家眼中本身就是一种“恶”。

韩非了这种将公、私看作正、邪对立的看法，在西周时期就已经萌芽，而先秦诸子也多有崇公抑私的倾向，只不过不像韩非子那么极端而已。当然，公私关系由《诗经》中的牧歌式的上下关系发展到君与臣、国与家之间的矛盾、紧张的关系，可能反映了权力机制或统治得到加强，威信有了相当大的提高。❹一句话，春秋战国时期国家形

❶ 梁治平. 为政：古代中国的致治理念［M］. 北京：生活·读书·新知三联书店，2020：93.

❷ 梁治平. 为政：古代中国的致治理念［M］. 北京：生活·读书·新知三联书店，2020：96.

❸ 梁治平. 为政：古代中国的致治理念［M］. 北京：生活·读书·新知三联书店，2020：96.

❹ 沟口雄三. 中国的公与私·公私［M］. 郑静，译. 北京：生活·读书·新知三联书店，2011：45.

态发生了巨大的变化，君与臣、国与家的关系也完全不同，公私之间的关系也随之变化。

“公”，除了上文分析的官府、公共的含义之外，其实还有一层含义，即“均平”“平分”[1]。从“公”字的起源来看，“公”既然起源于处理氏族共同体的公共事务，必然也含有平分共同体共同财物的意思。而且，因为“公”字在后世依然具有共同、公共之意，所以在整个历史时期，直至今日，平分、均平依然是共同体内的道德原则和行为规范。与此相对，排他性的独占会被视为邪恶而遭到排斥[2]，这也是在秦汉之后家天下的现实背景下，历代农民起义军所打出“均贫富”旗号的原因。

当然，这种“公”又表现为对私人利益的一种尊重，与法家将所有个人之“私”视为“恶”完全不同。“公”的这种含义的歧异性，一方面，显示了“公”在传统中国的重要意义，在长期的历史进程中附加了各种群体、各个阶层的诉求；另一方面，也显示了“公”的内在张力，这一概念在不同时代可以为不同群体所用，为其诉求提供价值支撑。

（二）“天下为公”

沟口雄三在研究中国古代的公私观念时，发现在由氏族内的公私观念发展到君民、官民对立的公私观念上，中日两国所经历的过程大致相同，但中国进一步“又形成了日本没有的天之公私这种更为高层次的，即原理性、道义性的概念世界”[3]。在这种意义上的“公”渗透到政治领域后，就具体化为“天下之公”的观念。相对“天下”之“公”，国家、朝廷也只能算作“私”，因为它维护的是一姓一家的利益。[4]

---

[1] 《说文解字·八部》。

[2] 沟口雄三. 中国的公与私·公私［M］. 郑静，译. 北京：生活·读书·新知三联书店，2011：47.

[3] 沟口雄三. 中国的公与私·公私［M］. 郑静，译. 北京：生活·读书·新知三联书店，2011：50.

[4] 沟口雄三. 中国的公与私·公私［M］. 郑静，译. 北京：生活·读书·新知三联书店，2011：51.

“天下”必须“为公”，源自“天下”的特性。所以，“为公”这种理念是随着“天命”“天意”观念的产生而出现的。“天”作为主宰者，在古人心目中本来就是公平公正、不偏不倚的。孔子称赞帝尧说：“大哉尧之为君也！巍巍乎，唯天为大，唯尧则之。”[1] 这是把帝尧宽广无私的品德归之于天。[2] 墨子也说：“天之行广而无私，其施厚而不德，其明久而不衰，故圣王法之。”[3] 庄子则把“天”的这种特性说得更加明确：“天无私覆，地无私载。”[4] 吕不韦在《吕氏春秋》中也直接引用孔子的这一论述来论证“天”的公共性。[5] 而“天下为公”的理念也在《吕氏春秋》中得到了清晰明白的阐述：“昔先圣王之治天下也，必先公。公则天下平矣。”“天下非一人之天下也，天下之天下也。”[6] 天道是无私的，圣王的言行应合于天道，也是无私的。圣王得天下是因为“公”，得天下后，也不能把天下看成自己一人的，不能为了一个人的私利服务。

所以，从先秦时期开始，“天下为公”作为一种规范性的理念，就成为中国传统国家治理的最高理想和普遍原则。这意味着“公”作为普遍性原则，高于、先于和优于朝廷、国家、君主。朝廷、国家、君主虽然相对于家族、臣民可以称为“公”，但相对于普遍性的“公”，它们又是君主、朝廷一姓之“私”，这一姓之“私”应受到普遍性公的约束。[7]

“为公”既然是最高的政治原则，先秦时期的诸子百家无不在这一原则下提出了一些具体的施政理念，如道家的无为，儒家的仁政与王道，墨家的兼相爱、交相利，法家的法不阿贵等。这些理念在中国

---

[1] 《论语·泰伯》。

[2] 梁治平. 为政：古代中国的致治理念［M］. 北京：生活·读书·新知三联书店，2020：108.

[3] 《墨子·法仪》。

[4] 《庄子·内篇·大宗师》。

[5] 《吕氏春秋·去私》。

[6] 《吕氏春秋·贵公》。

[7] 梁治平. 为政：古代中国的致治理念［M］. 北京：生活·读书·新知三联书店，2020：112－113.

历史的不同时期不同程度地实现过，如汉初奉行黄老学说、与民休息，施行的就是“无为”的主张。

但是，“天下为公”毕竟只是一种理念，传统中国的现实却是被一家一姓所拥有，公的天下与私的王朝，难免存在一种紧张的关系。❶虽说“天子以天下为家”，一姓之王朝为求得自身的正当性也需要表现出大公的一面，但毕竟古代帝国皆把天下看作自家私产，“天下为公”从未在传统中国真正彻底地实现过。

那么，“为公”的理念在传统中国还有什么意义？它是否还能在一定程度上发挥作用？可以说，这种超越性的正当性理据，开启了想象和创造的思想空间，这种想象和创造不仅可以用来建立相应的国家制度，还可以用来评判、调节、限制统治者的行为。❷也就是说，理念能否实现是一回事，但以理念来规范现实则是另一回事。理念的实现程度并不影响其对现实的规范意义。

根据沟口雄三的研究，在宋代之前，“公天下”理念对君主的限制主要体现在正君心上，也就是以“天下为公”的理念和行为来规谏君主，提高君主的德行。宋代之后，随着公私观念的变化，“公天下”论说的重点也由上转下，开始以民众经济社会利益诉求为出发点，对皇权专擅之私展开批判。❸这种变化既与社会的发展变化，特别是传统社会的逐渐商业化和平民化有关，又与知识界对“公”的理解发生变化有关。

清初思想家顾炎武说：“合天下之私以成天下之公，此所以为王政也。”❹其意即为让天下百姓的私欲都能得到满足，才是天下的公义所在，才是真正的王政。无疑，这种对“公”的看法与先秦时期的思

❶ 梁治平. 为政：古代中国的致治理念［M］. 北京：生活·读书·新知三联书店，2020：114.

❷ 梁治平. 为政：古代中国的致治理念［M］. 北京：生活·读书·新知三联书店，2020：118.

❸ 沟口雄三. 中国的公与私·公私［M］. 郑静，译. 北京：生活·读书·新知三联书店，2011：120.

❹ 顾炎武《日知录》卷三“言私其豵”条，见顾炎武，黄汝成. 日知录集释［M］. 上海：上海古籍出版社，2013：148.

想家已经有所不同。这种申民欲的主张到了近代西学东渐之后，很快就演变成现代民权主张，由此近代中国的民族革命和民主政治都在这一理论中获得了相应的理论支持。

当然，“天下为公”这一理念真正摆脱各种时代的局限和私利的困扰，获得最终完整的实现，是在中国共产党建立中华人民共和国之后，因为中国共产党“没有任何自己特殊的利益，从来不代表任何利益集团、任何权势团体、任何特权阶层的利益”。❶ 这既是中国共产党宗旨的庄严宣告，也是真正实现“天下为公”的坚实基础。

（三）克己奉公

“天下为公”是把权力看作天下之公器，而公器不能私用。所以，对掌握权力的官员的首要要求就是克己奉公。“奉公”指的是处理国家和民众事务时，能做到“出以公心”“不徇私情”❷。治理国家时只有把公平置于优先的地位，才可能实现天下太平。所以，《尚书·洪范篇》说：“无偏无党，王道荡荡”，认为君王只有公正无私，才能使王道正直坦荡。荀子在战国末期曾去秦国观风，对秦国的山川、百姓、士大夫赞不绝口。他说，秦国的士大夫，出家门，入公门，无私事，既明且公，其风可与上古时期理想的士大夫相比。❸ 儒学宗师对崇尚法治的秦国如此赞誉，说明克己奉公作为官员道德是两家一致推崇的价值。这也是此后历代统治者都提倡的政德规范。

“公正”作为一种政德，在今天仍有其不可低估的现实价值。这是因为“公正”是任何政府对其公职人员的基本要求。中国共产党是为人民谋福利的政党，公正更是当代党政领导干部应当具备的最基本政治素质。正如习近平总书记所说的：“作为党的干部，就是要讲大

---

❶ 习近平. 在庆祝中国共产党成立100周年大会上的讲话［N］. 人民日报，2021-07-02（1）. 这是习近平总书记在庆祝中国共产党成立100周年大会上的讲话中的内容，虽然在其他讲话中也有类似内容，但是在这里表述得最为清楚明白。

❷ 黄钊. 中华优秀传统政德在当代治国理政中的价值［J］. 学校党建与思想教育，2016（22）：4.

❸ 《荀子·强国》。

公无私、公私分明、先公后私、公而忘私，只有一心为公、事事出于公心，才能坦荡做人、谨慎用权，才能光明正大、堂堂正正。”[1]

虽然传统社会大力地倡导克己奉公、清廉从政，但是腐败的治理并没有取得预期的效果。究其原因，还在于传统公私观的内在困境。这种困境主要表现在两方面：第一，公私界限区分不明确，或虽有区分，但并未严格遵行，这很容易导致公私不分和假公济私的行为发生。总体来说，中国古代政治维护的是皇帝一人、一家的权势和利益，所以，刘邦做了皇帝才会对自己父亲说：“始大人常以臣无赖。不能治产业，不如仲力。今某产业所就，孰与仲多?”[2] 而崇祯皇帝即使面对亡国灭族的危险也不愿拿出皇家私帑接济国家。君主为了个人私利可以侵害国家利益，官员自然难免假公济私。第二，中国传统克己奉公的思想，使得官员个人奉行清廉的内动力严重不足。传统克己奉公、清廉从政的思想基础是建立在中国特有的公私观和义利观之上。[3] 中国传统的公私观和义利观可以称为“崇公抑私”和“重义轻利”，二者的根本倾向都是崇尚君主、国家和民众利益，贬低个人利益，其必然结果是君主利益的膨胀，挤压了个人利益的空间。所以，传统社会以清廉自诩的官员，往往生活都比较清苦，而且很容易成为官场中的异类。抑制个人合理利益的做法反倒将公私的对立绝对化和将公私对立与善恶对立等同起来，[4] 导致清正廉洁的行为成为希望保持这种操守的官员一种无形的负担。

所以，要想真正做到克己奉公、清除腐败，必须对传统的公私观进行创造性的转化，而中国共产党所提倡的公私观和倡导的反腐倡廉行为就在这两方面实现了对传统公私观的超越。

第一，中国共产党奉行的公私观是一种真正将个人与国家利益统一起来的公私观。国家的发展能够增益个人利益，个人利益也可以推

---

[1] 习近平．习近平谈治国理政：第一卷［M］．北京：外文出版社，2018：394.

[2] 班固《汉书·高祖本纪》。

[3] 二程说：“义与利，只是个公与私也。”见《二程集·河南程氏遗书·卷十七》。

[4] 朱正平．从“崇公抑私”到“尚公重私”：儒家公私观的现代转化［J］．东方论坛，2012（3）：25.

动国家的发展。第二，马克思主义的公私观虽与中国传统社会的“崇公”思想有一些契合之处，但它没有绝对贬低个人私利，而是给个性独立及其价值的实现留下应有的位置。马克思主义公私观突破了传统二元对立、非此即彼僵化的思维范式，既保证公共利益的至高无上性，又体现了个体的主体性意义，❶ 二者相互成就，实现了真正的公益和私利的有机结合。

所以，马克思主义的公私观在中国化的过程中，既继承了传统社会的公私关系又清理了传统社会公私关系的扭曲部分，一方面坚持了权力的为公属性，另一方面维护了官员正当的权益，这一革命性的观点为新时期开展反腐倡廉创造了前所未有的历史条件。正是在这种更高尚的公私观的激励和感召下，无数中国共产党人成为先锋楷模，自觉地践行着中国共产党为人民服务的宗旨。

（四）“公，平分也”

许慎在《说文解字·八部》中这样解释：“公，平分也。”除了上面分析的公众、公益、公正，把“公”理解为“平分”也是非常常见的。中国人认为物质的平均分配显然是实现公平的一种重要形式。当然，物品的简单平分有时未必是公平的，平分和公平也不能简单地画等号，但这并不妨碍中国人将“平分”视为“公平”含义的一种，并作为一种社会价值来追求。

老子说：“天之道，其犹张弓欤！高者抑之，下者举之；有余者损之，不足者补之。天之道，损有余而补不足。”❷ 社会中的高下贫富之分本来是正常的现象，但天道却要求一定程度的公平和平均。老子没有考虑高下、有余和不足产生的原因，而是直接把平分上升到天道的高度，可见平分在其价值系统中的重要性。

孔子也说：“丘也闻有国有家者，不患寡而患不均，不患贫而患

---

❶ 周辉，王海波．马克思主义公私观及其时代价值［J］．学术论坛，2015（11）：18.
❷ 《老子·第七十七章》。

不安。盖均无贫，和无寡，安无倾。”[1] “寡”与“不均”，显然都是负面的价值，但相对于“寡”而言，“不均”造成的危害显然更大，因为“不均”会造成“贫”。但“均”之后，却未必像孔子想象的那样会“无贫”，很可能是普遍的贫困，而这却不是孔子考虑的问题，在“寡”“贫”“不均”这些价值中，他最不能容忍的就是“不均”。“不均”的危害超过了“贫”，可以“贫”，但不能“不均”。由此可见，“平分”在孔子眼中也具有极高的地位。

墨家尚同，对均平这一理念更是一再申述，再三致意。墨子认为，王者之政应该是“听狱不敢不中，分财不敢不均，居处不敢怠慢”[2]。在日常生活中，也应该“有力者疾以助人，有财者勉以分人”[3]，而不应该“舍余力不以相劳，腐朽余财不以相分”[4]，这当然是朴素美好的想法。墨子认为只要人存此心，就不难做到“不均”。[5]

先秦诸子虽然大多把“平分”作为一种崇高的价值来追求，但他们都没有设计具体可行的制度来实践这一价值。平分谁的财物，如何平分，平分给谁，由谁进行平分，剥夺富者的财物是否合理合法，这些问题都没有得到详细的论证。而后世建立的王朝维护的都是一家一姓之私，根本不可能实现财物的平分，甚至连基本的社会福利保障制度都没有建立起来[6]。所以，贫富分化严重一直是中国传统社会的常态，所谓“富者累巨万，而贫者食糟糠”[7]，说的就是这种状态。

但是，“平分”作为公平的一种价值表现已经深入人心，民众自然对这种严重的贫富分化非常不满，所以历史上的下层民众往往以打

---

[1] 《论语·季氏》。

[2] 《墨子·尚同·中》。

[3] 《墨子·尚同·下》。

[4] 《墨子·尚同·中》。

[5] 在这方面，墨子和孔子一样，都可以说是唯意志论者，他们认为意志对行动具有决定性作用。

[6] 传统王朝一般都有向一定年龄之上的老人赐予衣食的制度，但这一制度是从孝的理念出发的，与平分这一理念关系不大。

[7] 班固《汉书·食货志》。

出以“平分”为主旨的号召，凝聚社会力量，谋取自身利益❶，进行社会抗争。东汉末年的黄巾起义，以太平道组织教众，太平道的“太平”就含有财产相济的意思。唐末农民起义军领袖王仙芝自号“天补平均大将军”，黄巢号称“冲天均平大将军”，直接将起义目的作为名号。此后，北宋初年的王小波起义、南宋初年的钟相和杨幺起义、明末李自成起义也先后提出类似的口号，要求抹平贵贱的差别，平均分配田地和赋税。这种民众的平分思想在太平天国运动中达到高潮，洪秀全的思想虽然披着外来宗教的外衣，但表达的完全是中国传统的均贫富的内容。

传统公平理念中的这种平分的思想，在近代社会依然发挥了很大作用。孙中山在提出民生主义思想时说，其“目的就是要把社会上的财源弄到平均”❷。不可否认，这种均平的理念对后来中国人理解、接受社会主义发挥了一定的过渡作用，而均平理念作为一种深厚的文化传统也必然会对中国开展和创新社会主义实践持续地发挥作用。

三、“民本”与人民当家做主

“民本”是最能够表明中国古时政治思想特质的概念❸。这一概念的主要含义是什么？它与现代民权观念以及中国共产党“为人民服务”的理念有着怎样的关系？它在现代社会还有没有价值？其价值通过什么样的转化和创新才能实现？这些是本节希望解决的问题。

（一）民本理念的源流

在夏朝，夏启的儿子太康即位后贪图享乐，不理政事，被东方部族的后羿赶走，这就是历史上著名的太康失国。太康失国后，他的五个兄弟在洛水边等他，唱了一首歌，即《尚书·五子之歌》，歌中

---

❶ 梁治平. 为政：古代中国的致治理念［M］. 北京：生活·读书·新知三联书店，2020：129.

❷ 孙中山. 三民主义［M］. 北京：中国长安出版社，2011：186.

❸ 梁治平. 为政：古代中国的致治理念［M］. 北京：生活·读书·新知三联书店，2020：138.

唱道：

皇祖有训，民可近，不可下，民惟邦本，本固邦宁。予视天下愚夫愚妇一能胜予。一人三失，怨岂在明，不见是图。予临兆民，懔乎若朽索之驭六马，为人上者，奈何不敬？

“皇祖”就是大禹，所以这首歌唱的就是大禹对子孙的训诫。其大意是：居上位者应该亲近民众，不可小看他们。因为人民是国家的根本，根本稳固了，国家才能安宁。我觉得天下的人，哪怕是没有受过教育的愚夫愚妇，也要比我强。人会犯很多错误，由错误导致的民众的怨恨难道会在明处表现出来吗？所以，在它还未表现出来时，就应该有所谋划。我治理民众，谨慎恐惧得就像用腐朽的缰绳驾着六匹马，做君主的人怎么能不恭敬谨慎！

虽《五子之歌》疑似后人伪作，但其所表达的理念应该是真实的。因为在真实性更高的《今文尚书·皋陶谟》中就已经清晰地记载了大禹与皋陶论政时，提出了“安民”“惠民”的思想，并说“天聪明，自我民聪明”，对天民关系以及民的重要性的认识已经非常深刻。所以，大禹后来把这一思想传给自己的后世子孙也并不奇怪。

由大禹与皋陶的朝堂论政和太康五子的洛汭哀歌可以发现，民本思想在中国起源很早。也可以说，随着家天下王朝的建立，就产生了政权合法性和君主规范伦理的需求和思考，这样民本思想就应运而生了。古时有关政权的归属、政治的目的、王道的规范、政治施行的原则都来源于民本观念。[1]

不过商周时期的民本观念毕竟粗糙，周人克商后，改造了商人的上帝观念，创造了天命理念，又将天命的存续与修德、保民联系起来，民本思想由此建立在更为崇高的理据之上。此后，王朝的根基和合法性由神转变到了民，民本思想成为中国传统政治的基本精神。

---

[1] 梁治平．为政：古代中国的致治理念［M］．北京：生活·读书·新知三联书店，2020：138.

春秋时期，王纲解纽，霸权迭兴，民众的地位更为重要，民本思想得到了进一步的发展，民的地位甚至比神更重要。春秋初期，随国和楚国不睦，随君认为祭祀神灵的物品洁净丰盛，自己的态度也是恭敬虔诚，一定能够取信于神，得神佑助，打算兴兵与楚国对抗。但是，大臣季梁却不这样看，他说，人民才是神灵之主，神的意志是通过人民反映出来的。所以，古代的圣王都是先安民、富民、成就人民，再来祭祀神灵的。[1] 现在国家内还有遭受冻饿的人，鬼神怎么会赐福给国君呢！随侯赶紧息兵。还有一件事发生在春秋初期的虢国。据《左传》记载，有一年，“神”降在虢国，王室内史预言虢国要亡，因为它“虐而听于神”。虢国国君对民众不好，却派人大肆祭神。虢国史官嚚预言说：“虢其亡乎！吾闻之，国将兴，听于民；将亡，听于神。”[2] 民还是要比神重要，这种观念发展到春秋晚期，就形成了子产所说的：“天道远，人道迩。”[3] 这就是中国最初的民本主义思想。

此后，诸子百家继承了这种天人相互影响的民本思想，并在此基础上各有探索与发展。所以，先秦诸子虽然思想内容各异，但是民本是各派共享的思想主张，只不过基于不同的政治倾向和学理根基对民本思想诸要素进行了不同的组合与排序。[4] 当然，儒家还是主张民本思想最坚定的学派，民本思想也在孔子、孟子、荀子等思想家那里发展到一个更丰富、更完善的境界。儒家思想成为中国政治主要指导原则之后，这一思想也渗入司法、行政等传统国家治理制度的各个方面，这一格局一直持续到清末，相沿未改。[5]

---

[1] 《左传·桓公六年》。

[2] 《左传·庄公三十二年》。

[3] 《左传·昭公十八年》。

[4] 梁治平．为政：古代中国的致治理念［M］．北京：生活·读书·新知三联书店，2020：151．先秦诸子对民本思想的具体论述，下文分析民本的含义时将会进行具体的分析，此处暂且从略。

[5] 梁治平．为政：古代中国的致治理念［M］．北京：生活·读书·新知三联书店，2020：143．

（二）民本思想的含义

传统的民本思想并不仅仅指“民为邦本”这一信条，它实际上是内涵丰富、包括众多价值理念的综合概念，而且由于其持续地在中国的政治实践中发挥作用，也形成了一个源远流长的政治传统。❶ 所以，现代学者对民本思想的具体内涵是什么，包含哪些内容，他们的认知也并不完全一致。日本学者沟口雄三认为，民本思想包括两个方面：一是君主以民的苦乐为第一义，而不以自己为本位；二是天下非为君主而存在，而是为民而存在。❷ 南开大学张分田教授在综合比较各家学者的观点后，认为民本思想的核心理念应该包括“立君为民”“民为国本”“政在养民”三个方面❸。本小节即以张分田的分析为基础，探讨民本思想的具体含义。

第一，“立君为民”这一点涉及中国人对国家起源的思考，也涉及君民地位的问题。天地之初，人与万物并生，身处野草树木之中，与野兽虫鱼为伍，人没有爪牙、羽毛与野兽争利御寒，只能使用工具，靠外力来谋求自身的生存，所以要制造生产工具。但生产工具的制造必然涉及利益和资源的分配，这就需要制定规则，把人组织起来。从而需要有能够判断是非、协调各方利益的人进行分配，这样的人还需要具有一定的权威，甚至掌握一定的强力力量。由此，君主便产生了，国家也随之产生了。

所以，“立君为民”这种观念起源甚早，孟子引《周书·泰誓》就有：“天降下民，作之君，作之师。”❹ 后来，这一观念在春秋战国时期得到了更为系统的阐发。春秋晚期的晋国师旷说：“天生民而立之君，使司牧之，勿使失性。”君主虽然是来管理牧养下民的，但是

---

❶ 梁治平. 为政：古代中国的致治理念［M］. 北京：生活·读书·新知三联书店，2020：139.

❷ 沟口雄三. 中国前近代思想的屈折与展开［M］. 龚颖，译. 北京：生活·读书·新知三联书店，2011：348.

❸ 张分田. 民本思想与中国古代统治思想［M］. 天津：南开大学出版社，2009：34－39.

❹ 《孟子·梁惠王下》。

却不能随意凌肆剥夺下民，因为立君的目的是为民，而非为君，它是手段，而非目的，其自身并没有主体性。

对于这一道理，墨子在《尚贤》中阐述得最为清楚明白。三代圣王尧、舜、禹、汤、文、武是怎样成为天子的？他说，是因为他们"尊天事鬼，爱利万民"，所以，天、鬼赏识他们，把他们立为天子。墨子"尚鬼"，有这种思想并不奇怪，但其实"天生万民""立君为民"是先秦诸子共同的思想意识。荀子说："天之生民，非为君也。天之立君，以为民也。"[1] 汉代的董仲舒也说："天之生民，非为王也；而天立王，以为民也。"[2] 如果君主的德行施政能够带来万民安乐，上天就把天子之位给他；如果君主恶行累累、残害民众，上天就会褫夺他们的位置。不难发现，"立君为民"的思想正是西周时期天命观的进一步发展。

由这种君位无法自主、由天予取予夺的规则来看，"立君为民"这一思想原则也具有极强的革命性。正如明初方孝孺所说，如果君主无异于人民，立君又有什么用呢？[3] 立君的目的不是让君主一人在万民之上为所欲为，剥削天下来侍奉他一人！[4] 所以，在传统社会，民本思想的这一侧面对君主的行为具有极大的规范意义，进入现代社会之后，更是成为追求正当权益、反抗暴君统治的重要思想资源。

第二，"民为国本"，这是立君为民的自然逻辑结果。它涉及的是君民的地位问题，即在国家中，君主与民众谁具有主体性的问题。本，即根本，就像树木一样，民是根本，而非枝叶。

在古代思想家中，高扬民本思想的旗帜、最为看重民众地位的是孟子。孟子有一段非常著名的论述："民为贵，社稷次之，君为轻。是故得乎丘民而为天子，得乎天子为诸侯，得乎诸侯为大夫。"[5] 没有人民就没有国家，没有国家，何来君主！各级君主地位的高低，取决

---

[1] 《荀子·大略》。
[2] 《春秋繁露·尧舜不擅移汤武不专杀》。
[3] 《方孝孺集·卷三·君职》。
[4] 吕坤《呻吟语·卷五·治道》。
[5] 《孟子·尽心下》。

于他们所获得的民众数量。民众相对于社稷、君主来说是最重要的。君主如果没有在为民众服务上履行相应的责任，就会成为万人唾弃的“一夫”❶，可以征伐放逐。无怪乎，奉行集权统治的明太祖一定要对《孟子》进行删削。

民本思想的这一侧面经过孟子的阐发，成为中国历史上极具革命性的先进思想，对后世的思想家产生了重大影响。汉初的贾谊就曾经接续孟子的思想，具体论述过“民”何以“为本”，他说：“闻之于政也，民无不为本也。国以为本，君以为本，吏以为本。故国以民为安危，君以民为威侮，吏以民为贵贱。”❷ 说到底，国家的安危、君主的权威、官吏的贵贱升迁，都是以民为本取得的。

第三，“政在养民”，是上述民本和为民的具体表现。维持天命，要敬德、祭神、勤政、任贤，这些措施最后都要落实到民生福祉上，落实到爱民、安民、恤民、保民、利民、养民上。

“养民”的理念起源甚早，《今文尚书·大禹谟》首先提出：“德惟善政，政在养民。”❸《大禹谟》虽然晚出，但它表达的理念却是民本思想不可分割的一部分，大概在国家产生之初就已经萌芽了。所以，大禹有这一观念也并不奇怪。

此后，这一思想不断得到丰富、完善。春秋晚期的晋国师旷曾说：“良君将赏善而刑淫，养民如子，盖之如天，容之如地。”❹ 这里赏善、罚恶的目的都是养民，君主要像天那样保护人民，要像大地那样容纳生养人民。如果君主没有履行职责，让人民困苦不堪，那么要君主还有什么用?

“政在养民”这一倾向在儒家思想体系内得到了完备的发展。孔子提出了仁的理念，仁者爱人，博施济众，自然以养民为第一要务。孟子继承了孔子“仁”的思想，提出了仁政的主张，而仁政主要体现在如何养民上。周文王要建灵台，人民都积极参与，很快就建好了。

---

❶ 《孟子·梁惠王下》。
❷ 贾谊《新书·大政》。
❸ 《今文尚书·大禹谟》。
❹ 《左传·襄公十四年》。

孟子说，这是因为文王没有独享高台，能够与民同乐。

梁惠王向孟子请教自己为什么屡屡被邻国打败，孟子回答说，只要你施行仁政，即使是方百里的国土，也可以无敌于天下。这是因为王如果施仁政于民，就能够得到人民真心的拥戴，愿意为他赴汤蹈火，即使拿着木棍，也可以和秦、楚等强国的坚甲利兵相对抗[1]。以棍棒和铠甲刀枪相对抗，这样的说法当然很夸张，但是孟子正是由此引申出养民的重要性，只有养民，尊重他们的生存权，让人民有幸福感、获得感，才能得到人民真心的拥护。

而在如何养民这一问题上，孟子提出了一系列虽然朴素但非常具体的主张。在回答梁惠王的问题时，孟子接着说，君主要想获得人民的真心拥戴，应该少用刑罚，减少税收赋敛，让人民有时间学习和践行孝悌忠信等德行，在家里可以侍奉父母兄长，出门可以为君主、长官服务。

在《孟子·梁惠王·上》中，孟子详细地规划了人民的生活：他们应该有多少亩地、多大的宅子，哪些用来植桑，哪些用来养鸡等。君主应该爱惜民力，不夺农时，让人民生养死丧没有遗憾，这是王道的基础。更进一步，应该设庠序之教，教人民忠信孝悌之道。如果做到这些，还不能称王，是不可能发生的事。[2] 孟子把传统的养民思想发展到一个非常的高境界，后世学者的思考和君主施政的范围基本上都遵循了孟子的这一思想。

（三）民本理念的理论局限与制度困境

传统的民本思想虽然具有鲜明的合理性、民主性和进步性，但是这一理念并未普遍化为传统君主和官僚的内在德行和实践理性，因而也并没有得到彻底的施行和实现。究其原因，是民本思想在其内在理论逻辑和外在制度环境上，都面对着难以克服的重重局限和困境，这些局限和困境，直到中国共产党建立社会主义性质的国家后才得以

---

[1] 《孟子·梁惠王·上》。
[2] 《孟子·梁惠王·上》。

克服。

古代的思想家和政治家之所以提出民本思想，并不完全是基于民众立场维护民众利益，主要目的还是解决传统政权的正当性问题。所谓“民为邦本，本固邦宁”“君以民存，亦以民亡”❶，皆是说民众的支持和拥护是君主的统治得以维持的必要条件。而君主如果不爱民，不行仁义之政，使人民不再信任他，其政权就可能难以维持，这就是孔子说的“民无信不立”❷。“无”，在此处作“不”讲，意思是民不信则国不立。

然而，无论是立君为民，还是民不信则国不立，都不是把民众看作一种自足、自主、自治的政治主体。立君为民的前提预设是民众无法离开君主进行自我治理，必须接受君主的统治。所以，天生民，设立君主，作他们的师傅，来教育他们；作他们的君主，来统治他们。❸人民不能自己保护自己，所以拥戴君主来求得安宁。君主不能独立生存，所以要保护人民，以求得政权的稳固。

在传统政治下，民意只不过是统治者的工具，重视民意是为了维护自己的统治地位❹。“水能载舟，亦能覆舟”❺，重要的是“舟”，“水”只具备工具性意义，只在考虑其“载”的功能和“覆”的危险时才会得到重视。由这一逻辑出发，传统民本思想中有政权的根基在于人民、政权是为人民设立的思想，但却没有民众应该参与政治的思想。这是传统民本思想与现代民主主义的不同点，也是民本思想在现代化的过程中需要解决的问题。

民本思想不仅存在理论上的局限，在现实中也面临不可克服的体制困境。在传统“家天下”的制度下，君主是国家的代表，国家是君主的私产。中国古代的政治制度就是以君主为中心的金字塔形的制

❶ 《礼记·缁衣》。

❷ 《论语·颜渊》。

❸ 《孟子·梁惠王·下》。

❹ 俞可平. 敬畏民意：中国的民主治理与政治改革［M］. 北京：中央编译出版社，2012：3.

❺ 《荀子·哀公》。

度，君主是权力的来源，所有的官僚层层向上负责。这就导致在现实中，君主和各级官员的利益会首先得到保护，并优先实现，民众的利益有时会被完全忽视，民本思想不能很好地付诸实施。[1] 要解决这一问题，首先，需要打破国家为君主私产的观念；其次，为了消除行政官员维护部门利益和个人私利的冲动，需要在制度上设置复杂的制衡和监督机制。这涉及一整套的制度变革，这种改革在传统政治体制中是无法实现的。

（四）民本理念的价值与转化

历史上的政府与国家无不是为了少数统治阶级的利益服务的，只有无产阶级领导的社会主义国家才真正摆脱了阶级的束缚，是真心真意为全体人民谋福利的，也只有在社会主义制度下，才能真正地将民本理念付诸实际。这是马克思主义理论必然的逻辑结果，也是马克思主义政党的本质要求。

马克思、列宁所阐述的为劳苦大众谋福利的思想，与历史上一切剥削阶级的政权划清了界限，是社会主义国家的本质体现，也是社会主义国家干部政德的根本遵循。这一思想与中国历史上的“民本”思想结合起来发展成为中国共产党的“为人民服务”和“以人民为中心”的思想。

1944 年 9 月，在张思德追悼会上，毛泽东作了“为人民服务”的主题讲演，提出中国共产党的宗旨是为人民服务。[2] 中华人民共和国成立后，他又提出要以人民当家做主作为政治制度建设的前提和目标。此后，邓小平、江泽民、胡锦涛等党和国家领导人一再重申这些宗旨和目标，并在此基础上提出了“立党为公，执政为民”“以人为本”等理念。可以说，随着时代的发展，中国共产党所崇尚的民本思想的内涵越来越丰富。

---

[1] 刘成志．从人治到法治：古代官德略论与现代官德重塑［J］．云南社会主义学院学报，2016（2）：133.

[2] 毛泽东．毛泽东选集：第三卷［M］．北京：人民出版社，1991：1004.

党的十八大以来，习近平总书记继续强调中国共产党人一以贯之的“为人民服务”的执政理念，将其发展为“以人民为中心”的思想，使其具备了更强的感召力、凝聚力和向心力。[1] 这一思想是习近平总书记所强调的干部政德观中首要的价值取向。[2] 习近平总书记这些有关人民的论述坚持人民性原则，坚守人民至上的原则，牢牢把握“为了谁”和“权为谁所用”的政德原则，为共产党人的初心使命赋予了新的时代意义。

中国共产党在革命和建设时期提出的“为人民服务”“以人民为中心”“人民当家做主”的思想，真正坚持了人民的主体性地位和发展为了人民的思想。无论是在价值理念上，还是在目标追求上，都实现了对传统民本思想和资产阶级民主思想的超越。但也应该看到，中国共产党关于人民的思想，虽然与传统的民本思想存在着质的区别，但中国悠久的道德文化传统和丰富、深刻的德政思想，仍为现代政治思想提供了丰厚的滋养，也是毛泽东、邓小平、江泽民、胡锦涛、习近平等国家领导人人民观的重要理论来源。

毛泽东的传统文化素养深厚，并一贯坚持从历史中吸收有益的经验教训。在汉末三国时期，道教宗师张鲁曾经在汉中建立了一个割据政权，施行了一套免费吃饭、住宿、看病等吸引底层民众的政策。毛泽东认为，张鲁的行为虽然与马克思主义革命运动有着本质的不同，但反映了广大贫苦农民阶层对自由平等和摆脱贫困的渴望，具有原始社会主义性质。为此，他曾经将《三国志·张鲁传》印发给相关人员学习。习近平总书记也高度重视传统民本思想对今天的借鉴意义。2012 年在河北阜平县考察扶贫开发工作时，他曾经引用郑板桥的诗句，要求共产党人要时刻倾听“民间疾苦”，帮助人民群众解决生活中的实际困难。此后，他在各地考察和讲话时多次引用《尚书》《管子》《孟子》《说苑》《论衡》等中国古代经典著作中的民本思想，来

---

[1] 郗爱红. 中国共产党对儒家政德思想的继承与创新［J］. 新视野，2018（4）：32.

[2] 徐来富，吴家华. 习近平政德观探析［J］. 西南石油大学学报（哲学社会科学版），2018（5）：49.

阐释当代党有关人民的思想。

中国共产党的为民思想是在马克思主义人民思想和中国传统民本思想的基础上的创新性发展。当代中国的为民思想，既是新的历史条件下领导人对党的执政理念的创新，也是对中国优秀传统政德思想的继承和发展。古代的民本思想是今天为民思想的源泉，而今天的为民思想是古代民本思想的创新性发展。

当然，思想上的转化和创新只是问题的一个方面，民本思想要想落到实处，除了执政理念的转变外，还需要制度的创新。中国共产党在构建可以将民本思想付诸实际的制度方面，也取得了巨大的成就。这里仅根据上文论述的民本思想的三种内涵，介绍其中两方面的成就：一是以民为本，建设服务型政府，切实地回应民众的需求；二是践行民主，实行全过程人民民主，构建实现真实民主的制度。

自中华人民共和国成立，特别是改革开放以来，中国的国家治理有了长足的进步，其中一个重要表现就是服务型政府的建设。中国国家治理体制改革的总趋势，是管制越来越少，服务意识越来越强。2004 年正式提出建立服务型政府的目标，经过不断完善，逐渐明确了服务型政府的基本内容和建设路线。[1] 建设服务型政府，需要转变政府职能，强化公共服务职能，改善服务质量，提高公共服务水平，归根到底就是要强化政府的服务责任，建设能够不断回应民众需求的责任政府。经过十几年的建设，中国在服务型政府建设方面已经取得突破性进展，民众生活持续改善，基本公共服务水平和均等化水平都上了一个新台阶，政府回应民众需求的制度得到了不断完善。

超越传统民本思想、克服资产阶级民主的局限、实现真正的人民民主一直是中国共产党和中国政府追求的政治目标。自中华人民共和国成立以来，中国共产党在建设中国式民主的过程中，逐渐形成了具有自身特色的民主制度框架，包括多党合作的政党制度、人民代表大会制度、政治协商制度以及区域自治制度。我们的民主政治，除了采

---

[1] 俞可平．敬畏民意：中国的民主治理与政治改革［M］．北京：中央编译出版社，2012：107.

用选举这一民主形式外，更加注重民众参与、协商的作用，更加注重全过程人民民主的实现。参与、协商主要是让人民参与到公共事务的民主管理中来，突出人民的主体性地位。全过程人民民主则强调人民在选举、决策、管理、监督等政治运行过程的各个环节都应该发挥作用，这是对将选举作为“一次性消费行为”的民主形式的超越，也是中华人民共和国成立以来民主政治发展的伟大创造。

四、传统德治理念、以德治国与政德建设

上面分析的“天下”“为公”“民本”理念，其中虽有落后过时的东西，但整体而言，它们在中国人心中具有极强的正面价值，但与这些理念相关的“德治”观念，就没有这样的命运了。在现代法治观念的“关照”下，人们一度对“德治”的作用和价值有所犹疑。那么，传统的德治理念到底是什么意思？它在今天还有无价值？德治与我们现在提倡的以德治国有什么关系？这些是我们接下来要研究的问题。

（一）“德治”的含义

“德”的观念在中国起源甚早，与“公”“民”等概念一样，几乎是随着国家的产生和文明的诞生而出现的。司马迁在描述帝尧的善政时，就说他“能明驯德，以亲九族”。“驯”通“训”，“顺也”“言圣德能顺人也”❶。大禹为人“敏给克勤，其德不违，其仁可亲，其言可信”❷，是天下君王的表率。

周人克商，改造了商人的上帝观念，创造了天命观念，并认为天命归属是由君主是否有德来判断的，这就是“皇天无亲，唯德是辅”的观念。由此，德就由君主身上的朴素品质转变为上天垂青的根源。因而，“德”成为王朝统治正当性的来源，而“德治”也成为中国传统政治的根本原则。这一原则在孔子那里得到了详细的阐发。

❶ 司马迁《史记·五帝本纪》。
❷ 司马迁《史记·夏本纪》。

《论语·为政》开篇即说："为政以德，譬如北辰，居其所而众星共之。"其大意是：用道德来治理国家，自己便会像北极星一般，在一定的位置上，别的星辰都会环绕着它。[1] 这里的翻译还是比较含糊的，其中的"德"究竟指的是君主的德行，还是任用有德行的贤人来治理国家，或是利用道德来规范人的行为，其实是不明确的。由于《论语》中的这种歧义性，为后世儒家学者接续探讨提供了主题，使儒家思想保持了一定的开放性。

然而，仔细分析孔子的这段话，"德"主要是针对君主德行而言的。因为哀公向孔子请教如何施政时，孔子说："政者，正也。"[2] 鲁国的大夫季康子也曾经向孔子请教执政的问题，孔子也作了同样的回答，并说，如果你自己率先做到正直公正，谁又敢不正直公正呢？[3] 很明显，这就是孔子所谓的"君子之德风，小人之德草"的思想[4]。朱熹在解释这句话时也说："政之为言正也，所以正人之不正也。"[5] 而杨树达在其《论语疏证》中用来解释"为政"的都是君主德行高尚，深得民众爱戴拥护的事例。[6] 所以，传统的德治理念虽然也包括任用贤德的意思，但最主要的还是强调君主的德行，认为君主德行的培养以及君主遵循基本的道德原则施政，是治国理政中最重要的原则。

既然君主的德行如此重要，那么培养君主的德行就成为政治领域最重要的事情。朱熹说："天下之务莫大于恤民，而恤民之本，在于人君正心术以立纲纪。"[7] 如何才能正心术？答案是修身。治国平天下，最后都要归结到修身上来，这就是《大学》开篇所阐述的道理，从天子到庶人都应该以修身为本，修身的目的是立德，这一点对君主尤其重要。

---

[1] 杨伯峻. 论语译注［M］. 北京：中华书局. 2004：11.

[2] 《礼记·礼运》。

[3] 《论语·颜渊》。

[4] 《论语·颜渊》。

[5] 程树德. 论语集释［M］. 北京：中华书局，1990：64.

[6] 杨树达. 论语疏证［M］. 上海：上海古籍出版社，1986：35－36.

[7] 《宋史·卷四二九·道学三·朱熹》。

这是传统德治思想的第一层含义，第二层则是尊重礼仪习俗，以道德规范约束民众的行为。这种德治是与法治、刑罚相对的，是儒家思想的重要特色。孔子对此也有明确的论述，他说："道之以政，齐之以刑，民免而无耻；道之以德，齐之以礼，有耻且格。"❶ 用道德来引导民众，用礼仪来整顿他们，人们不但有廉耻之心，而且人心归服。❷ 从这个角度说，风俗、教化就成为政治生活中的大事了。所以，杜甫的人生理想是"致君尧舜上，再使风俗淳"。注重道德教化在社会生活中的作用是儒家一贯的主张，在上文介绍汉儒对秦政的批判时，已经对此进行过论证。

既然是注重道德规范在国家治理中的作用，当法律与民间道德发生冲突时，应该以何者为重？就是崇尚德治的国家需要解决的问题了。在中国古代对此有过深刻的讨论。孔子周游列国时，在楚国曾经遇到这样一件事。叶公对孔子说：我的家乡有正直的人，他的父亲偷了羊，他出来指证他父亲。孔子说，我家乡的正直人和你讲的正直人不一样：父亲为儿子隐瞒，儿子为父亲隐瞒，正直就在其中了。❸ 孔子的这一看法后来发展成古代司法中著名的"亲亲相隐"原则。

商鞅在秦国变法，厉行法治，废除礼义廉耻，抛弃仁义恩德，专心致志地追求富国强兵和攻伐战争，后来果然一统六国，兼并天下。然而不久后，底层民众的起义风起涌云，秦朝二世而亡，其原因就在于破坏了基本的家庭伦理和社会风俗。所以，传统中国的国家治理虽然离不开刑法，但这并不意味着在具体的行政中要任刑尚法，而是应该对民间的道德规范予以适当的尊重，奉行"德主刑辅"的原则。

（二）传统德治的困境

在中国传统国家治理中，有作为君主和官员行为规范的德治，还有与刑法相对、以社会道德规范约束民众的德治。这两种德治都是中

---

❶《论语·为政》。

❷ 杨伯峻. 论语译注［M］. 北京：中华书局. 2004：13.

❸《论语·为政》。

国传统国家治理的基本原则，在实际的国家治理中起到了不可忽视的重大作用。但是，也应该看到这两种德治都有着难以克服的内在困境，这种困境使传统国家治理并没有达到其预期的治理绩效。

首先，与刑法相对的德治，其实就是因俗而治，尊重民间的自主治理原则。作为一种治理原则，它的确可以减少民众对国家的抵触情绪，降低治理成本，在一定程度上也的确有利于政令的推行。然而，当民间的道德规范与国家的法治原则发生冲突时，到底应该首先遵循哪一种原则，未必能够像孔子和叶公讨论的那样可以轻松地做出决断。因为一旦涉及现实的社会境遇，这个问题要比单纯的道德与法律之争复杂得多。孔子和叶公对正直的看法为什么不一样？这其实不是一个道德与法律何者重要的问题，而是鲁国与楚国宗族发育程度不同的问题。也就是说，在鲁国，宗族血缘关系发挥的作用要比在楚国的大，所以孔子才会主张亲亲相隐；而楚国的血缘关系淡薄，族人所受的家族束缚较小，难免会举报自己的亲人。如果我们仔细分析孔子与叶公的争论，会发现他们其实只是表明了各自的观点，并没有完全说服对方。

正因为谁也没有说服谁，孔子与叶公的这一争论在战国时期依然吸引了不少学者的注意，他们继续讨论这一问题。战国末期，韩非子曾讲过两个故事，第一个故事说，楚国有个正直的人，他的父亲偷羊，他去官府检举。令尹下令："杀了他。"因为这个人对君主尽忠却有负于他的父亲，所以要处罚他。韩非子由此得出结论说，看来君主的忠臣有可能是父亲的逆子。第二个故事是，有个鲁国人跟随君主打仗，鲁国三战三败，孔子问他为什么不愿意英勇战斗。他说："我有老父亲在家，我死了，就没有人养他了。"孔子认为他孝顺，向官府推荐了他。韩非子说，看来父亲的孝子，也可能是君主的叛臣。

最后，韩非子得出结论，君主和民众的利益差距是非常大的。如果君主一味地迁就民间的伦理规范，也可能对国家的目标和利益造成难以预计的伤害。[1] 这正是法家君主与国家至上的理念，个人的权益

---

[1] 《韩非子·五蠹》。

只有在作为整体时才是重要的，单独个人的利益不能与君主或整体的国家利益发生冲突。

那么，有没有两全其美的办法，在国家与个人之间取得平衡呢？像在父亲攘羊这种事件中，既可以维护对君主的忠诚，又可以保全对父亲的孝道。战国末期，吕不韦为了破解韩非子所说的困境，也曾讲过一个类似的故事。他说，楚国有个正直的人，他的父亲偷羊，他去官府检举。当官府将他的父亲抓起来要处死时。他又挺身而出，要代他父亲受刑。马上就要行刑了，有人对主管的官吏说：“这个人，他父亲偷羊，他亲自检举，不忠信吗？他替父亲受刑，不孝顺吗？忠信又孝顺，却被杀，国家之中，还有谁能不被杀呢？”楚王听说后，就赦免了他。但孔子听后说：“这个正直者的诚实太奇怪了！用父亲的罪名来换取他的名声。”所以，这个“正直者”的诚实还不如不诚实。[1]

这个“正直者”的做法，从表面上看，既遵守了法律，又没有违背孝道，结局似乎非常完美。然而，孔子却并不认同他的这种做法。这是因为在整个过程中，真正的“恶”不仅没有得到惩罚，反而受到奖赏，社会正义没有得到伸张，而法律的尊严也受到了践踏。偷羊的父亲没有受到政府惩罚，检举父亲的儿子也没有受到道德谴责，他们要么逍遥法外，要么得到了极大的声誉。但被偷的人和法律的尊严都受到了损害。

这对偷羊父子的事件在社会生活中有可能真实发生过，在社会中也不能排除有人故意导演类似事件，利用民间的道德规范来沽名钓誉者，甚至还有故意挑起道德与法治的冲突而别有所图的威胁国家秩序者。面对这种情况，执政者又该如何处理呢？这样，我们就触及了问题的核心，也就是传统德治的逻辑困境。

首先，德治与法治最大的不同是它是一种自律规范，而非一种法律规范，也就是说，这种规范能否发挥作用取决于人的内心自觉或拥有自主秩序的社会组织的自我规范能力。这种特性导致了德治秩序随时面临失灵的可能，因为无论是人自身还是组织的自我规范都不是强

[1] 《吕氏春秋·仲冬纪》。

制力量，而且德治依据的是人心和社会组织的自我规范。这种规范出于不同的价值诉求，就会产生不同的行为，而这些行为之间有可能会出现难以调和的冲突。所以，德治讲究的是因俗而治、因时而治、因地制宜，这就导致德治难以成为全国统一的治理规范，而且单靠德治，国家治理也无法正常运行。

韩非子所倡导的法治思想发展到极端，当然是有问题的，就像滥用民力的秦帝国那样。但是，国家的存在的确需要个人让渡部分权利并承担一部分的牺牲。儿子出于孝道不愿保家卫国，肯定会影响军队的士气。儿子不愿检举父亲，而使偷盗者逍遥法外，助长盗窃行为频发，也有这种可能性。如果每个人都从自己的道德观念和自认为对的价值理念出发，丝毫不顾整体利益或国家利益，那么，社会中的矛盾和冲突会更多。所以，为了国家的整体利益，就需要每个人做出一定的牺牲。而明确每个人做出多少牺牲，并且把这种牺牲在人民中进行大致公平、均等的分配，需要从整体上做出明确的规定，这种规定就表现为各种形式的法律。任何国家的治理都是离不开法律的。

其次，作为君主德行的德治，的确解决了君主权威和政权正当性的问题。但这种“敬德保民”的思想作为一种政治理念，虽然在规范君主的行为方面发挥了重要作用，但也存在其无法克服的内在理论困境，这种困境主要表现在以下两个方面。

第一，由民到德的逻辑进路无法做到自圆、自洽。上天倾向于有德之人，但德是由是否获得民众的拥戴来体现的。在古代没有制度化体现民意机制的前提下，德与民意都存在被随意解释和僭越的可能，最终的结果只能是最强者垄断了德与民意的解释权。而纵观整部中国历史恰是如此，几乎所有的王朝都是力战经营以得天下的，而这些建立在军事征服基础上的王朝无不声称自己获得了上天的垂青和民众的拥戴。[1] 那种仅仅靠取得民众的拥戴就可以君临天下的情况，只存在

[1] 这大概就是项羽临终时的困惑。他兵败垓下，被汉兵追赶，对部下说：“此天之亡我，非战之罪也。”明明被打败了，却说是上天不垂青自己，把结果归因于天。反过来，一个人力战经营以得天下，也会说成是上天眷顾的结果。

于后人编织的三代圣王的美好想象之中。所以，由民到德的逻辑缺环，在历史上并不是靠制度和理性来填补，而是由或隐或现的军事力量强行弥补的。这就使在中国历史上的任何王朝，虽然无不号召施行德政、仁政，都难脱强力、强制的专横底色，而实际上民意往往处于被忽视的境地。

第二，德治功能被无限放大。天命不可恃，人心不可测，传统施政者唯一可以依靠的就是“德”，所以德治的功能在儒家思想体系中就被无限放大。但是，片面强调德治，可能会完全走向德治的反面。如季康子问政，子对曰：“子欲善而民善矣。君子之德风，小人之德草。草上之风，必偃。”[1] 也就是说，君子为政，没必要在意民意，只要为政者自己为善就可以了。因为君子能够在潜移默化中影响小人，产生导民、教民和化民的效果。但是，君子之德如何影响小人，能够影响到什么程度，这种影响能够产生什么样的治理效果，孔子对其中的逻辑进路完全没有论述。[2] 孔子对德治有种偏执的信心，这种偏执的信心使其能够无视这种逻辑缺环。孔子的德治理念以及他对德治的信心影响了此后两千多年中国人对政治问题的思考。这也是为什么在传统社会中，中国人追究施政不善或治乱兴亡的根源时，都是从人心、人性的角度进行反思，而很少考虑制度的优劣。今天，我们应该跳出这种“内圣外王”“圣君贤相”的思维困境，明了治理不善大多不是因为人心不古，而是因为制度不善。

（三）德治的价值与新生

反思传统德治理念的困境，并不是要像新文化运动时期那样彻底地否定它，而是要检讨它与现代国家治理的差距，发掘其超越时代的内涵，克服其不符合时代发展要求的缺陷，在此基础上，创造性地继承，为当今国家治理现代化提供可能的思想资源和经验镜鉴。

---

[1] 《论语·颜渊》。

[2] 黄建跃. 错置与重构：传统官德文化的创造性转化探析［J］. 湖湘论坛，2017（4）：151.

可以说，法治和德治是任何一个国家在治国理政中都必不可少的手段，它们相辅相成，相互促进，缺一不可。中国共产党在革命和治国中，一直都非常重视道德的作用。早在革命时期，毛泽东就说过："治国就是治吏，礼、义、廉、耻，国之四维。四维不张，国将不国。"❶ 后来，江泽民提出："对于一个国家的治理来说，法治和德治，从来都是相辅相成、互相促进的。"❷ 以德治国和依法治国是治国理政的两种重要方式，二者如鸟之双翼、车之双轮，缺一不可，不可偏废。"以德治国"的重新提出，是我国国家治理经验总结和逻辑发展的必然结果，也是对传统国家治理理念的继承与发展。

当代中国的以德治国，主要表现在两个方面，一方面，要加强官员的道德建设，将德治作为治理腐败、加强廉政建设的重要手段。在这一方面，习近平总书记特别注重传统政德规范的警诫和启示意义，他在很多场合都曾引用过传统的政德箴言来告诫党的干部，如"慎独""不患位之不尊，而患德之不崇""安天下，必须先正其身""清心为治本，直道是身谋"，等等。他也十分注意吸收在传统国家治理中的廉政文化，以加强反腐倡廉建设。2013 年 4 月 19 日，十八届中央政治局第五次集体学习，专门研究的就是历史上反腐倡廉的经验。另一方面，要以德治促进社会治理。社会治理是国家治理的重要组成部分，中华人民共和国成立以来，党和国家高度重视社会事务的管理，为解决社会问题，化解社会矛盾，保障社会在协调、稳定中发展进步，制定了大量管理制度，进行了长期的探索和实践。

德治不仅注重社会道德规范的作用，而且对一些民间社会习俗也予以肯定。提倡德治最有力的儒家虽对法治持保留态度，但在国家治理中主张综合采用礼、乐、刑、法等各种工具，所以更有利于利用系统方法从源头进行社会治理。因此，儒家的德治思想对中国探索自己的社会治理体系、实现系统治理具有重要的意义。

---

❶ 中共中央文献研究室．毛泽东年谱（1949—1976）：中卷［M］．北京：中央文献出版社，2013：610.

❷ 江泽民．江泽民文选［M］．北京：人民出版社，2006：200.

儒家的德治理念有利于从源头上进行社会治理，孔子的弟子有若说："君子务本，本立而道生"[1]。这个"本"实际上指的是个人的思想意识。而现代社会，虽然问题复杂多变，源头也有很多，但有不少问题归根结底是人们的思想观念问题。当今社会，生态环境的恶化、拜金主义和奢靡之风的泛滥，由贫富分化导致的情绪对立无不与思想意识息息相关。有人分析现代社会的问题，认为主要是由于西方文明的内在缺陷造成的。中国在实现现代化进程中，不可避免地会引进西方文明，就会出现与西方类似的社会问题。这些问题很多，如对科技的盲目崇拜导致人文价值的边缘化、市场经济下人生评价标准的单一化和粗俗化等。而崇尚人文精神、反对以经济利益为人生根本追求的观念，正是儒家一贯坚持的观点。孟子早就预言过这一思想倾向的危害："上下交征利，而国危矣。"[2] 所以，今天的社会治理应该在法治的基础上，吸收传统儒家修身养德的思想，提高人们的道德修养，树立正确、向上的价值观，以此解决很多靠政策、制度、法律解决不了的问题，也增强社会多元发展的可能性。

儒家传统德治理念也有助于社会的系统治理和综合施策。中国传统国家治理虽然主张"德主刑辅"，但也没有完全摈弃其他治理手段，采用多元化的手段是不争的事实。《礼记·乐记》曰："礼以道其志，乐以和其声，政以一其行，刑以防其奸。礼乐刑政，其极一也；所以同民心而出治道也。"礼、乐、刑、政四种方式，都是为社会治理服务的。它们结合起来可以协调民众心理，标本兼治，内外兼修，从而实现社会的治理。2019 年 11 月，党的十九届四中全会精神指出："完善党委领导、政府负责、民主协商、社会协同、公众参与、法治保障、科技支撑的社会治理体系，建设人人有责、人人尽责、人人享有的社会治理共同体。"近年来，中国很多地方基层社会在发挥村民自治和将传统道德规范融入基层治理中做了很多的探索，如全国不少地区对乡贤、能人的重视，签署了新的乡规民约，开设了儒学讲坛，重

---

[1] 《论语·学而》。

[2] 《孟子·梁惠王·上》。

振家风建设，建立和完善红白喜事理事会，等等。这些举措不仅借鉴了传统儒家德治的多元治理方式，有的还直接借鉴了儒家的道德规范资源，也就是说，它们不仅在形式上，在内容上也吸收了很多传统德治的有益做法。

第三章 中国传统国家治理体系在当代的延续与演生

传统中国不仅政治理念深刻、丰富，而且政治制度更是以先进、完备著称。中华文明之所以五千年没有中断反而延续至今，与这种政治制度、治理体系的支撑密不可分。近代以来，这一治理体系虽然随着中国逐步的现代化而慢慢解体，但其中的诸多制度因素仍然顽强地存续下来。这些制度中的因素经过转化，对中国现代民族国家的构建和国家治理的完善发挥了重要作用。

所以，研究这些制度因素在当代的延续与发展对我们理解中国的国家治理体系，进而实现国家治理体系和治理能力的现代化具有不可忽视的重要意义。本章将选取“大一统”“文官制度”“科举制度”与“基层乡绅自治制度”四种制度进行详细的论述，先溯其源流，再明其在现代的变迁和价值。

一、“大一统”传统与现代民族国家构建

中国传统国家与现代民族国家是两种不同形态的国家，传统国家形态主要表现为“大一统”国家，这个国家将所有它认识到的世界都纳入一个统一的统治秩序之中。近代以来，中国虽然逐步向现代民族国家过渡，并成为当代国际秩序中的一员，但“大一统”思想仍然深刻地影响着今天的国家形态。

（一）“大一统”国家形态

“大一统”是古代中国的最重要政治传统之一❶，它是古代政权正当性基础所在，也是历代王朝不断追求实现的目标。“大一统”在传统中国不仅表现为一种强烈的政治理念，还包含一整套国家治理的制度体系和实施统治的技术手段，最终也形成了中国特有的“大一统”国家形态，这种形态与城市国家、游牧帝国、封建国家、殖民帝国等国家形态是完全不同的。

“大一统”的概念，在中国起源甚早。西周时期，《诗经·小雅·北山》就曾说过：“溥天之下，莫非王土；率土之滨，莫非王臣。”这一观念强调了君主一元化统治的至高性。春秋时期，孔子不满当时礼崩乐坏的状态，主张维护天子的权威，认为礼乐征伐等权威出自天子，是天下有道的标志，而权威被大夫诸侯所僭越，就是天下无道的表现。❷

战国时期，《春秋公羊传》正式揭示出“大一统”思想的含义。《春秋公羊传》开篇在为鲁隐公“元年，春，王正月”这一条记载作注时写道：“元年者何？君之始年也。春者何？岁之始也。王者孰谓？谓文王也。曷为先言王而后言正月？王正月也。何言乎王正月？大一统也！”“王”就是“文王”，说明这个纪年是以周王为正统的正月。为什么是以周王为正统的正月，正是为了尊重周王的一统天下，周天子是当时天下的最高权威。

汉代的董仲舒在此基础上强调，不仅政治权威要统一，就是思想意识也要统一，“大一统”理念成为“罢黜百家，独尊儒术”的思想基础。董仲舒在给汉武帝的上书中说：“春秋大一统者，天地之常经，古今之通谊也。”❸ 每个经师传播的大道都不一样，人们的思想意识都不相同，看法也就多种多样。倘若，君主也不知道如何才能统一，法

---

❶ 贺东航.“大一统”治理与中国政治的内生性演化之路［J］.中央社会主义学院学报，2021（4）：171.

❷ 《论语·季氏》。

❸ 班固《汉书·董仲舒传》。

度变来变去，下面的民众也就更不知道该遵守什么。为了让人民有所守，需要将思想都统一到儒家思想上。由此，中国不仅实现了疆域治理的一统，也实现了思想上的一统。

“大一统”在国家形态上的表现是归于“一”，也就是疆域的一统。孟子去见梁襄王，襄王突然问他：“天下怎么才能安定下来?”孟子回答说：“定于一。”[1] 天下统一了，就安定了。秦统一六国后，李斯在称颂秦始皇的功业时也说：“今陛下兴义兵，诛残贼，平定天下，海内为郡县，法令由一统，自上古以来未尝有，五帝所不及。”[2] 到了传统社会后期，疆域的一统与拓展甚至成了各王朝论证自己优于前朝的论据。[3]

而为了保持这种一统的局面，首先，要有至高无上的权威，这在传统中国就是皇帝。他的权力是至上的、不能分割的。其次，要有有效治理地方的制度，这就是中国历史上盛行的郡县制和官僚制，这一套制度体系避免了世界历史上绝大多数帝国难逃的分崩离析的结局。再次，对于鞭长莫及、无法直接统治的边疆民族，要实行必要的羁縻制度，将其纳入“大一统”的秩序之中。

进入近代之后，随着儒家思想独尊的地位被打破、外围的藩属国纷纷独立和现代民族观念的成型，传统的“大一统”国家形态逐渐解体。然而，比较特殊的是，“大一统”国家形态虽然解体了，但是“大一统”政治制度与理念却延续下来。近代中国基本上是在保持传统国家疆域的前提下，由“大一统”国家过渡到现代民族国家。而且，近代中国的各个社会阶层在救亡图存、挽救民族危亡的过程中，无不以维持中国的“大一统”为其行动的目标。

近代中国的政治任务，正如著名政治学者邹谠所说的：“这就是重建一个强有力的、集权的政治权力，以便能够重新统一中国、保持

---

[1] 《孟子·梁惠王·上》。

[2] 司马迁《史记·秦始皇本纪》。

[3] 杨联陞. 国史探微［M］. 北京：新星出版社，2005：30－31.

政治稳定，同时也能够增加其渗透与控制社会经济的能力。”❶ 当然，邹说所说的渗透与控制社会经济的能力，古今国家有着特别大的差异，但在国家的统一、政治的稳定上，古今国家的追求，差别却不是很大。

钱穆甚至将“大一统”国家的重建列为现代国家建构的最高理想，他说：“中国历史唯一大事，乃是民族抟成与国家创建，形成一个民族国家大统一之局面。……但现代国家之最高理想，岂不应该是一个大一统的民族国家？”❷ 钱穆的观点虽然保守，但其观察却相当深刻有力。

政府权力凌驾于任何宗教、家族、军事、部落等次级社会组织之上而实现内部的统一，正是现代国家的特征。马克斯·韦伯在《政治作为一种志业》的演讲中说：“近代国家的发展，无论在何处，都是由君主发动的。对于他周围那些自主的、‘私人’拥有执行权的人，那些有权拥有自己的行政、战争和金融工具，拥有一切可用作政治资本的人，为剥夺这些人铺平道路的，便是君主。”❸ 美国政治学者塞缪尔·亨廷顿在《变化社会中的政治秩序》一书开篇就说：“各国之间最重要的政治分野，不在于它们的政府形式，而在于它们政府的有效程度。”❹ 而所谓有效，主要是指国家自成一个政治共同体，都能实现安定和平，人们对其政治制度的正当性有共识。

所以，相对欧洲中世纪的封建割据，中国“大一统”思想在政治上更接近现代国家形态。中国这种不同于西欧社会的政治特征，也决定了它在向现代国家转型时，面对的任务与西方国家是不同的。正如林尚立教授所说：“中国迈向现代国家的逻辑起点和历史使命与西方国家是完全相反的，即不是以不同民族成为独立单位体为前提，而是

---

❶ Tang Tsou, Reflections on the Formation and Foundations of the Communist Party - State in China in The Cultural Revolution and Past - Mao Reform: A Historical Perspective, The University of Chicago Press, 1986, pp. 259 - 334.

❷ 钱穆. 中国史学发微［M］. 北京：九州出版社，2020：75.

❸ 韦伯. 学术与政治［M］. 冯克利，译. 北京：生活·读书·新知三联书店，2005：60.

❹ 亨廷顿. 变化社会中的政治秩序［M］. 王冠华，等，译. 北京：生活·读书·新知三联书店. 1989：1.

以维系中华民族大一统的存在与发展为前提来建构现代国家。”[1]

直至今日，追求国家的统一，仍然是我们这个多民族国家最深沉、最强烈的民族心理，现代中国的形态也主要表现为一个统一的多民族国家。国家的幅员疆域、民族结构仍然继承和大致保持了历史上的疆域、民族。它是单一制国家，为了保持国家统一和政令畅通，它大致继承和保持了与历史上类似的地方行政制度。可以说，以“大一统”秩序和社会主义制度为基础，中国共产党领导中国人民实现了以新型政党制度、人民代表大会制度以及统一的多民族国家制度为主要框架的新大一统模式的建构和发展。[2]

当然，现代民族国家与传统国家形态有着根本的不同，这就是它不再自认是无远弗届的天下国家，而是有着固定疆域和国界的民族国家，是国际秩序中的一员。传统中国的“大一统”观念随着历代王朝的实践，逐步升华为一种意识形态和价值观念，内化为中华民族强大的文化信仰和政治力量，渗透于中国人的心理和行动中[3]。这种由“大一统”观念衍生出来的文化传统与民族心理，是我们铸牢中华民族共同体意识的主要思想基础。

（二）国家政权的领导者

在传统中国，“大一统”最重要的象征是朝廷，朝廷制度也是“大一统”秩序能够得以维持的根本制度。所谓朝廷制度就是以君主为中心、以宰相为助手形成的一套中央行政管理制度。围绕朝廷制定的各种制度和形成的理念，长久以来已经成为传统政治、社会和道德文化各方面整合的焦点[4]，朝廷制度是传统社会能够运转的枢纽和传统国家治理的根本。

---

[1] 林尚立．当代中国政治：基础与发展［M］．北京：中国大百科全书出版社，2016：40．

[2] 韩向臣，李龙．政治制度与政治文明：现代中国的新大一统模式［J］．河南社会科学．2020（7）：41．

[3] 胡静．“大一统”思想与中华民族共同体意识的形成［J］．青海民族大学学报，2021（2）：39．

[4] 邢义田．奉天承运：皇帝制度［G］//郑钦仁．中国古代制度略论．合肥：黄山书社，2012：23．

朝廷制度最大的特征是，君主作为政治的最高领导人独自掌握最终的决定权和君位世袭制度。这种制度有其专断、非理性的一面，这也是现代革命者和研究者将君主制度看作专制愚昧的象征，进而将中国贫弱落后归因于它的原因所在。从历史上看，传统政治的确在很多方面受制于君主的个人喜好，官员的任职和命运几乎完全取决于君主的信任和尊重。

汉文帝宠爱弄臣邓通，导致他骄横跋扈，在丞相申屠嘉上朝时都敢怠慢无礼。申屠嘉下朝后，传檄召邓通问罪。邓通不敢去，向汉文帝求情。文帝不愿损害丞相权威，让邓通去接受审问，但答应派人去救他。最后汉文帝派人向丞相求情，邓通才得免于一死。汉文帝去世，汉景帝继位，申屠嘉仍为丞相。但汉景帝完全不信任他，他宠信的是内史晁错。有一次晁错为了出行方便，在内史办公所开了个南门，破坏了太上皇庙的外墙。申屠嘉知道后，奏请诛晁错。但汉景帝说，是我让他这么做的，晁错无罪，气得申屠嘉吐血而亡。

由申屠嘉的事例，我们可以看到宰相的职权甚至整个官僚系统能否客观、合理地运行，其根本都在于是否能得到君主的信任和尊重。客观合理的制度会因为皇帝的私心而完全崩溃[1]，皇帝制度由于其至高性和独断性对领导者的素质提出了非常高的要求。为了保持这一制度的合理性与正常运转，古代政治家也设计了很多方法，如加强君主教育、进谏制度、封驳制度等。

总体而言，朝廷制度在传统中国保持了大致稳定、合理的运行，在国家治理中发挥了积极的作用。近代以来，对皇帝制度的种种负面看法，多是将君主制度与专制制度混为一谈。但纵观整个世界历史，君主制是大多数国家普遍采用的政治制度。在传统社会，君主制是常态，民主制才是非常态。即使是民主制，也只适用于小国寡民的社会，这是大多数思想家包括启蒙思想家的共同认识。

孟德斯鸠在《论法的精神》一书中说："如果从自然特质来说，

[1] 邢义田．奉天承运：皇帝制度［G］//郑钦仁．中国古代制度略论．合肥：黄山书社，2012：35.

小国宜于共和政体，中等国宜于由君主制治理，大帝国宜于由专制君主治理。"❶ 这里的君主，是由封建君主演变而来的，由贵族和官员共同协助君主进行治理。专制君主则是欧洲历史上绝对主义国家时期的特殊产物，君主的权威与中国的皇帝类似。另一位启蒙思想家卢梭也有大致相同的看法："一般说来，民主政府就适宜于小国，贵族政府就适宜于中等国家，而君王政府则适宜于大国。"❷ 无论是罗马，还是中世纪欧洲国家，只要领土面积大，无不由共和制、贵族制向君主制过渡。

在经济、交通落后的广土众民的传统社会是无法发展出民主制度的。在一个交通全靠车马的时代，如何让候选人走遍全国，组织竞选？在一个没有出生年月记录的社会，如何确认某人已经成年，具备了投票资格？在一个文字教育没有普及的社会，如何让选民勾选选票？即使投票了，在信息交流不畅的情况，又如何确保计票的准确和公正，并得到其他地区的认可？其实，这都是古人根本不会考虑的问题，只是在民主观念普及到全世界并成为一种至高的价值之后，我们为古人模拟的问题。在古人看来，对一个广土众民的大型农耕社会来说，首先要考虑的是如何保持一个统一的政治体，如何维持长久的和平。所以，以当今的民主标准否定传统的君主制是一种时代错置。

君主或皇帝在传统社会是秩序的象征和统治的重心。所谓"乱莫大于无天子。无天子，则强者胜弱，众者暴寡，以兵相残，不得休息"❸ 就是这个意思。也正因为如此，民国建立，取消帝制，不仅会导致政治体制的剧变，政治秩序也完全崩解，结果就是外有列强入侵，内有军阀混战。这种政治危机，直到中华人民共和国成立后，建立了中国共产党领导下的治理体制才完全清除。

意大利著名的思想家葛兰西曾说过，如果现在再写一部《君主论》，书中的主角将不再是君主，而是"某一个政党"❹。现代政治的

---

❶ 孟德斯鸠. 论法的精神［M］. 张雁深，译. 北京：商务印书馆，1961：126.

❷ 卢梭. 社会契约论［M］. 何兆武，译. 北京：商务印书馆，2003：83.

❸《吕氏春秋·卷十三·有始览》。

❹ 葛兰西. 狱中札记［M］. 葆煦，译. 北京：人民出版社，1983：121.

一个显著特征是以政党掌权，并使其处于国家和社会生活的中心地位。[1] 在任何现代国家中，执掌最高权力的已经不再是独立的个人，而是组织化的政党。只是由于政体不同，欧洲诸国采用的是两党制或多党制，中国采用的是中国共产党领导下的多党合作与政治协商制度。

中华人民共和国成立后，中国共产党延续历史上的“大一统”传统，创新国家治理模式，创造出了中国共产党领导国家事务的各种制度模式，实现了党、国家、社会各种组织和事务的相互统合联结，将国家治理能力提升到新的高度。以中国共产党为领导的这一政治体制，解决了长期以来困扰中国的国家治理能力问题。[2] 在中国共产党的领导下以“大一统”思想为依据，对国家和社会结构形态的重构，这是“大一统”政治传统在当下创造性转化和创新性发展的结果。

中国共产党是最高政治领导力量，也是国家各项事业发展的核心。党的领导巩固了国家统一，保障了社会稳定，保证了各项事业的顺利开展。党的领导方式是既注重加强领导，又主张充分协商，集思广益，有利于科学决策，保证政治运作的合理性，充分彰显了这一治理制度的显著优势。

（三）郡县制度与单一制国家

传统中国“大一统”的实现，除了我们前面所说的朝廷制度，另一个重要的制度就是郡县制度。而当今的地方治理体系，无论是在地方行政区的划分，还是地方政府的权限上，基本上都承袭了传统的郡县制度，可以说，郡县制度是当下国家治理体系中传承性最强的一种制度。

在经济技术水平比较落后的时代，如何克服地方的离心倾向，如何有效地治理地方，一直是传统国家需要解决的重大问题。历史上的

---

❶ 王韶兴．政党政治与政党制度论［J］．政治学研究，2004（4）：24.

❷ 贺东航．“大一统”治理与中国政治的内生性演化之路［J］．中央社会主义学院学报，2021（4）：179.

很多帝国多是因为没有处理好这些问题而分崩离析的。也有很多文明古国没有探索出控制地方的有效的行政制度，虽然在文化上统一性很高，但在政治上实现统一的时间却很短，如历史上的印度和阿拉伯国家。相对而言，由于郡县制的存在，对于历史上的中国来说，统一成为常态，而分裂是非常态。这是传统中国所取得的无与伦比的治理成就。

公元前221年，秦始皇统一六国，丞相王绾请求分封诸子为王，去镇抚与中央政府相距辽远的燕、齐、楚等地。齐国博士淳于越也认为，周朝之所以能够享国长久，就在于它分封子弟功臣作为支撑辅佐。但他们的意见遭到廷尉李斯的反对，李斯认为分封制不仅不能辅佐王室，反而会造成诸侯相互攻击，连天子都不能禁止的混乱分裂局面，因此坚决主张施行郡县制。

在秦王朝二世而亡，汉初反思秦亡的教训时，大多数人认为是王室孤立，缺少宗室支辅藩屏。因此，刘邦建立汉朝后，又大肆分封子弟为王。然而，不久后王国尾大不掉，成为中央政府的心头大患。经过景帝时期的七国之乱和武帝持续不断地削藩，才解决了王国离心问题。此后，地方的诸侯王只是衣食租税，不再过问地方事务，汉朝最终还是回复到郡县制这一轨道上来。

所以，柳宗元在《封建论》中说，秦朝之亡，亡在刑罚残暴，役使民力过度，并非郡县制的问题，这就是“咎在人怨，非郡邑之制失也”。所以，秦末农民起义时，“有叛人而无叛吏，人怨于下而吏畏于上”，尽管底层民众反叛了，但郡县官吏却忠于职守，不敢反叛。而汉代重建封建，不时为王国分裂问题困扰，但也是“有叛国而无叛郡”。郡县制有利于中央集权，有利于“大一统”局面的维持，这正是秦制的优越性所在。

此后，历代王朝为了更好地维护中央权威和“大一统”局面，也在不断地完善郡县制，先后采用了缩短地方官员任期制度、地方官员回避原籍制度、军权与财权分立制度、加强对地方官的监察、行政区划犬牙相错等。直至宋代，地方政府完全成为中央的派出机构，地方行政机构的职务都由中央官员派出担任，所以宋代之后，中国基本上制止了地方割据的现象。

然而，权力过度集中也导致了地方职能和积极性严重不足，很多必要的政府功能和社会服务都无力完成。顾炎武在《日知录·馆舍》中曾对比过唐宋时代地方馆驿的营造差异："予见天下之州为唐旧治者，其城郭必皆宽广，街道必皆正直；廨舍之为唐旧创者，其基址必皆弘敞。宋以下所置，时弥近者制弥陋。"[1] 这是因为地方的财政收入都被收归中央政府，地方政府财力匮乏，自然无力修造。资源皆被中央政府汲取，自然会造成地方空虚，这也是宋明两朝一旦京师失守就迅速灭亡的原因。

所以，明清之际，在当时的士大夫之中掀起了一股强烈的反思郡县之失的热潮，而且由于秦制所代表的高度中央集权体制的各种弊病凸显无遗，使当时思想家的反思显得特别有深度和力度[2]。这种反思由郡县与封建优劣之分开始，逐渐深入到对整个传统政治体制的分析，其思想成果对东亚地区和近代中国的政治变革都有着重要的影响。

黄宗羲在《明夷待访录》中说，郡县制就是要"利不欲其遗于下，福必欲其敛于上"。郡县制就是要将利益都收归于上，而好处从不遗留给基层。这当然会带来严重的问题——上层的恣睢和基层的挫败。但黄宗羲也知道封建不可能恢复了。因此，他主张"今封建之事远矣。因时乘势，则方镇可复也。"[3] 可以利用时势，因势利导，恢复方镇制度。

顾炎武的反思则更为系统、深刻。在《郡县论》中，他说："知封建之所以变而为郡县，则知郡县之敝而将复变。然则将复变而为封建乎？曰：不能。有圣人起，寓封建之意于郡县之中，而天下治矣。"顾炎武也知道废除郡县制，实行封建制，就是让圣人活过来也不可行。但是，郡县制发展到今天，其弊端已经达到极点，到了不得不改

---

[1] 顾炎武，黄汝成．日知录集释（全校本）［M］．上海：上海古籍出版社，2013：715.

[2] 王家范．重评明末"封建与郡县之辨"［J］．华东师范大学学报，2000（7）：6.

[3] 黄宗羲．黄宗羲全集：第1册［M］．杭州：浙江古籍出版社，1985：21.

的程度。郡县制的弊端在于权力都由君主掌握，但君主却并不是完全值得信赖的人。

郡县制的危害是，所有的人和机构都是为君主个人的私利服务的，而君主为了更好地控制地方，又制定了严格的文书制度、严酷的监察制度。他以为这样地方官就没办法残害小民了，殊不知这些制度让地方官免责赎罪都来不及，更谈不上为民兴利除弊了。长此以往，民怎会不穷，国怎会不弱？这其实是中央集权所导致的过度官僚化带来的必然问题。

怎样才能解决这一问题呢？顾炎武说，应该把财权还给地方，把监督地方的监察官免除，让地方长官自己选择僚属。最好是地方官员不再由中央委任，而由当地民众推举贤明人士，这就是他所说的“寓封建之意于郡县之中”。天子将自主权还给地方，藏富于民，天下自然大治。

虽然后来的历史并没有按照顾炎武的预测发展，而且他的某些提议如果真的付诸实施了，也很可能会再次出现封建割据的局面，但他提出的郡县制问题却是此后国家治理中不得不面对的问题。美国著名华裔学者杨联陞曾在《明代地方财政》一文中这样评价郡县制与封建制的利弊：“事实上，我们无须把两种制度看成是两种互不相容的政府组织形式。从整个政治制度史来看，我们发现如果把这两种传统的政治形式当作是具有极为宽广的光系的两极的话，似乎更有意义。”❶

杨联陞的这一看法显然来自马克斯·韦伯的支配社会学。韦伯把任何地方或个人自主征集资源为国家服务的制度皆称为封建制，如屯田戍边的士兵和承担特殊军事义务的农民，他称之为公益性派捐封建制；中世纪阿拉伯的私人军队和马穆鲁克，他称之为仆从封建制；仅仅授予采邑权利和税收收入，则是俸禄封建制；武士公社联合体，则是城市支配封建制；西欧的藩属封建制则是封建制的典型形态。❷ 如此看来，其实任何一个国家皆可能存在不同程度的封建制，因为任何

❶ 杨联陞．国史探微［M］．北京：新星出版社，2005：94．

❷ 韦伯．经济与社会：第二卷［M］．上海：上海人民出版社，2010：1219．

国家都可能出于行政方便的原因，将某一地区的权力或收益整体授予社会中的某些个人和组织以换取其服务。所以，封建与郡县、集权与分权是任何国家治理中都会面对的问题，因为任何国家都面对如何调动地方积极性的问题，偏执于其中任何一端，都会产生难以解决的问题。

当下中国的国家治理体系虽然大致继承了历史上的行省制度，但其实仍然面临着中央和地方关系如何处理的问题，最突出的就是中央和地方财权如何划分的问题。而传统的封建与郡县之辨，或可为我们思考今天的问题提供某些鉴戒。因为“郡县”与“封建”所包含的政治学意义及其思想资源，远远超越我们看到的具体历史，其中有着许多更复杂的内涵，需要我们去研讨、去体味。❶

二、文官制度

传统中国的国家形态可以称为“大一统”形态，传统中国的行政制度则主要表现为文官制度，支撑“大一统”国家的两种主要制度——朝廷制度与郡县制度，都是建立在文官制度基础上，所以传统中国政治主要表现为一种官僚政治。❷ 而今天的中国国家治理体系也继承了这一体制中的积极因素，是由这一体制内生演化而来的。

（一）传统文官制度的理性化程度

官僚或官僚主义在普通民众的看法中具有强烈的负面意义，“我们都乐意于憎恶官僚制，官僚制同时表现出笨拙的无效率和咄咄逼人的权力这样两种相互矛盾的形象。”❸ 但如果剔除感情因素，不得不承认，官僚制是一项了不起的制度成就。德国著名社会学家马克斯·韦伯就将官僚制列为现代法理型政治的必备因素。在今天的社会，官僚化制度几乎已经遍布政府、学校、企业、教会等各种组织中。

---

❶ 王家范．重评明末“封建与郡县之辨”［J］．华东师范大学学报，2000（7）：5.

❷ 王亚南．中国官僚政治研究［M］．北京：中国社会科学出版社，1981：再版序言.

❸ 比瑟姆．官僚制［M］．韩志明，张毅，译．长春：吉林人民出版社，2005：1.

为什么会这样？因为官僚组织具有其特有的优越性。现代组织社会学的奠基人马克斯·韦伯曾说过："官僚制组织的发展有一个决定性的原因——它在纯技术层面上始终优越于任何其他形式的组织。高度发达的官僚机器和其他组织相比，犹如一套机械装置和非机械化生产方式的关系。精确、迅速、明晰、档案知识、连续性、酌处权、统一性、严格的隶属关系、减少摩擦、降低物力人力成本，在严谨的——尤其是独断形式的——官僚制行政中都可以达到最佳状态。与任何团契行政、荣誉行政或业余行政方式相比，训练有素的官僚在所有方面都处于优势地位。而且，只要涉及错综复杂的任务，那么有薪的官僚劳动不仅会更精确，归根结底，往往还会比形式上无薪的荣誉服务更便宜。"❶

英国著名历史学家汤因比也非常重视文官制度的历史作用，在其《历史研究》一书中，专门有一章对世界历史上的文官制度进行了比较研究。他发现，在不同的"大一统"国家中，文官制度的发展程度差异巨大，从最初级简单的制度到最高级复杂的制度，各不相同。而在所有国家中，他认为希腊化城市市民和中国农民建立的行政体制可能是迄今为止世界上最精妙的两种世俗制度。但是，希腊化城市的行政体制，在奥古斯都建立帝国后的第 7 个世纪就土崩瓦解了，而秦汉的行政体制比它早 150 年，却一直延续到 1911 年。所以，汤因比曾说过："中国的科举文官制度是历史最悠久、效率最高的帝国行政样板。"❷ 汤因比对中国的文官制度可以说是推崇备至。

汤因比所说的是否为历史上的事实？能否经得起历史的检验？汤因比说中国的文官制度历史最悠久，这是没什么问题的，但效率最高又有何依据呢？我们判断一个国家的官僚机构的效率时，有一个标准，就是看它专业化、理性化的程度。马克斯·韦伯在《经济与社会》一书中曾经详细列举了现代官僚制理性化的各种表现。

---

❶ 韦伯. 经济与社会：第二卷［M］. 闫克文，译. 上海：上海人民出版社，2010：1112－1113.

❷ 汤因比. 历史研究［M］. 刘北成，译. 上海：上海世纪出版集团，2005：280.

第一，官职有着自己的管理权限，该管理权限一般是由规则，即法律或行政规章决定的；第二，由等级职务制原则和上诉渠道原则确立了一种公认的高级职务监督低级职务的上下级隶属体系；第三，职务运作是以书面文件，以及由幕僚与各种文员组成的部门为基础的，职务活动与私生活领域在空间与事务都是分开的；第四，职务活动，通常都以彻底的专业化训练为前提；第五，职务发展成熟之际，职务活动即会要求官员付出全部工作能力，不管他在官署的义务时间是否已经确定。第六，业务的执行必须遵循普遍的规则，这些规则必须是稳定的、全面的，可以学习的。[1]

将中国传统官僚制与上文列举的韦伯的现代官僚制的标准进行比较，可以发现，除了第四条专业化训练外，传统官僚制几乎达到了与现代官僚制同等水平的理性化程度。传统中国官员的主要来源是儒生，儒家崇尚“君子不器”[2] 的信条，并不要求作为官员后备队伍的儒生去学习和掌握钱谷刑名等必要的行政知识和技术。但儒生官员在这些知识上的缺陷却可以通过幕僚和基层的吏、役来弥补，所以中国传统行政仍然可以保持相当强的专业性。

正是由于这种理性化和专业化，中国的官僚制度在诞生之初就具有非常高的效率。公元前 598 年，楚国的令尹孙叔敖在沂地修筑城墙，他让负责边疆管理的封人编制工程计划，并把计划报给负责营造的司徒。封人于是去编制计划：

> 量功命日，分财用，平板干，称畚筑，程土物，议远迩，略基趾，具糇粮，度有司，事三旬而成，不愆于素。[3]

大意为：计量工程，规定日期，分配材料用具，取平夹板和支柱，规定土方和器材、劳力的数目，研究取材和往返道路的远近，巡

---

[1] 马克斯·韦伯对官僚制标准的论述见《经济与社会》第十一章，此处引用为综合康乐、阎克文翻译而成。康乐翻译见《支配社会学》（广西师范大学出版社），第 22 - 24 页；阎克文翻译见《经济与社会》第二卷，（上海人民出版社），第 1095 - 1097 页。

[2] 《论语·为政》。

[3] 《左传·宣公·十一年》。

查城基的四周，准备粮食，审核监工的人选。整个工程用了 30 天就完成了，没有超过预定的计划。❶ 这一珍贵的记录，不仅让我们了解到楚国高层官僚体制的运作过程，而且通过对整个计划的复杂性、筑城过程中各项任务的分工及整个工程计划顺利完成的描述，可以看到楚国中下层专家的素质较高，❷ 楚国官僚制的发达程度与效率在此可见一斑。

这种行政体制在战国时期进一步完善，并在奉行法家思想和以文法吏为官员主体的秦国达到了一种更完备的形态。汉代之后，虽然随着以儒生为主体的士人政府的形成，官员的专业化相对减弱，但整体而言，传统中国的官僚制在权责划分、体系构建、官员来源、运行、监督等方面都制定了比较完善的制度，官僚体系保持了相当高的理性化。

不可否认，现代中国政治体制在很多方面都受到了传统官僚制度的影响。费正清在《美国与中国》一书中说："旧中国皇朝的统治是发展得最彻底最巧妙的官僚体制，这一点是了解中华人民共和国的关键之一。"❸ 政治学者詹姆斯·R. 汤森、布兰特利·沃马克在研究现代中国政治制度的源头时，曾从政治权威中的精英主义和等级制、政治体系的自主性、意识形态作为一种整合力量三个方面详细论述了传统官僚政治对现代政治制度的影响。❹

传统官僚体制不仅对国家治理有着重要的借鉴意义，对社会和企业管理来说，也有着重要的可以吸收利用的资源。管理没有新问题，只是问题的表现形式不同而已。从古到今，凡是有人的地方就有组织，有组织的地方就有管理。❺ 中国的文官组织在信息的传递、专业

❶ 沈玉成．左传译文［M］．北京：中华书局，1981：181.

❷ 赵鼎新．东周战争与儒法国家的诞生［M］．夏江旗，译．上海：华东师范大学出版社，上海三联书店，2006：85.《左传》还有类似的描述春秋时期官僚制发达程度的事例。襄公九年，记载了宋国发生火灾，在司城乐喜的指挥下，各职司分工明确，按部就班，有条不紊地救火灭火，没有酿成大的灾害。

❸ 费正清．美国与中国［M］．北京：世界知识出版社，1999：101.

❹ 汤森，沃马克．中国政治［M］．南京：江苏人民出版社，1995：30 - 33.

❺ 许倬云．从历史看管理［M］．桂林：广西师范大学出版社，2005：序.

领域的分割、权威的继承与分享、成绩的考核与人员的进退等诸多方面[1]，其管理体制和方法一定有许多可供今天的管理者学习和借鉴的地方。

（二）流程式分工

复旦大学刘建军在总结中国的国家治理优势时曾说道："一元化的领导核心、中央集权、流程式分工和开放式政权这四大要素组合在一起，构成了中国完全不同于其他任何国家的传统治理模式。今日中国能够立于世界民族之林，所仰仗的就是这四大要素组合起来所孕育的政治优势与制度优势。正是这一历史传承使当代中国释放出极为巨大的国家能量。"[2]

开放式政权主要是指科举制度对国家治理的影响，这一点将下文进行详细论述。比较难理解的是流程式分工，这就涉及中国传统文官行政体制的职能分工与运作过程了。

传统国家治理虽然以朝廷为中心，但天下事务繁重，仅靠天子、宰相等数人显然难以胜任，而且个人独断也难免会出现错误。这就需要设官分职，百官协作，集体协商，合理分工，上下配合。对这一点，历史上的开明皇帝唐太宗认识得非常清楚：

> 以天下之广，四海之众，千端万绪，须合变通，皆委百司商量，宰相筹划，于事稳便，方可奏行，岂得以一日万机，独断一人之虑也。[3]

这还只是事情的一个方面。另一方面，皇帝制度奉行的是家天下原则，君位是要在皇室内部世袭的，但是皇帝之子未必皆是贤者，这无疑增加了传统政治的非理性程度。虽然天子必然传子，但宰相却可以选贤，宰相以贤能补任，在一定程度上可以消解君位传子出现的非

---

[1] 许倬云. 从历史看管理［M］. 桂林：广西师范大学出版社，2005：序.

[2] 刘建军、邓理. 国家治理现代化：新时代的治国方略［M］. 上海：上海人民出版社，2020：72.

[3] 吴兢. 贞观政要［M］. 长沙：岳麓书社，1996：17.

理性化现象。关于这一点，黄宗羲在《明夷待访录》中有着深刻的阐述：

> 古者不传子而传贤，其视天子之位，去留犹夫宰相也。其后天子传子，宰相不传子；天子之子不皆贤，尚赖宰相传贤足相补救，则天子亦不失传贤之意。❶

上古时期实行禅让制，选贤与能，君主本人就是贤者，其去留和后世的宰相一样。后来发展到家天下，天子之位要传给自己的儿子。但是，宰相之位不能传子，由于宰相总理政事，天下还能不失传贤之意。黄宗羲正是从这一点来说明，有明一代是没有善治的，因为自从朱元璋废除宰相之后，由天子总理政事，天下传贤的意义就完全失去了。

传统政治中，君主虽然掌握最高权力，但行政机构的首脑却是宰相。宰相不仅秩尊位崇，而且任重权大。在君主政体下，宰相秉社稷之重，总百僚之任，从积极方面说，可以辅弼天子、助理万机；从消极方面说，也能牵制君权、匡正缺失，❷ 其成为当时政务处理的中心。以此为中心，形成了我们上面所说的流程式分工制度。

流程式分工与西方的以分权制衡为标志的职能式分工不同，它是按照决策—执行—监督政事处理流程进行的分工。就国家治理而言，这也是一种极为有效的制度安排，目前一些西方国家也遵循这一原则。❸ 而传统国家治理只要流程式分工正常运作，就能达到有效的治理，甚至出现治世、盛世。纵观整部中国历史，以宰相制度为中心的流程式分工大致可以分为以下三个阶段。

第一，秦汉时代的三公制。“三公”即丞相、太尉、御史大夫，丞相地位最高，是百僚之长，掌理国家大政；太尉负责掌管军政；御史大夫负责监察百官，地位次于宰相。三公之下是负责执行具体事务的九卿，而地方郡国有关的事务也由宰相处理。

---

❶ 黄宗羲. 明夷待访录［M］. 北京：中华书局，2011：30.
❷ 郑钦仁. 中国古代制度略论［M］. 合肥：黄山书社，2012：82.
❸ 刘建军. 古代中国政治制度十六讲［M］. 上海：上海人民出版社，2009：11.

第二，唐宋时代的三省制。汉代皇帝为加强集权，逐渐削夺宰相的权力，皇帝侍近的尚书、中书等官职逐渐掌握了最高权力，至隋唐时期形成了三省六部制。三省即中书省、门下省、尚书省，中书省主制定法令，门下省主审议法令，尚书省主执行法令。凡有军国大事，先由中书舍人各抒所见，经中书侍郎、中书令审议，然后进呈画押。敕旨既下，由中书舍人署行，门下省给事中、黄门侍郎驳正，然后送尚书省执行。❶ 这正是宋人胡致堂所说的："中书出令，门下审驳，分为两省，而尚书受成，颁之有司。"❷ 三省制的精神，一方面在谨慎大政之决策，另一方面在使君主与权臣俱不得独断。一个诏令，需要经过中书、门下两省官员的商议才能正式下达，所谓"不经凤阁（中书）鸾台（门下），何名为敕?"❸ 没有经过中书门下审议的法令，就不具有权威性。而一旦具有这种权威性，即便是君主也不能轻易更改。隋唐时代，正是由于三省制这种理性的制度的有效运转而达到了传统社会空前的盛世。

第三，明清时代的内阁制。洪武十三年（1380 年），朱元璋罢中书省，废丞相，六部升格为独立机关，由皇帝亲自统辖。但天下事重，成祖时就开始命翰林院儒臣解缙、胡广、杨荣、杨士奇等人入内阁参与机务。凡中外章奏，皆由大学士先用小票墨书贴于疏面进呈皇帝，再经皇帝朱批，形成诏书并颁布天下。清朝前期，继承了明朝的内阁制，雍正之后，军机处逐渐取代了内阁，由皇帝选亲臣、重臣任军机大臣，掌理机密重务。军机处成了政务处理中心。

中国人本来没有政体类型的意识。梁启超说："中国自古及今惟有一政体，故政体分类之说，中国人脑识中所未尝有也。"❹ 所以，从传统中国中无从了解共和、民主、君主立宪等诸种政体的运行情况，也无从了解这些政体内部相互制约的详情，但这并不代表传统的君主

❶ 郑钦仁. 中国古代制度略论［M］. 合肥：黄山书社，2012：61.

❷ 《文献通考·卷五十·职官志第四》。

❸ 《资治通鉴·卷二〇四·唐纪二十》。

❹ 梁启超言，引自阎步克. 以"制度史观"认识中国历史［G］//王绍光. 理想政治秩序：古今中西的探索，北京：生活·读书·新知三联书店，2012：147.

制就是一种独裁制度，没有职能上的分工，中国在古代发展出精密的流程式分工，这一分工既能保证行政的效率与专业性，也在一定程度上限制了君主制的非理性化，保证了传统国家治理的良性运行。

（三）监察制度

流程式分工，除了上面所说的决策和执行之外，还有重要的一环，就是监察。中国古代自西周时期即出现了比较完备的监察制度。三千多年来，这一制度对维护君主权威、保障官员素质、促进机构正常运转、实现有效的国家治理发挥了积极作用。其中的积极因素也一直延续至今，成为当代中国推进国家治理和反腐倡廉的重要制度资源。

监察制度是随着官僚制度而出现的。中国的官僚体系的雏形在西周时期就已经出现[1]，相应地，出现了对官吏进行管理和监察的需求。西周的监察官称为小宰，职掌正群吏、纠群吏之治："令于百官府曰：各修乃职，考乃法，待乃事，以听王命。其有不共，则国有大刑。"[2]就是让百官各安职分，尽心从事，服从王命。如果不能尽忠职守，国家自有重刑。

周代"小宰"的职掌与汉代的御史中丞相似。御史，出自西周时期的史官系统，最初为帝王身边的文书记事官员。战国末期，秦国始用御史监郡，以近臣作君主的耳目监督地方。于是，御史才有监察纠弹的职责。秦统一六国后，在中央设御史大夫，负责对行政权进行监督。

汉代中央监察机构称御史府，长官为御史大夫。他一方面统辖各级御史，掌管对百官的监察考核；另一方面以副丞相的地位参与实际的行政工作，并可监督丞相。御史大夫治下实际负责御史府事务的是御史中丞，御史中丞内领侍御史、外督部刺史对一般公卿乃至御史大

---

[1] 李峰．西周的政体：中国早期的官僚制度和国家［M］．吴敏娜，等，译．2010．北京：生活·读书·新知三联书店．此书利用金文资料考察了西周时期官员的任免、职掌、分工、升迁等制度，有力地论证了西周时期的官僚制度已经相当完备。

[2] 《周礼·天官冢宰第一·小宰》。

夫、郡县太守，都可以纠察弹劾。御史府中的监察官皆称御史。西汉御史共四十五人，十五人给事殿中，负责中央官吏的监察工作，称侍御史；其余留在御史府，处理与百官有关的事务。汉武帝时期，将全国分为十三个监察区，每区包括数个郡，派部刺史监察地方的二千石及大族豪右。东汉以后，部刺史设官治事，逐渐成为地方长官，不再担任监察工作。

秦汉时代的监察机关除了御史之外，还有谏官，御史监察百官，谏官则负责匡正君主的过失。秦汉时代的谏官称“给事中”和“谏大夫”。西汉时期的给事中往往由名儒贵戚担任，侍从左右，出入禁中，备君主顾问。谏大夫，则匡正君主，谏诤得失。秦汉时代的监察制度，既有监督考核群臣的御史，又有约束君主的给谏，上下相对、里外调和，被认为是比较合理的监察制度。

唐宋时代的监察制度称为台院制，掌监劾群臣的为御史台，掌谏诤君主的是门下省和中书省。唐代的御史台机构庞大，多达五六百人。正长官、副长官仍是御史大夫和御史中丞，其治下分为三院，即台院、殿院、察院。台院，由侍御史六人组成，负责推鞫、弹举百僚、知公廨事等；殿院由殿中侍御史九人组成，掌殿庭供奉之仪，正班列于合门之外，是维持朝会纪律的人员；察院由监察御史十五人组成，分察百僚，巡按州郡，其中三人专察尚书六部，称六察官。唐代御史不但可以风闻言事，不受追究，而且行使职权时，任何人都不得干涉；如果没有先例可循，即使是皇帝的命令，也可以不接受。

唐代的谏官有给事中、左右散骑、谏议、拾遗、补阙等，分别隶属于中书与门下两省。其中权责最大的是给事中，在诏书草拟之前，有封驳涂归之权，具有约束君王、匡正得失的权力。

宋代基本继承了唐代的监察制度，但特设了都司御史，属尚书省，专掌弹劾御史按察失职之事，对御史有监督的作用。宋代前中期，监察制度尚能发挥纠弹百官、匡正君主的职责，北宋末年和南宋时期，御史多为宰相私人，常被权相利用作为攻击政敌的工具。元代将谏官中最重要的给事中和补阙改属起居院，成为掌记注和兼修起居注的官员，原来谏诤君主的功能完全消失了。

明清时代的监察制度称为都察院制。中央的监察机构有两个，一是都察院，另一个是六科给事中。都察院设左右都御史、副都御史、佥都御史各一人。都御史专司纠劾百官，辨明冤枉，提督各道，为天子耳目风纪，对大臣奸邪、小人乱政、百官贪冒、学术不正等均可弹劾。六科给事中，是将唐代察院六察官与给事中合并新设的官职，负责封驳奏章和稽查六部百司之事。

地方的监察官有两种，一种是中央派驻地方的监察御史，另一种是常驻各省的按察使。监察御史有一百余人，分十三道巡视，具有监察行政、考核官员、弹劾官吏、会谳重案、辨明冤枉以及检查会计之权。此外还有专差出使的御史，如清军御史、巡盐御史、茶马御史。地方常设的监察机构为提刑按察司，首长为按察使，主地方刑罚，也行使监察地方的任务。

《韩非子・外储说右下》："吏者，民之本纲者也，故圣人治吏不治民。"汉武帝时的宰相公孙弘认为，"吏正"则民众诚敬笃实，"吏邪"则民众无耻刻薄。所以，国家治理的关键是吏治。所谓治国必先治吏，治吏务必从严就是这个道理。而要澄清吏治，重要的方法就是完善和加强监察制度。

唐代著名书法家颜真卿廉洁刚正，其为监察御史时，巡视五原。这个地方有冤狱，很长时间得不到解决。颜真卿到后，立刻为之辩白。当时天气干旱，冤狱昭雪，天才下雨。人民称之为"御史雨"❶。可见，监察制度对纠正地方官的奸邪，为百姓申诉冤屈发挥了重要的作用。

宋仁宗时，范仲淹因弹劾宰相吕夷简被贬至江西饶州。其好友梅尧臣作《灵乌赋》劝诫他，希望他不要像乌鸦那样说别人不爱听的话，不要以直取祸。范仲淹仍作一篇《灵乌赋》为答，表示"宁鸣而死，不默而生"。以正直来维护官场风气，正是御史的职责所在。中国传统官僚制政治和国家治理之所以能正常运转几千年，正是有赖于这些尽忠职守、铮铮铁骨的御史。

---

❶ 刘昫等《旧唐书・颜真卿传》。

因为监察制度的这种作用，历代官制改革中都注重维持甚至加强监察制度的力度。1906 年，清末预备立宪，对传统官制进行了大幅度的改革，但却保留了都察院，仅削减了其机构，精减了部分人员。孙中山也十分重视监察权，他在为新建的民国设计制度时，特意将检察权标举出来，并提出“五权宪法”学说。孙中山认为西方国家虽然实行三权分立制度，但立法机关拥有监督权则可能会出现议会专权，因此，他希望可以把现代西方的制度与中国原有的制度融合起来，创立考试权、检察权，由此形成“五权宪法”。

中国共产党自成立之初，就非常重视对党员干部的管理和监察。1927 年 5 月，在中共五大上就成立了中央监察委员会。百年来，监察制度为维护党中央权威和集中统一领导、纯洁党的组织和队伍发挥了重要作用。党的十八大以来，对监察制度的作用更为重视，同时也注重吸收传统国家治理中的监察经验。中央纪委多次强调，要按照中央精神弘扬传统文化。中央纪委主办、主管网、报、刊相继推出“廉洁文化公开课”“系列重要讲话中的历史文化源流”等专栏。2018 年 3 月，国家机构进行重大改革，设立了国家监察委，与中央纪委合署办公。根据中国古代的监察经验，要想取得较好的监察效果，必须设立独立的监察机关，而且这一机关的权威不应该低于最高行政机关和最高军事机关。独立性和权威性是检察机关发挥作用的必备条件。国家监察委的设立也是吸收了历史上的这一监察经验的结果。

三、科举制度、社会流动与贤能政治

合理的分工体系和完备的监察制度，是官僚制度有效运作的重要条件，但仅有这两项制度，并不足以保障官僚制度的维持和延续。官僚制度的维持有赖于形成一种能够源源地不断从社会不断选拔政治精英，进而阻断官员向世袭贵族转化的可能性的制度。在世界历史上，只有中国相对比较好地解决了这一问题，这就是中国历史上独树一帜的科举制度。

（一）科举制度的优点

科举制度是一项长期被误解的制度，科举则是一个被丑化的名词，一个被污名化的词语。[1] 科举本来是一项国家通过公开竞争的考试来选拔官员的制度，只要能保证公正，其本身无所谓好坏。但在近代历史上，由于科举制度的存在，导致新式学堂的建立阻力重重，西方自然科学的引进也是步履维艰。科举与学堂不可并存，科举制度已经成了中国近代的社会发展的重大障碍，这导致清政府在1905年果断废除科举制度，也导致科举制度从此以后与传统君主制一样，被现代人看作腐朽落后的封建制度。再加上《儒林外史》《孔乙己》等批判科举制度的小说进入教材，成为当下中国人对科举认识的主要材料，范进、孔乙己成为科举制度的可悲牺牲品，而科举制度是一种摧残读书人的罪恶制度基本上就成为中国人的共同认识。

然而，如今百年已过，回头反思，科举制度是否真像近代历史上的那些作家描写的那样不堪？科举制度是否在历史上也发挥了某种积极作用？如何评价它的积极作用？科举制度中是否有某些值得今天借鉴的经验？这些问题都是涉及今天应该如何看待科举制度。

科举制度从来都不是一种单纯的教育和考试制度，它实际上还是一种政治制度和社会制度。作为一种考试制度，它的确有机械僵化的弊病。但作为政治制度，它能够源源不断地为国家选拔政治精英；作为社会制度，它是生活在社会底层的人实现阶层跃升的主要渠道。所以，清末废除科举制度后，虽然引进了西方的科技，但清朝很快就灭亡了。原因就在于科举废除后，它失去了将儒家知识分子吸收进政府的制度化渠道，无法继续支撑下去。科举或类似制度作为一种考试和教育制度，尽管有种种问题，但是在没有更好的制度取代它之前，为了完成其社会和政治功能，与科举制度类似的制度还是会一再地被创造出来。

科举制度的生命力如此顽强，它到底有哪些不可替代的优点？百

---

[1] 刘海峰. 为科举正名［J］. 厦门大学学报（哲学社会科学版），2010（3）：90.

年之后再回顾，可以发现，科举制度至少有以下三大优点。

第一，公平竞争。对人才选拔来说，首要原则就是公平，只有公平才能增强制度的公信力，让真正的人才脱颖而出。科举自出现之初就秉持“至公”的理念，任何人都不能以私人关系取得进士科名。唐代中期，玄宗的一个亲信大臣希望皇帝能赏赐其女婿进士科名。玄宗答应了，通知礼部让其及第。礼部侍郎将此事报告宰相，宰相说：“明经、进士国家取才之地。若圣恩优异，差可与官。今以及第与之，将何以观材？”[1] 唐代科举分为明经、进士两科，是国家选拔人才的主要方法。如果皇帝宠信某人，可以安排给他一个合适的官职，但如果让他进士及第，又怎么去鼓励其他人呢？在他们看来，进士科名要比官职重要得多，之所以重要，正是因为难得，而难得就来自其公正。

为了杜绝人情，保证公平，宋代的科举考试日趋严格，开始实行闭卷、糊名、搜身、誊录等办法，同时对监考和阅卷人员也实行了回避、入闱、锁院、复查等办法。欧阳修认为，这些制度对杜绝作弊、保证公平功不可没，他认为这些制度“虽未复古法，而便于今世，其无情如造化，至公如权衡，祖宗以来不可易之制也”[2]。这些制度基本上都被后世王朝所沿用，并为今天的高考所采用。

第二，广泛参与。科举制度本来就是隋唐时期的皇帝为了打破世家大族对政权的世代把持，为寒门士人设计的晋升之途。所以，科举制度创制之始，就特别注意拔擢基层的士子。宋太宗雍熙二年（985年），宰相李昉的儿子李宗谔、参知政事吕蒙正从弟吕蒙亨、盐铁使王明文之子王扶，以及度支使许仲宣之子许待问都已经通过了进士科礼部的考试。宋太宗知道后，说：“这些人都出自势力尊贵的家族。他们和孤立无援的寒门子弟竞争，固然是因为技艺精湛晋升，别人也会觉得是我私下袒护他们。”[3] 就把他们全部黜落了。在宋代，不可徇私与“选擢寒俊”是考试中的重要信条。[4] 只有在这一原则下，“朝

[1] 封演《封氏闻见录·卷三·贡举》。
[2] 欧阳修《欧阳文忠公集·卷一一三·论逐路取人札子》。
[3] 李焘《续资治通鉴长编·卷二十六》。
[4] 郑钦仁．中国古代制度略论［M］．合肥：黄山书社，2012：167.

为田舍郎，暮登天子堂”的理想才有可能实现。范进中举虽然是一个可笑复可悲的故事，但是像范进这种家境贫寒的士子，都有机会通过考试改变自身的命运，正反映了这一考试参与的广泛性。曾在中国生活了22年的葡萄牙传教士曾德昭（Alvaroz Semedo）目睹了明朝末年的科举盛况，他说：“这些科举考试构成了国家最重要的事务 因为它事关权位、声望、荣誉及财富。它们是大家关切地注意的目标，是大家关怀备至、魂系梦萦的事物。”❶ 可以说，参与的广泛性决定了科举制度的社会力。

第三，唯才是举。这一优点大概是争议最大的一点，争论的根源在于对“才”的理解具有相当大的分歧。其中有科举到底是选拔优秀人才还是压制人才的争论，也有到底是以才为先还是以德为先的争论，还有以文取士到底能不能反映所取之人的才能的争论。但不管争论多么激烈，也不管有多少反面的证据，唯才是举并没有完全得到证明。但历史上，通过科举选拔的人才，毕竟绝大多数都是我们国家杰出的政治家、思想家、文学家等，他们也保证了当时官僚体系和国家治理的有效运转，不宜因少数漏选者或滥入者而否定科举制的正面作用。

有关科举制度的这些优点，西方人从外部有时看得更为清晰。1838年，默德赫斯特曾说过：“该制度的好处显示出来，它以不偏不倚的公正态度接纳各阶层的人。在这个制度面前，等级制度被废除了，不分尊卑贵贱，财产和等级失去了其优势，穷人只取决于勤奋与否，也可能得到高官显爵。在那些布衣之伍，靠勤奋而跻身国家要臣之列，把握国家之权柄者，例子不胜枚举。”❷ 鸦片战争后曾在中国旅行的英国评论家、作家密迪乐也说过：“中华帝国之所以能够长治久安，其原因仅仅是也完全是它有一个只提拔德才兼备者的好政府。”❸ 这可以说是对科举制度的最高赞赏了。

所以，在今天文化自觉的大背景下，我们应该走出盲目批判科举

---

❶ 刘海峰. 科举制百年祭［J］. 北京大学教育评论，2005（4）：79.

❷ 刘海峰. 为科举正名［J］. 厦门大学学报（哲学社会科学版），2010（3）：93.

❸ 中外关系史学会，复旦大学历史系. 中外关系史译丛：四［M］. 上海：上海译文出版社，1988：216.

制度的时代，[1] 为科举正名，要正确认识到科举制度是我们民族为世界政治制度发展做出的一项杰出的贡献。同时，也应该理性地开展对科举制度的研究，全面分析科举制度留给我们的遗产，发掘科举制度的有益经验和当代价值。

（二）科举制度、社会流动与国家治理

公平竞争、广泛参与和唯才是举，是科举制度超越其他选官制度的三大优势，也正是因为这些优势，科举制度在中国存在了一千三百多年，即使被短暂废除，很快也会重建。正因为有这些优势，科举制度也在传统社会和国家治理中发挥了不可替代的政治社会功能，这种功能大致体现在以下三个方面。

第一，传承文化。科举制度对经典文化的传承与对儒家意识形态支配地位的维系主要源于考试科目的设置。首先，应该强调的是，科举考试所选的《尚书》《诗经》《春秋》《周易》等经典不仅是儒家经典，而且是先秦诸子各家学派共同尊奉的经典，也是上古时期最重要的文化遗产，塑造了此后两千多年中国的思想意识和文化形态。19 世纪末，美国传教士丁韪良就曾说过："尽管有其缺陷，但科举制对维护中国的统一和帮助它保持一个令人尊敬的文明水准，起到了比任何其他制度更大的作用。"[2] 其次，科举制度的确是将儒家思想的影响力制度化的最重要的举措，而正是通过科举制度的塑造和选拔，才形成了中国特殊的行政官僚队伍。这一队伍并不完全是君主驯服的工具，他们有自己崇尚的价值观，有自己矢志要去实现的道德理想。这种价值观和道德理想都是儒家赋予的，它们在传统国家治理中是规训君主行为的重要力量。近代废除科举制度后，儒家思想在社会中的影响力少了制度化结构的支持，就无可挽回地没落了。

第二，保障社会流动。在传统国家治理中，科举是基层知识分子向上流动的最主要的通道，而君主也借此建立政权与社会的联系，争

---

[1] 刘海峰. 为科举正名［J］. 厦门大学学报（哲学社会科学版），2010（3）：96.

[2] 刘海峰. 为科举制平反［J］. 基础教育，2005（6）：43.

取最大范围士人的支持，以扩大其统治基础。所以，由公平竞争、广泛参与所保障的社会流动是科举制度在传统国家治理中发挥的最重要的作用。

任何拥有权力的人，天然地都具有将这一权力保持在其家族范围内，由自己的子孙承袭下去的情感冲动。中国的西周和春秋时期实行的是世卿世禄制，权力通常掌握在几个大家族手里。如果没有合理的制度遏制权力的世袭特性，它依然会改头换面地重新出现。魏晋时期，上层士族为了维持自己家族的权位，利用九品中正制把持高级职位，造成了“上品无寒门，下品无士族”的现象。当时文学家左思由于出身寒门，官位不显，对这一状况非常不满，在《咏史》一诗中发出了这样的感慨：“郁郁涧底松，离离山上苗。以彼径寸茎，荫此百尺条。世胄蹑高位，英俊沉下僚。”

据陈寅恪先生的研究，武则天重视科举制度，就是将寒门士人引入政坛，削减原来关陇豪强的地位。隋唐之后，由于科举制度的存在，这种上层世家大族垄断政权的现象基本上就消失了，尤其是宋代之后，平民成了科举入仕的主要群体，科举所带来的社会流动性就更强了。万历年间，吏部向皇帝汇报时说，那些努力读书去争取功名的人，一半以上都出自寒素之家。清初思想家顾炎武甚至发现，明末科举所取之士十之八九都是白徒。

美国著名华裔历史学家何炳棣曾在《明清社会史论》一书中专门研究过明清两代因科举制度产生的社会流动。该书的英文名为 *The Ladder of Success in Imperial China*，副标题是 *Aspects of Social Mobility, 1368—1911*。他根据附有三代履历的明清进士登科录，以及会试、乡试同年齿录等史料，统计了明清时期上万名进士和举人贡生。最后发现，明代平民出身进士约占总人数的 50%，清代也有 37.2%。这种由科举制度所导致的社会流动，尤其是明初精英的社会流动率，即使是现代西方社会也可能很难超越。[1]

[1] 徐泓. 何炳棣教授与《明清社会史论》[OL]. 中国社会科学网，(2014-10-13)，http://www.cssn.cn/zx/201712/t20171208_3773621.shtml.

关于科举制度的这种社会作用，西方社会学家在研究中国时就已经注意到了。马克斯·韦伯在《儒教与道教》一书中专门考察了中国考试制度的发展过程，并明确地说："自7世纪末以来，考试制度即已彻底实行。此一考试制度乃是帝国家产制统治者用来防止封闭等级形成的手段之一，以免封建藩臣与政府高级官员独占官职俸禄的权利。"❶ 韦伯认为，中国的科举制度是"人类历史上首次出现的任官资格考试与业绩考核"，这一制度对"抑制不断出现的官职占有之倾向，为了防止一种固定的恩护关系之形成以及地方望族对官职的垄断"❷ 发挥了积极作用。

第三，沟通调节。传统政治君民睽隔，没有交通、交流的通道，如何才能保持下情上传呢？这就要靠来自全国各地的士人，但各地区经济文化发展水平不一，如果严格实行唯才是举的政策，难免会造成边远落后地区的士人无法进入政府，从而出现无人为其代言的情况。所以，在传统国家治理中，一方面要贯彻唯才是举的原则，另一方面又要照顾到各地区间的平衡，这一直是选官制度注意解决的问题。汉代的察举规定，二十万人以上的地区，每年可以举一人，不满二十万人的两年可以举一人。特别地，幽、并、凉等边疆州郡人口很少，军役却很重，所以给予特别照顾，每十万人举一人，不满十万人的每两年举一人。

正如余英时所说："这一条地区的名额限制明显地表示科举制的意义并不仅仅在于网罗最优秀的'士'参加政府，其更深一层的用心则是全国各地区的'士'必须平均而不断地进入统一帝国的权力系统，使'孝廉'的察举成为政府与整体社会之间的一条通道。具体言之，此制对统一帝国有政治与文化两方面的重要性。在政治上，'孝廉'每年从各地走进政府，一方面可以使朝廷在重大决策方面不致过于偏向某些地区的利益，另一方面每一地区的特殊困难和要求也可以

❶ 韦伯. 儒教与道教［M］. 洪天富，译，南京：江苏人民出版社，2010：125.

❷ 韦伯. 支配社会学［M］. 康乐，简惠美，译. 北京：广西师范大学出版社，2004：161.

由所举‘孝廉’直接反映于朝廷之上。”❶ 余英时所说的“科举制”是一种广义的人才选拔机制，所以“察举制”在他看来也是科举制的一种。后来出现的科举制也继承了这种注意保持地区平衡的传统。

宋代经济文化重心南移，江南地区以财富之区而成人文渊薮。在科举考试中，东南地区的士人中进士科的多，西北地区的士人中明经科的多，但明经科的仕途前程根本无法与进士科相比。所以，作为西北地区士人的代表，司马光在上书中说：“古之取士，以郡国户口多少为率。今或数路中全无一人及第，请贡院逐路取人。”“逐路取人”就是把名额分配给各路，这样可以打破经济文化先进地区对名额的垄断，在一定程度上保持地区间的均衡。所以，宋哲宗以后，开始将齐、鲁、河朔诸路的考试与东南诸路分开组织，分别录取。

明朝刚立国时，开科取士，并没有把北方和南方分开。但洪武三十年（1397 年）一科所取的进士五十三人，绝大部分都是南方人，引起了北方士人的不满，后在明太祖朱元璋的干预下重新阅卷，增加了六十一人，大多是山东、河南、陕西等地的北方士子。马克斯·韦伯也注意到这一事件，他是这样描述的：“南方的应试者由于来自较为广阔的地区，因而具有较高的学识，但是北方却是帝国的武力的基石。因此，皇帝进行了干预，并且惩罚了将‘榜首’给南方人的主考官。南北因此分榜。”❷

此后，明朝为了使南北平衡，在会试中将南北卷分开，分别录取。其中南卷占六，北卷占四。不久，又分为南、中、北三卷。百名之中，南卷取五十五，北卷取三十五，中卷取十。中卷主要包括四川、云南、贵州、广西等边远省份。清朝更进一步，在会试中，直接实行分省录取的制度。❸

唯才是举固然是考试制度的原则，但由于各地方经济文化发展的不均衡，实行名额分配反而更能保证公平和均衡。有时为了结果的公

---

❶ 余英时. 试说科举在中国史上的功能与意义［J］. 二十一世纪，2005（10）：8

❷ 韦伯. 儒教与道教［M］. 洪天富，译. 南京：江苏人民出版社，2010：125.

❸ 余英时. 试说科举在中国史上的功能与意义［J］. 二十一世纪，2005（10）：9－10.

平，不得不在一定程度上遏制起点的不公平。而且在传统国家治理中，科举制度不仅是选拔人才的制度，更主要的是一种政治制度，“自始便兼涵一种地方代表性”“有时也发挥了一点间接的代议功能”[1]。所以，为了更好地发挥地方与中央的沟通功能，也为了维持和扩大政府的统治基础，历代政府在科举考试时无不注意保证取士的地区平衡性。

马克斯·韦伯在研究现代官僚制度时，发现随着官僚制度的发展，会出现被支配团体齐平化的现象，他称之为消极的民主化。而消极民主化的出现，最主要的原因就是领主、贵族、望族的权力地位被削弱。所以，他说：“自备武装的望族军队之为官僚制军队所取代，以及封建国家或望族的共和制之为绝对集权的军事王权所取代，也同样意味着‘消极的’民主化过程。”[2]“而在中国，根据通过的科考次数来决定位阶与官职资格也有类似的意义”[3]，只是中国的制度在这一点上推进得更彻底。尽管科举制度无法与现代民主相比，但它在促进传统社会的民主化和开拓民意表达渠道方面发挥了与之类似且不可替代的作用。

所以，科举制度对传统国家而言，绝非一项考试制度那样简单，它其实是一种沟通国家与社会的综合制度。而且这一制度不仅在历史上发挥了重要的作用，就是在今天依然有着重要的现实意义和当代价值。

（三）科举制度的传播与对世界的影响

在历史上，科举制度，虽然曾影响过日本、韩国、越南等东亚国家，但其世界意义主要表现在它对西方现代文官考试制度形成的影响上。西方人最早接触科举制度是通过马可·波罗的游记。此后由于历代传教士和西方旅行家持续不断地介绍，到 18 世纪、19 世纪时，西

---

[1] 余英时. 试说科举在中国史上的功能与意义［J］. 二十一世纪，2005（10）：10.

[2] 韦伯. 支配社会学［M］. 康乐，简惠美，译. 桂林：广西师范大学出版社，2004：63 - 64.

[3] 韦伯. 支配社会学［M］. 康乐，简惠美，译. 桂林：广西师范大学出版社，2004：62.

方人对科举制的了解已经相当清晰了。据美籍华裔历史学家邓嗣禹统计，仅1570—1870年出版的记载中国考试制度的书籍、期刊就有七八十种之多❶，之后随着研究的深入，又不断地续有发现。所以，在17、18世纪时，西方人，特别是其中的知识精英已经对中国的科举制度比较熟悉了。

而且对科举制度有所了解后，欧洲人也对其表示了普遍的肯定甚至是赞赏。16世纪西班牙传教士门多萨在《大中华帝国志》一书中，阐述了中国教育制度对统治制度有着很大的影响。在中国，只有具备深厚学养的知识人通过国家考试后才能成为正式官吏。这是一种平等且具有竞争性的、健康的社会机制❷，这一机制引起了西方人极大的研究兴趣和学习热情。法国启蒙思想家伏尔泰说："人们全然不可能设想一个比这更好的政府，在那里事无巨细均由相互制约的大衙门审理，而只有通过层层严格考试的人才能进入这些衙门任职。"❸ 而重农学派的魁奈专门写了一本《中华帝国的专制制度》，其中有一章详细地介绍了科举制度，并认为这一制度是欧洲无法比拟的。1793年，随马戛尔尼访华的G. L. 斯当东也强调了其公平性："这种考试制度对社会上所有阶层的人都是公开和平等的，没有人被排斥在这种机会之外"❹，出身低微的人一样有脱颖而出的机会。

当然，这些思想家和官员之所以对中国的科举制度充满兴趣，除了这一制度的优越性之外，主要是因为当时欧洲各国普遍施行的选官制度是君主恩赐制和政党分肥制。这些制度充满了偶然性和不公平性，无法保证官职候选者的素质，而中国的科举制度恰好可以为他们建立一种更公平合理的文官选拔制度提供可资借鉴的参照物。19世纪中期之后，在科举制的影响下，欧美各国纷纷开始探索实践通过公开

---

❶ Teng, Ssu - Yü: Chinese influence on the western examination System [J]. Harvard Journal of Asiatic Studies, VII (1943), 267 - 312.

❷ 周宁. 天朝遥远 [M]. 北京：北京大学出版社，2006：56.

❸ 严泉. 论中国科举制度对近代西方文官考试制度形成的影响 [J]. 历史教学，1999 (1)：14.

❹ 斯当东. 英使谒见乾隆纪实 [M]. 叶笃义，译. 北京：商务印书馆，1997：129.

考试来选拔人才的制度。

1853 年，斯坦福德·诺斯科特和查尔斯·屈维廉在英国财政部的授权下，完成了《关于建立英国常任文官制度的报告》，这就是著名的《诺斯科特－屈维廉报告》。这一报告在具体考察当时文官制度现状和揭示其弊端的基础上，提出了一套新的、完整的文官选拔制度。这一制度秉持公开考试、择优录取的原则，考试为书面考试，分为中央和地方两级，由枢密院的考试委员会负责组织。由于这一制度与科举制度具有相似性，报告一公布就受到政界和新闻界的高度关注。当时的《爱丁堡评论》说："事实上，生活中没有什么能比这与中国所实行的制度更相似的了。"❶ 反对派议员斯坦利说，"他们引进了一种在我国闻所未闻的原则，但这一原则据说盛行于中国。因此，它应该被称为中国原则。"❷ 可见，科举制度对这一报告的影响以及报告对科举制度的借鉴，在英国知识界和政界是人所共知的事实。1855 年前后，英国议院又针对文官制度改革展开了大规模的辩论，辩论中多次提到中国，其中的竞争考试观念显然与中国有着直接的关系。❸ 最终，1855 年，英国在《诺斯科特－屈维廉报告》的基础上，发布了《关于王国政府录用文官的枢密院令》，正式采用了诺斯科特和屈维廉提出的文官考试制度。1870 年，英国又颁布了《改革文官制度的枢密院令》，将考试法制化，并增加了对初试合格者进行复试的制度，复试合格拿到文官事务委员会的证书后，才有机会任官。

美国的文官制度是在英国的影响下形成的，但在建立的过程中又多少受到中国科举制度的直接影响。与英国一样，在文官制度改革之前，美国人就已经对科举制度非常熟悉了，也有一批人提出借鉴中国的制度进行改革。1866 年、1868 年，美国文官制度改革之父员托马

❶ 中外关系史学会，复旦大学历史系. 中外关系史译丛：四［M］. 上海：上海译文出版社，1988：228.

❷ 中外关系史学会，复旦大学历史系. 中外关系史译丛：四［M］. 上海：上海译文出版社，1988：228.

❸ Y. Z. CHANG. China and English civil service reform［J］. American Historical Review, 1942（3）：539－544.

斯·艾伦·詹克斯两次向国会提出详细的文官改革议案，其核心内容是通过公开的竞争考试，选拔成绩优秀的人才担任政府官员。他还提出，要设立一个由三人组成的管理委员会专门主持考试，还可以制订各种细则等。

詹克斯在报告中坦承，他的改革方案借鉴了中国、英国等一些国家的实践经验。最值得一提的是，他特别重视中国的科举制度，在其报告中特地用了一章的篇幅全面介绍了中国的文官制度，引起了国会参众两院议员的广泛关注。❶ 1868 年 5 月，著名哲学家爱默生在波士顿市政府举办的欢迎中国"蒲安臣使团"的仪式上，曾通过褒扬科举制度声援詹克斯的改革，他说："那份议案要求担任公职的候选人必须经过考试，以证明他们的知识水准是够格的。是的，在杜绝任意用人方面，中国，还有英国、法国，已走在我们的前面。"❷ 这里将中国与英法等拥有先进制度的国家并列，说明爱默生对科举制度的高度肯定。

同年 10 月，长期在中国游历、为官的美国传教士丁韪良在波士顿召开的东方学会上发表《论中国的竞争性考试制度》，高度评价并力主积极借鉴和引进中国的科举制度。1875 年，他又向美国教育部提交了名为《论中国的教育》的调查报告，其中也有对科举制度的详细介绍。但是在美国，反对对文官制度进行改革的力量也很强大，而且他们反对改革的理由之一是，考试制度是从中国引进的，是非美国式的。他们说："一个缓慢地皈依中国理念的制度预兆着我们自己的国家正开始遭受损害。"对此，丁韪良反驳说，"英国显然没有因为引进竞争性的考试制度而受损"，而且由于科举制度的优越性，中国不仅维护了统一和文明水准，还将扩展到更大的范围。❸ 正是在这种的努力下，1883 年，《彭德尔顿文官法》最终通过，美国文官制度正式

---

❶ 此处关于詹克斯改革的论述，引自严泉. 论中国科举制度对近代西方文官考试制度形成的影响 [J]. 历史教学，1999 (1)。2000 年后，国内研究科举制度对西方文官制度改革影响的文章多参考此处的论述，但注明出处的不多。本文注明出处，示不掠美。

❷ 中外关系史学会，复旦大学历史系. 中外关系史译丛：四 [M]. 上海：上海译文出版社，1988：230.

❸ W. A. P. Martin. A Cycle of Cathay or China South and North with Personal Reminiscences , New York, Chicago, Toronto: The Fleming H. Revell Company. 1896: 42 – 43.

建立。

科举制度对法、德两国文官制度形成的影响，由于文献阙如，其中的脉络线索还没有完全被发现。但在启蒙运动时期，欧洲对中国文明和政治制度的推崇达到高潮，而启蒙运动的思想家以法国思想家为主。❶ 当时著名的思想家伏尔泰、魁奈都对中国的制度做过专门的研究。在法国大革命之后，法国对中国的热情虽然逐渐消失，但在大革命中创建的文官制度受到中国的某些影响也是有可能的。德国是欧洲拥有最完备官僚制的国家。关于科举制度对德国文官考试制度的影响，有的学者归结为是因莱布尼茨的介绍与提倡❷。莱布尼茨的确对中国文化了解颇深，也与普鲁士王室私交甚好，他向国王推荐科举制度，并被采纳施行，但其中还有不少逻辑缺环亟待填补。

关于科举制度对德、法两国文官考试制度的影响，美国汉学家顾立雅曾经提出了一个特别有意思的观点。他说中国的医生资格从业考试制度很早就传到了阿拉伯世界，又于 1140 年从巴格达传到西西里的罗杰二世的宫廷。正是罗杰二世组织了欧洲最早的考试。他的国家被认为是当时“欧洲最富有和最文明的国家，”而且在欧洲向中央集权的官僚制度国家发展的最初阶段发挥了极其重要的作用。有足够的资料证明，罗杰二世的宫廷对中国政府非常感兴趣，并充满了钦佩。而且罗杰二世所使用的一些行政技术也与中国行之已久的技术有着极大的相似性。罗杰二世的这些做法后来又明确地影响了他的孙子神圣罗马帝国皇帝弗里德里克二世，以及法兰西国王菲利普四世。❸

欧美文官考试制度与中国科举制度有很大不同，其不会像朝鲜、越南等在历史上受中国影响很深的国家那样，采用举人、进士等名称，更不会将儒家经典列为考试内容，但其采用的书面考试的形式，秉持广泛参与、公平竞争的原则，这与科举考试是一致的。所以，欧

❶ 周宁. 天朝遥远［M］. 北京：北京大学出版社，1997：179－180.

❷ 李永强，马慧玥. 论中国科举制度对西方文官制度的影响［J］. 中国人民大学学报，2008（1）：114.

❸ H. G. CREEL. The beginning of bureaucracy in China：The origin of the Hsien［J］. Journal of Asian study，1964（2）：155－184.

美文官考试制度是在借鉴科举制的基础上发展起来的，是经得起学术检验的合理说法。

今天，科举制度的世界意义已经得到世界各国很多学者的认可。1947 年，美国学者柯睿格在《哈佛亚洲研究学报》上发表的论文中说：“以科举考试为核心的中国文官行政制度的创立，是中国对世界的最重要的贡献之一。”❶ 而另一位美国汉学家卜德在《中国思想在西方》一书中也曾说过：“科举制度无疑是中国赠予西方的最珍贵的知识礼物。”❷

1972 年，英国著名历史学家汤因比在与日本创价大学创始人池田大作先生对话时谈道：“实际上，现代英国的官吏制度是仿照帝制中国的官吏制度而建立的。同罗马制度相比较，中国的这种制度取得了很大的成功。约在 2000 年的时间里，或大或小，它成了统一中国和巩固秩序的支柱。但它同样是有限度的。鸦片战争时，在侵略中国的英国人心里，当时的制度是极为优越的，英国人甚至曾考虑是否也要采用。各种议论的结果，是在英国也确立了通过考试选拔任用行政官员的制度，今天已经普及。”❸ 科举制度对西方现代文官制度产生的影响至此可以有所定论了。

（四）科举制度的当代价值

科举，作为传统国家治理中的一项复杂的综合制度，其当代价值也体现在很多方面。本书想要探讨的是作为一种政治制度的科举制度，以及科举制度对现代国家治理的借鉴意义。

古往今来，国家治理和政治建设中需要解决的一个根本问题是，权力应该由什么人来掌握，或者说人们是通过什么途径和资源获得权

❶ E. A. Kracke Family vs. Merit in the Chinese civil service examinations during the empire [J]. Harvard Journal of Asiatic Studies, 1947, 10 (2): 103.

❷ Derk Bodde, Chinese Ideas in the West, Washington. D. C.: American Council on Education, Fourth Printing, 1972, p. 31.

❸ 汤因比，池田大作. 展望二十一世纪：汤因比与池田大作对话录［M］. 荀春生，朱继征，陈国梁，译. 上海：国际文化出版公司，1998：275.

力的。历史上，关于权力的分配，人类试验过各种各样的方法。最早、最普遍的方法是世袭，也就是通过血缘关系得到权力。也有通过合法或非法的途径，以金钱或资本购买获得。合法的途径如古代的捐纳制度，非法的途径就是行贿，包括买官或贿选等。还有通过才能得到权力的，如优伶歌声美妙，能够获得君主垂青；将军军事才能卓越，也能身至高位；知识人文采出众、拥有行政才干，也可出人头地、手握政柄。

然而，随着历史的发展，人们逐渐发现，以血缘和金钱选拔人才，最后很难得到善治，权力应该交给有才能的人来行使。因为国家治理是一项高度复杂、需要具有专业知识才能从事的工作。柏拉图在《理想国》中，通过苏格拉底之口问过，为什么我们知道要让专业人士去从事贸易、艺术、战斗这些工作，但在国家治理这种既重要又复杂的事务上却任用了一批业余者。因此，他主张："除非哲学家成为我们这些国家的国王，或者我们目前称之为国王和统治者的那些人物，能严肃认真地追求智慧，使政治权力与聪明才智合而为一；那些得此失彼，不能兼有的庸庸碌碌之徒，必须排除出去。否则的话……对国家甚至我想对全人类都将祸害无穷，永无宁日。"❶ 这就是柏拉图著名的哲学王的思想。

大概与此同时，中国的先哲也注意到了这一问题。他们不满西周时期的世卿世禄制，认为政权不应该被贵族垄断，而应任用有才德的人。弟子仲弓向孔子问政，孔子回答说："先有司，赦小过，举贤才。"❷ 战国初期，士人更加活跃，其政治作用更为重要，得士则强，失士则亡，士人成为各国争相延揽的对象。墨子由此更进一步要求君主要"尚贤""亲士"。而从魏文侯礼贤下士到齐国建稷下学宫，直到战国末期四公子的尊贤养士，当时的君主也的确对士人非常重视。所以，自先秦时代开始，中国就形成了选贤与能、唯才是举的观念，而察举制度和科举制度就是中国人探索出来的选任贤才的制度。

❶ 柏拉图. 理想国［M］. 郭斌和，张竹明，译. 北京：商务印书馆，1986：214－215.
❷ 《论语·颜渊篇》。

作为一种相对公平合理的制度，科举制度可以说解决了政治运行和国家治理中面临的一个大问题。但随着现代民族国家的建设和现代民主制度的发展，科举制度的精神和有益的做法是否能为我们思考现代国家治理中更深层次的问题，提供一种可参照的制度资源？

2015 年，时任清华大学哲学系教授的贝淡宁在普林斯顿大学出版社出版了《中国模式：政治绩优制和民主的限制》（*The China Model*: *Political Meritocracy and the Limits of Domocracy*）一书。次年，该书被译成中文，书名为《贤能政治：为什么尚贤制比选举民主制更适合中国》。此书出版后，不论是在欧美还是中国学界都引起了巨大的反响，但也带来了诸多的误解。但细读此书可以发现，贝淡宁的立意非常清晰、简单，他希望打破西方人对民主制的诞妄，以尚贤制的优点弥补民主制的缺点。所以，西方世界不必紧张仇视，中国人也没必要欢呼雀跃，备极颂扬。

《贤能政治：为什么尚贤制比选举民主制更适合中国》共分五章：第一章讨论的是民主的四大缺陷，分别是多数派暴政、少数派暴政、选民共同体暴政以及竞争性个人主义者暴政；第二章研究的是中国政治体制中的尚贤因素及其合理性与改进空间；第三章讨论的是政治尚贤制的三大问题，腐败问题、政治等级固化以及正当性问题；第四章讨论的是“民主尚贤制”模式的优缺点，也就是将尚贤制和民主制结合起来的不同模式，以及这些模式的优缺点；第五章讨论了中国模式的三个支架“基层民主、中间实验和高层尚贤”，并研究了中国模式优化和输出海外的可能性。

本书的核心或者主旨并不是要为尚贤制唱赞歌，毋宁说，贝淡宁担忧是民主制的长远命运。他认为，当前的民主国家已经陷入一种自我恭维的自满情绪中不能自拔[1]。这些国家对民主观念有种教条式的依恋，认为它是唯一值得辩护的国家管理形式，一人一票是挑选政治

---

[1] 贝淡宁．贤能政治：为什么尚贤制比选举民主制更适合中国［M］．吴万伟，译．北京：中信出版集团，2016：中文版序言 XXVII.

领袖时唯一具有道德正当性的方式。❶ 而中国奉行的则是学习型文化，其领袖不断寻求创新和学习世界其他地方的政治经验。即使在经济下滑或压力大增的灰暗时刻，中国仍然派遣官员到海外学习最先进的管理经验，在制定政府工作报告时欢迎外国专家建言献策。❷

而且通过民主制选举出来的政治领袖并非皆是贤能之辈，即使是贤能之人，也会因受制于选举的压力而无力制定具有长远利益的政策。尚贤制在保证政治领袖素质的基础上，的确已经取得了不劣于民主制的治理绩效。所以，贝淡宁写道，如果中国式政治尚贤制能够持续创新和改革，而民主制躺在功劳簿上什么也不做，拒绝向世界其他地方学习，同时还抨击其他政治选择，那么民主制将最终失去捕获民众“心灵和思想”的能力，政治尚贤制反而会成为全球占支配地位的政治制度。❸

在比较尚贤制与民主制时，贝淡宁也着重强调了中国传统的影响。他说，中国有着丰富和多样的政治传统，政治领袖、改革者、知识分子和广大民众越来越多地渴望从传统中汲取灵感。所以，西方的民主派在与中国打交道时，无论出于何种动机，都需要以理解的态度来看待中国的政治文化和制度。否则，可能会对中西关系造成诸多负面影响。❹ 他认为中国的制度的确需要完善，但完善要扎根于中国人广泛赞同的理想而非那些无法与中国历史形成广泛共鸣的“舶来品”。❺ 而这其实正是中国人构建自己制度体系的一贯态度。

最后，贝淡宁甚至说道：如果尚贤制持续在满足民众的需要方面

---

❶ 贝淡宁．贤能政治：为什么尚贤制比选举民主制更适合中国［M］．吴万伟，译．北京：中信出版集团，2016：中文版序言 XI – XII.

❷ 贝淡宁．贤能政治：为什么尚贤制比选举民主制更适合中国［M］．吴万伟，译．北京：中信出版集团，2016：中文版序言 XXVII.

❸ 贝淡宁．贤能政治：为什么尚贤制比选举民主制更适合中国［M］．吴万伟，译．北京：中信出版集团，2016：中文版序言 XXVII.

❹ 贝淡宁．贤能政治：为什么尚贤制比选举民主制更适合中国［M］．吴万伟，译．北京：中信出版集团，2016：中文版序言 XVII – XXVIII.

❺ 贝淡宁．贤能政治：为什么尚贤制比选举民主制更适合中国［M］．吴万伟，译．北京：中信出版集团，2016：中文版序言 XVI.

比民主国家做得出色❶，其将可能成为民主制的替代性选择或挑战❷。或许一百年后，高层政治领袖应该依靠考试和考核低层政府政绩的方式选拔产生会成为人人皆知的常识，那时我们可能会感到纳闷，人类怎么会傻到竟然相信一人一票是挑选政治领袖的唯一方式。❸ 考虑到现代民主制其实是一种很晚近的制度，针对民主制来说，贝淡宁并非危言耸听。

我们不知道贝淡宁的预言会不会变成现实，但立足中国实际，吸收民主制和尚贤制的优点，持续完善当下中国的政治制度，是一条实现国家治理体系和治理能力现代化的现实而充满希望的路径。而在这一完善的过程中，传统的科举制度依然能为我们提供源源不竭的制度资源和明晰、独特的思考参照物，这也正是今天我们研究科举制度的意义所在。

四、乡村自治传统与村民自治制度

皇帝制度、官僚体系、科举制度都是国家上层制度，或是沟通上下层的制度，但是任何政治制度，如果没有人民的支持，是不能长期维持下去的。传统国家是通过什么样的制度与基层民众打交道的？又是如何获得他们的支持而保证国家制度正常运转的？这些制度和做法对今天基层国家治理有什么影响？这是接下来要研究的问题。

（一）中国的乡村自治传统

1908 年年底，后来成为北大校长的蒋梦麟去美国留学，在旧金山下船时，他说："我上岸时第一个印象是移民局官员和警察所反映的国家权力。美国这个共和政体的国家，她的人民似乎比君主专制的中

---

❶ 贝淡宁．贤能政治：为什么尚贤制比选举民主制更适合中国［M］．吴万伟，译．北京：中信出版集团，2016：中文版序言 XXVII.

❷ 贝淡宁．贤能政治：为什么尚贤制比选举民主制更适合中国［M］．吴万伟，译．北京：中信出版集团，2016：中文版序言 XXXII.

❸ 贝淡宁．贤能政治：为什么尚贤制比选举民主制更适合中国［M］．吴万伟，译．北京：中信出版集团，2016：中文版序言 XXVII.

国人民更少个人自由，这简直弄得我莫名其妙。我们在中国时，天高皇帝远，一向很少感受国家权力的拘束。”[1] 蒋梦麟的这一感受，其实是现代国家与传统国家的区别。现代国家对国民生活的干预更为细致深入，与现代国家相比，传统中国的农村处于一种自治程度较高的状态中。

马克斯·韦伯在研究中国传统社会时，曾提出一个特别著名的观点："皇权不下县"。这是说，在县治以下的地区，只有土生土长的地方官吏[2]，皇权无法越出城市，对这一地区实行直接的统治和治理。这种非官方的官吏自主管理各自的村落，形成一种地方自治体。20 世纪 30 年代，中国乡村研究的先驱之一、美国学者悉尼·甘布尔在华北地区从事田野调查活动，发现政府官员"除了收税之外"，对农村没有任何兴趣。农民仍然能够"对本地事务保持相当程度的控制，并且在通常情况下能够逐渐重新控制被中央政府通过种种改革措施夺走的任何东西。"[3]

而中国学者也早就注意到这一现象。抗战时期，费孝通先生在考察云南等地的农村时，发现中国传统乡村的权力结构，顶端是中央政府，底部是地方自治单位。地方上的事情是由社区的绅士所管辖的，中央当局难以干涉[4]，中央政府派遣的官员止于县衙门[5]。无疑，费孝通的看法与韦伯、甘布尔的看法非常相似，他们看到的是传统乡村治理中的同一现象。

第二次世界大战后，日本学者在从世界史的角度研究中国史时，提出了不少解释中国历史现象的新理论，其中在国际上影响最大的是川胜义雄和谷川道雄力倡的"共同体"理论。这一理论是他们在研究六朝史的过程中提出来的，其主要含义是，六朝政治权力的基础是包括贵族、民众在内的大小土地所有者，这些大大小小的土地所有者以

[1] 蒋梦麟. 西潮［M］. 沈阳：辽宁教育出版社，1997：61.
[2] 韦伯. 儒教与道教［M］. 洪天富，译，南京：江苏人民出版社，2010：102.
[3] 李怀印. 华北村治：晚清和民国时期的国家与乡村［M］. 北京：中华书局，2008：1.
[4] 费孝通：中国绅士［M］. 北京：中国社会科学出版社，2006：52.
[5] 费孝通：中国绅士［M］. 北京：中国社会科学出版社，2006：48.

有实力的贵族之家为中心团结起来，并形成了基层社会的共同体。[1]共同体内部的秩序是自我维持的，而国家权力的维持和国家职能的实现都是在与共同体打交道的基础上完成的。当然，六朝时期是帝制时期政府权力衰微、贵族力量最强的时期，但其他时期传统社会的基层也一直存在顽强的自治力量和组织，如秦汉时代以“三老”为核心的乡里共同体，宋元之后，更是形成了以乡绅为首的村落共同体。

显然，马克斯·韦伯所说的村落自治、谷川道雄研究的共同体、甘布尔与费孝通观察到的宋元以后的乡村共同体，都是同一种基层乡村自治组织。时至今日，“皇权不下县”虽然在学术界犹有争论[2]，但是传统乡村的自治性也是无法否认的事实。

之所以会出现这一局面，韦伯认为是由于中国传统行政的疏放性[3]，这种疏放性主要表现为官吏很少，无法对广大的农村进行有效的治理，而官吏数量又取决于财政情况。一句话，韦伯认为，传统国家治理之所以无法深入农村，最主要的原因是行政成本太高，国家无力负担。费孝通则认为还有另一个原因，即中国政治哲学中的无为理论。在中国历史上，很少有在实际中鼓励政治权力干涉人民的社会生活的理论[4]。在传统国家治理中，开明的政府奉行的基本上是“宽”“简”的施政原则。孔子将“宽”列为五种主要的施政原则之一，认为“宽则得众”[5]，又说治理人民应该“居敬而行简”[6]。政令宽简，是一种温和的处理政府和社会、民众关系的方式，其主要的表现就是政令简便易行，不扰民，与民休息，这有利于乡村自治的发育和运行。

---

❶ 谷川道雄. 中国中世社会与共同体［M］. 马彪，译. 北京：中华书局，2002：7.

❷ 近年来，随着对基层社会研究的加深，很多学者对政治权力深入基层的状况进行了更细致的研究，发现政府权力和组织对基层的渗透其实深入到了比县更低的层次中，如胡恒的《皇权不下县?》。但这类研究总体上还是无法推翻马克斯·韦伯对中国行政疏放性的判断，因为过度、过密地深入基层，是当时的财政无法承担的。

❸ 韦伯. 支配社会学［M］. 康乐，简惠美，译. 北京：广西师范大学出版社，2004：164.

❹ 费孝通. 中国绅士［M］. 北京：中国社会科学出版社，2006：47.

❺ 《论语·阳货篇》。

❻ 《论语·雍也篇》，这是孔子弟子仲弓所言，孔子听后非常赞同，说“雍之言然”，所以也可以看作孔子的主张。

但是，乡村自治并不代表其可以完全脱离国家的控制而独立存在。事实上，在帝制时代的大多数时间里，国家能够在大部分地区收取足够的赋税，以满足正常的需要和维持社会秩序的稳定。使这些成为可能的是林林总总的地方村社的非正式制度，这些制度是在国家需求和地方社群自发承担日常政府职能的互动过程中建立起来的。村落的治理是国家权威和乡村居民共同参与的过程，它在帝制时期包含了不仅满足统治者而且因应村民需求的一系列内生性制度安排。❶ 这些制度主要有：

第一，基层行政组织制度。秦汉之后，中国就形成就比较稳定的基层行政组织，主要包括秦汉时期的乡里制、北魏时期的三长制、宋代的保甲制、元代的村疃制、明代的里甲制、清代的保甲制等。一般而言，这些乡村组织不是基层政权，负责人也不是政府官吏，他们自理乡村公共事务，但又必须在县政府的领导下行使基层政权的一部分职能。❷ 如秦汉时期乡官包括三老、孝悌、力田等，他们是由地方乡里社会推选出来的、代表地方与官方进行沟通的资望人物；还有啬夫、有秩、游徼、亭长等，这些是郡县派下来的官吏，负责征税、缉盗、司法等。帝国基层治理的有效运作，有赖于这些正式或半正式人物的配合。清代的保甲制也是如此，它虽然负有组织村民、维护社会治安和催办钱粮赋税等行政职责，但保甲组织的执事人员都是公举的本地德才兼备或家道富足者，他们的职责是保护村落和民众，而不仅是管理他们。

第二，宗族制度。绝大多数中国人都生活在一定的宗族组织内，而宗族是传统乡村自治的重要组织。在村落内部，没有血缘关系的居民也会模仿宗族结构组织起来，建立起假想性的血亲关系。❸ 族人的日常生活，如婚丧嫁娶、分家立嗣、财产继承、纠纷调解等，都是由

---

❶ 李怀印. 华北村治：晚清和民国时期的国家与乡村［M］. 北京：中华书局，2008：2.

❷ 于建嵘. 岳村政治：转型期中国乡村政治结构的变迁［M］. 北京：商务印书馆，2001：60.

❸ 罗兹曼. 中国的现代化［M］. 国家社会科学基金“比较现代化”课题组，译. 南京：江苏人民出版社，2010：151.

族长会同族人协商完成的。至于村庄事务，宗族也有很大的发言权。在聚族而居的单姓村，族长虽然不具有全村的行政权，但在涉及民间诉讼以及族中私事时，也有处置的权力；在多姓杂居的村庄，各族的族长对村庄事务也能发挥作用，其权威有时甚至超越保长。而涉及与国家有关的事务，族长则会代表族人与保甲长甚至官府进行交涉。❶根据清代制度，保甲长由本地人公推产生，这就出现了保甲组织领袖由宗族族长充任，或保甲组织领导权被宗族势力操纵的现象❷。可以说，从康熙四十七年（1708 年）推行保甲制度后，代表族权的宗族组织与代表皇权的保甲制度紧密联系在了一起，宗族组织成为国家实施乡村自治的基础所在。❸ 正如韦伯所言，在古代中国，自上而下的家产制统治，往往会遭遇到氏族强大对抗势力自下而上的抵制。❹

第三，士绅统治。中国传统基层社会很早就分化成两种人：士绅和农民，他们的经济基础、生活水准和知识水平具有很大的差别。❺传统社会的士绅主要包括，取得功名而没有入仕的知识分子、退休后归乡的官员、因承担地方社会责任被乡民敬仰的富人以及拥有村民急需技术的能人如医生、乡村教师等❻。但士绅没有保长行政力量的保障，也没有族长的血缘组织的支撑，其威望的取得在很大程度上取决于他为家乡福利和地方利益所做的贡献。保甲和宗族的领袖可能与乡民发生直接的利益冲突，但士绅作为超越这些组织和领袖之外的权威，则常常会为了地方利益而反对和抵制官府的不合理政策。所以，士绅作为国家与地方的沟通桥梁，有时甚至发挥了更大的作用，也拥

---

❶ 于建嵘. 岳村政治：转型期中国乡村政治结构的变迁［M］. 北京：商务印书馆，2001：75 -76.

❷ 于建嵘. 岳村政治：转型期中国乡村政治结构的变迁［M］. 北京：商务印书馆，2001：86.

❸ 于建嵘. 岳村政治：转型期中国乡村政治结构的变迁［M］. 北京：商务印书馆，2001：81.

❹ 韦伯. 中国的宗教［M］. 康乐，简惠美，译. 桂林：广西师范大学出版社，2004：140.

❺ 于建嵘. 岳村政治：转型期中国乡村政治结构的变迁［M］. 北京：商务印书馆，2001：89.

❻ 于建嵘. 岳村政治：转型期中国乡村政治结构的变迁［M］. 北京：商务印书馆，2001：90 -92.

有更大的权威。秦末农民起义中，首义的陈胜占领了陈，于是“号令三老豪杰，与皆来会计事。三老豪杰皆曰：将军身披坚执锐，伐无道，诛暴秦，复立楚国之社稷，功宜为王。陈涉乃立为王。”[1] 三老就是秦汉时期地方社会的领袖，类似于后世的士绅。陈胜称王，需要得到三老豪杰的同意，可见他们在当时社会中的影响力。士绅对乡村的支配一直持续到近代。1945 年，中国学者杨懋春在哥伦比大学完成了以他的家乡山东台头为考察对象的博士论文。台头是青岛胶州湾西岸的一个中国北方普通农村，就是在这样一个村子里，大小各色士绅发挥着虽不显眼却很重要的作用。村庄的事务如果没有他们的支持，庄长及其助手很难处理好。杨懋春甚至这样描述他们与村庄官方领导的关系：“在公共事务中，官方领导做具体工作，非官方领导指挥他们，官方领导一般是乡绅和族长的工作人员甚至传令员。乡长[2]及其助手接到政府的命令时，只有在与有影响的非官方领导商量后才能做出决定。在这些聚会上，官方领导不得出声。他们负责传达命令，但他们对贯彻这些命令的个人意见却是微不足道的。”[3]

（二）改革开放以来村民自治制度的重建

鸦片战争后，中国走出传统帝制体系，开始向现代民族国家的转型。这次转型的一个重要方面就是国家权力逐步下沉，上层的政府力量强制性地进入乡村社会。民国时期，行政权力开始从县下沉到乡镇一级[4]。中华人民共和国成立后，又建立了以集体经济为基础的人民公社制度，地方政府及乡村干部通过代理方式实现了对乡村社会权力

---

[1] 《史记 · 陈涉世家》。

[2] 民国建立后，在乡村建立了区—乡—路—邻制度，乡相当于之前的村，这里的乡长相当于现在的村主任。

[3] 杨懋春. 一个中国村庄：山东台头［M］. 张雄，沈炜，秦美珠，译. 南京：江苏人民出版社，2001：180.

[4] 于建嵘. 岳村政治：转型期中国乡村政治结构的变迁［M］. 北京：商务印书馆，2001：134.

的控制[1]。这种控制，加强了对基层社会的管理，但也在不少地方造成农民生产积极性低、经济效率下降等问题。为了解决这些问题，应该赋予基层社会一定的自主权，探索多元化的基层村庄治理模式。

党的十一届三中全会以来，国家又逐步废除了人民公社制度，确立了村民委员会制度。1982 年 12 月 4 日通过的《中华人民共和国宪法》（以下简称《宪法》）规定，乡、镇是我国最基层的行政区域[2]，村民居住地区设立的村民委员会是基层群众性自治组织，村民委员会的主任、副主任和委员由居民选举产生[3]。村民自治制度的确立，使农民有了政治自主权，这是社会主义民主在基层社会的实现。正如邓小平所说："把权力下放给基层和人民，在农村就是下放给农民，这就是最大的民主。"[4]

1982 年的《宪法》对村民自治的兴起有重要意义。首先，它以国家根本大法的形式肯定了村民委员会的法律地位；其次，它确认了村民委员会属于基层群众自治组织的性质，并规定了村民委员会的基本职能是办理本地的公共事务和公益事业，调解民间纠纷、协助维护社会治安，并且向人民政府反映群众的意见、要求和建议。最后，《宪法》对村民委员会的有关规定还表明了村民委员会不再是政权组织的下属机构，而是具有相对的独立性。[5]

1987 年 11 月，第六届全国人大常委会第二十三次会议通过的《中华人民共和国村民委员会组织法（试行）》进一步明确了村委会的性质和职能。它的颁布标志着农村治理模式的创造性转换，标志着国家对农村的治理由直接管理向间接管理，由主要依靠国家集中统一管理向国家集中统一管理与群众自我管理相结合的转变。[6] 中国国家结构形式是单一制，国家机构实行民主集中制的原则。村民在通过村

---

[1] 于建嵘．岳村政治：转型期中国乡村政治结构的变迁［M］．北京：商务印书馆，2001：218.

[2] 《中华人民共和国宪法》第 30 条。

[3] 《中华人民共和国宪法》第 111 条。

[4] 邓小平．邓小平文选：第三卷［M］．北京：人民出版社，1993：252.

[5] 徐勇．中国农村村民自治［M］．北京：生活·读书·新知三联书店，2018：24－25.

[6] 徐勇．中国农村村民自治［M］．北京：生活·读书·新知三联书店，2018：27.

民自治组织行使民主权利时，必须以接受共产党和政府的领导、指导为条件。因此，在农村村级组织中存在党支部并以党支部为核心是可行的，也是必要的。[1] 党的领导与村民自治相结合，正是中国村民自治的性质和特点。

中国农村村民自治是农村基层社会民主化的重要一步，也是国家治理现代的重要制度支撑。如果我们仔细研究村民自治的运行程序和规则就会发现，它在一定程度上也是对传统乡村自治的回归和超越。

毛泽东曾在《中国革命与中国共产党》一文中说："中华民族不但以刻苦耐劳著称于世，同时，又是酷爱自由、富于革命传统的民族。"[2] 而中华民族的自由传统，其实主要体现在中国农民对自由的追求和乡村自治传统上。研究中国农村治理问题的著名专家、华中师范大学徐勇教授将这一点概括为"东方自由主义传统"。他认为，中国的农民与西欧庄园内的农奴、俄国和印度村社内的农奴相比，是一种自由小农。[3] 这一点已经得到史学家的确认，如内藤湖南就认为在中国由贵族政治向君主独裁政治的变革中，民众摆脱了贵族阶级的支配，获得了土地所有的自由、居住的自由，从身份约束之中解放了出来。[4]

徐勇将"东方自由主义"的特点概括为人身自由、经济自主、社会自治、思想自由、政治自立。人身自由，是指农民摆脱了对地主和共同体的依附，获得了对自己身体的自主支配权利；经济自主，是指农民对土地的所有、经营、继承、买卖以及收益具有自由支配的权利；社会自治，是指政府管理未能进入农民的日常生活管理之中，乡村事务主要依靠家长、家族和乡绅自我管理；思想自由，主要是指中国农民没有欧洲、西亚、南亚那样的宗教极端意识，其思想具有极强的开放性和包容性，处于无拘无束的自在状态；政治自立，主要表现为政府不能过多地干预和介入农民生活，农民组成的组织自发地处理

---

[1] 徐勇. 中国农村村民自治［M］. 北京：生活·读书·新知三联书店，2018：41-42.

[2] 毛泽东. 毛泽东选集：第二卷［M］. 北京：人民出版社，1991：623.

[3] 徐勇. 国家治理的中国底色与路径［M］. 北京：中国社会科学出版社，2018：80.

[4] 谷川道雄. 中国中世社会与共同体［M］. 马彪，译. 北京：中华书局，2002：中文版序.

村庄事务。❶

东方自由主义传统是在中国自由小农经济社会基础上产生的农民的自由状态和追求。❷ 而“中国改革开放起源于对数千年以自主权和积极性为核心的农民自由主义传统的尊重，它是中国文明发展内在规律的逻辑延伸和提升，而不是源自西方自由思想的影响。”❸ 西方自由主义思想再次传入中国并发挥影响已经是20世纪80年代中期之后的事，而此前，中国的农村经济改革已经完成。

所以，“改革开放后的农村改革的许多做法与历史上的农民自由主义传统是相衔接的。如家庭自主经营、劳动力流动、土地流转、农产品自由流通、村民自治、乡村工业、民间文化的活跃等都可以从农民自由主义传统中找到依据。”❹ 可以说，中国农民自由、自主传统涵育了中国改革开放中施行的多种政策，而改革开放过程中的制度建设也大大提升了中国农民自由、自主传统的质量，使其“成为中国特色社会主义的重要元素之一”❺。

随着村民自治的发展，血缘组织在农村地区也出现了不同程度的复苏，并对新时期的乡村治理产生了重大影响。武汉大学的贺雪峰教授根据村庄内部血缘共同体的关系，将中国农村划分为南、中、北三个区域。“华南农村多是聚族而居的宗族结构，至今宗族仍然在农村社会治理和农民生产生活中发挥一定作用。华北农村，村庄内大多存在相互独立的血缘小亲族集团，这些小亲族集团之间的斗争与联合深刻地影响着村庄的治理及农民的行为模式。长江流域村庄‘原子化’程度很高，村庄中缺乏以血缘为基础的结构性力量。”❻ 无疑，在包括华南和华北在内的中国大部分地区，宗族再次作为一种重要的力量出现在基层社会中。

---

❶ 徐勇．国家治理的中国底色与路径［M］．北京：中国社会科学出版社，2018：80－83．

❷ 徐勇．国家治理的中国底色与路径［M］．北京：中国社会科学出版社，2018：83．

❸ 徐勇．国家治理的中国底色与路径［M］．北京：中国社会科学出版社，2018：95．

❹ 徐勇．国家治理的中国底色与路径［M］．北京：中国社会科学出版社，2018：95．

❺ 徐勇．国家治理的中国底色与路径［M］．北京：中国社会科学出版社，2018：96．

❻ 贺雪峰．大国之基：中国乡村振兴诸问题［M］．北京：东方出版社，2019：23－24．

而且，不仅宗族在复兴，村庄治理也越来越依靠富人和能人。这意味着，在当前的乡村治理中，虽然没有了传统社会中的士绅阶层，但权威仍然掌握在少数精英群体手里。在沿海发达地区，富人当村干部具有必然性，甚至可以说富人治村是不可逆的。上级选拔干部主要是希望村干部有能力搞好村庄治理，富人也有当村干部的强烈愿望和能力，他们比一般村民掌握着多得多的资源。❶ 另一种形式是能人治村，这种村庄往往有着各式各样的集体经济，这种经济的经营往往需要村庄干部具有灵活的头脑和敏锐的市场嗅觉，而他们大多也是当地村庄的致富带头人，能为村庄寻找到各种项目和资金。无疑，在未来的村庄治理中，如何处理党的领导、村民自治与这些富人、能人的关系是一个亟须解决的重大问题。而深入研究历史上士绅阶层在村庄治理中的作用，或许能够为解决这一问题提供一定的经验借鉴。

最后，用著名学者甘阳的一段话来结束本节："70 年代末开始的中国农村改革，绝不仅仅只是 1949 年以来共产党体制的改造，而且更是世世代代以来'乡土中国'基本结构的根本改造。农村改革的最深刻之处，实际尚不在于它骄人的经济成就，而是在于它历史性地启动了古老乡土中国创造性自我转化的进程。"❷ 这一点在研究思想史尤其是儒学史的学者中已经基本达成共识。而由农村改革和乡土中国推演开去，也可以说，中国国家治理体系的现代化在不少方面也是古老中国的创造性自我转化和革新。

❶ 贺雪峰. 村治［M］. 北京：北京大学出版社，2017：5－6.

❷ 甘阳. 文明 国家 大学［M］. 北京：生活·读书·新知三联书店，2018：80.

第四章　祛魅与超越：打破迷思与构建自信

前面几章，研究了传统国家治理与当代国家治理的关系，论证了传统国家治理是当代国家治理体系完善与改进的重要资源。通过研究、发掘、弘扬、利用这些重要资源，促进传统国家治理体系和理念的转化，从而有利于实现国家治理体系和治理能力现代化。不仅如此，这种转化也有利于构建对我们自身制度的信心，坚定制度自信。那么当前中国制度自信构建的困境何在？传统国家治理如何才能在今天制度自信构建的过程中发挥其应有的作用？这是接下来要研究的问题。

一、当代中国制度自信构建的现状与困境

制度自信，是人民对本国制度的一种正面的情感态度和价值认知，主要表现为强烈认同和积极拥护。制度自信对增强政治的稳定、提升国民的自豪感具有重要的意义。所以，世界上所有国家都将制度自信的构建作为保障国家政治安全的一项重要内容。

（一）制度自信的内涵

中华人民共和国成立后，逐步建立了先进的社会主义制度。由于有着先进的理论基础和深厚的群众基础，中国人民和中国共产党人一直以来都对这一制度充满自信。随着这一制度逐步完善以及在这一制度框架下取得的伟大成就，也为了澄清和回击西方人对中国制度的误解和偏见，逐渐形成了对自身制度充满自信的自觉意识以及高度的制度自信。

1962年3月，毛泽东在一则批语中写道："要超过世界最强大的美国，尽多一百多年，也就可以了。因为我们的社会主义制度优胜于资本主义制度，我们的无产阶级政党——共产党的领导优胜于资产阶级政党的领导。资本主义需要三百多年才能发展到现在这样的水平，我们肯定在几十年内，至多在一百多年内，就可以赶上和超过它。"❶鉴于中华人民共和国成立后人民群众被社会主义制度所激发出的劳动热情，以及这几十年来中国在社会主义制度下所取得的发展成就，毛泽东的自信是具有坚实的科学依据的。

在改革开放之初，邓小平在将资本主义和社会主义做比较时，就明确说过："当然是社会主义制度好。"❷"无论如何，社会主义制度总比弱肉强食、损人利己的资本主义制度好得多。我们的制度将一天天完善起来，它将吸收我们可以从世界各国吸收的进步因素，成为世界上最好的制度。"❸同时，他还提出了衡量制度优劣的标准："我们进行社会主义现代化建设，是要在经济上赶上发达的资本主义国家，在政治上创造比资本主义国家的民主更高更切实的民主，并且造就比这些国家更多更优秀的人才。"❹这三个标准的提出，显示了邓小平在制度建构方面不为西方模式所左右的自觉意识。

经过几十年的建设完善，以及社会主义制度所焕发出的强大的生机与活力，党对这一制度优越性的认识更为深刻。2012年11月，党的十八大正式提出"制度自信"的论述，这是党对自身制度的价值和定位在认识上的一次升华。党的十八大以来，党和国家领导人以高度自觉的意识，将对制度自信的构建和弘扬放在了更加突出的位置上，并提出了一系列更为鲜明、深刻的论述。

2013年11月，党的十八届三中全会首次提出了"推进国家治理体系和治理能力现代化"的目标，并把它和"完善和发展中国特色社

❶ 中共中央文献研究室．建国以来毛泽东文稿：第10册［M］．北京：人民出版社，1996：63．

❷ 邓小平．邓小平文选：第二卷［M］．北京：人民出版社，1994：167．

❸ 邓小平．邓小平文选：第二卷［M］．北京：人民出版社，1994：337．

❹ 邓小平．邓小平文选：第二卷［M］．北京：人民出版社，1994：322．

会主义制度”列为全面深化改革的总目标。习近平总书记在会上说：“我们讲要坚定道路自信、理论自信、制度自信，要有坚如磐石的精神和信仰力量，也要有支撑这种精神和信仰的强大物质力量。”[1] 优越的制度使中国在社会经济发展中取得了非凡的成就，而非凡的社会经济成就也成为制度自信的强大物质支撑。

2014 年 9 月 5 日，在庆祝全国人民代表大会成立 60 周年大会上的讲话中，习近平总书记特别强调要“坚定对中国特色社会主义政治制度的自信”。因为政治制度涉及社会各阶级在国家中的地位和政治权力如何分配的问题。所以，“在一个国家的各种制度中，政治制度处于关键环节。”[2] 说到制度自信，首要的就是对政治制度的自信。

2016 年 7 月 1 日，习近平总书记在庆祝中国共产党成立 95 周年大会上的讲话中说：“我们要坚信，中国特色社会主义制度是当代中国发展进步的根本制度保障，是具有鲜明中国特色、明显制度优势、强大自我完善能力的先进制度。”[3] “中国共产党人和中国人民完全有信心为人类对更好社会制度的探索提供中国方案。”[4] 中国的社会主义制度不仅是保证其自身发展进步的根本制度，而且具有重大的世界意义。

党的十九大报告再次强调全党要更加自觉地增强制度自信。2019 年，党的十九届四中全会全面研究了如何通过完善中国特色社会主义制度，推进国家治理体系和治理能力现代化。正是在这一制度框架下，中国共产党领导人民创造了世所罕见的经济快速发展和社会长期稳定的奇迹。会上列举了我国国家制度和国家治理体系具有的十二个方面的显著优势，这些显著优势是我们坚定制度自信的基本依据。[5] 可以说，党的十九届四中全会的决议为当代中国增强制度自信进行了

---

[1] 习近平. 习近平谈治国理政：第一卷［M］. 北京：外文出版社，2018：93.

[2] 习近平. 习近平谈治国理政：第二卷［M］. 北京：外文出版社，2017：288.

[3] 习近平. 习近平谈治国理政：第二卷［M］. 北京：外文出版社，2017：36.

[4] 习近平. 习近平谈治国理政：第二卷［M］. 北京：外文出版社，2017：37.

[5] 十九届四中全会决议. 中共中央关于坚持和完善中国特色社会主义制度推进国家治理体系和治理能力现代化若干重大问题的决定［EB/OL］.（2019－11－05）http：//www.xinhuanet.com/politics/2019－11/05/c_1125195786.htm.

深刻论证，提供了根本遵循。

2021 年 7 月，在庆祝中国共产党成立 100 周年大会上的讲话中，习近平总书记谈到制度建设和制度自信时说：“我们积极学习借鉴人类文明的一切有益成果，欢迎一切有益的建议和善意的批评，但我们绝不接受‘教师爷’般颐指气使的说教!”❶ 这就要求我们要坚持自身的主体地位，要有坚定的制度自信。我们要去探索适合本国国情的发展道路和治理模式，并对经过实践检验的、行之有效的制度体系充满自信，坚定履行，将发展的主动权掌握在自己手中。

坚定制度自信并不是说我们的制度不需要再进行改革创新和完善改进。习近平总书记说：“中国特色社会主义制度是特色鲜明、富有效率的，但还不是尽善尽美、成熟定型的。中国特色社会主义事业不断发展，中国特色社会主义制度也需要不断完善。”❷ “制度自信不是自视清高、自我满足，更不是裹足不前、故步自封，而是要把坚定制度自信和不断改革创新统一起来，在坚持根本政治制度、基本政治制度的基础上，不断推进制度体系完善和发展。”❸ 事实上，习近平总书记在很多场合都反复强调吸收人类先进制度成果的重要性，我们现在说的制度定型也并不代表不需要制度创新了。

习近平总书记关于制度自信的重要论述，有力地回击了某些西方资本主义国家对中国特色社会主义的攻击，同时也为构建中国特色社会主义制度话语体系奠定了坚实的基础❹，为当代中国构建制度自信指明了方向和路径。

（二）当前制度自信构建的现状与困境

中华人民共和国成立七十多年来，在中国共产党的领导下取得了

---

❶ 习近平. 在庆祝中国共产党成立 100 周年大会上的讲话［N］. 人民日报，2021-07-02（1）.

❷ 习近平. 习近平谈治国理政：第一卷［M］. 北京：外文出版社，2018：10.

❸ 习近平. 习近平谈治国理政：第二卷［M］. 北京：外文出版社，2017：289.

❹ 阎树群. 习近平关于制度自信重要论述的基本内容与理论贡献［J］. 马克思主义研究，2021（2）：31.

非凡的发展成就。在经济上，从一个一穷二白的落后国家，发展到世界排名第二的经济大国，2020 年国内生产总值超过 100 万亿元，成为世界经济增长的主要引擎。全国居民人均可支配收入从 1978 年的 171 元，增长到 2020 年的 3.2 万元。脱贫攻坚取得决定性成就，1978 年中国的贫困人口有 2.5 亿人，到 2021 年绝对贫困全部消除，对全球减贫贡献率超过 70%。❶ 在经济快速增长的同时，中国社会也保持了长期的稳定，居民在就业、基本民生、粮食能源安全、医疗卫生服务、社会保障等方面的需求基本都能得到保障。

取得如此辉煌的发展成就和如此卓越的治理绩效，本应该具有强烈的自豪感和自信心。正如习总书记所强调的："当今世界，要说哪个政党、哪个国家、哪个民族能够自信的话，那中国共产党、中华人民共和国、中华民族是最有理由自信的。"❷ 但当前我们对自身制度的自信和自觉意识，却存在一些需要提升的地方。很多学者对这一现象充满困惑，认为这是不正常的❸。世界上还很少有国家像中国这样，有着如此辉煌的发展成就，却缺少相应的自信。

那么，优越的治理绩效为什么没有带来高度的制度自信呢？是因为制度没有优势吗？但治理绩效往往是制度优势的产物，如果没有制度优势，何来治理绩效？习近平总书记在十九届四中全会上列举了我国治理体系的十二大显著优势。那么，为什么中国的制度具有显著的优势，也能够带来优良的治理绩效，却没有产生相应程度的制度自信呢？

原因在于评价标准！确切地说是采用何种评价标准以及这一标准掌握在谁手上的问题！一些西方学者和政客按照西方历史上形成的政治标准来衡量改革开放时期中国的政治发展，认为中国的改革主要是经济体制的改革，政治体制基本没有变化。这是一种深刻的误解。其实，在经济社会发展的同时，国家的政治制度也发生着巨大的变革，

---

❶ 国家统计局．中华人民共和国 2019 年国民经济和社会发展统计公报［N］．光明日报，2020-02-29（7）．

❷ 习近平．习近平谈治国理政：第二卷［M］．北京：外文出版社，2017：36.

❸ 甘阳．文明　国家　大学［M］．北京：生活·读书·新知三联书店，2018：52.

而且这种变革对经济社会发展具有巨大的促进作用。❶ 西方国家经过几百年的发展，制度已经大致定型。中国自从鸦片战争以来，抛弃传统的帝制，融入现代世界，构建现代国家，一直都在经历剧烈的政治制度变革，尤其是改革开放这四十多年的时间，政治制度变革的速度更快。可以说，中国这几十年来的经济快速发展，很多方面都是通过政治制度变革释放出来的。

中国的政治改革在很大程度上是一种治理变革，这是一种以政府治理或政府管理体制为重点内容的改革。❷ 俞可平教授曾详细梳理了改革开放三十年中国在国家治理方面的巨大变迁：从一元治理到多元治理、从集权到分权、从人治到法治、从管制型政府到服务型政府，从党内民主到社会民主。❸ 正是这些变迁，使中国在追求善治的道路上取得了巨大的进步。

这些治理改革在推动政务公开、提高行政效率、改善公共服务、建设责任政府等方面发挥了巨大的作用。这种治理改革所取得的成就正是产生制度自信最重要的依据。❹

然而，这种治理优势和治理绩效并没有产生相应的制度自信。当前中国人构建制度自信的需求之所以如此迫切，首先，因为评价国家治理优劣的标准是由西方人制定的，而中国当下的制度体系并不完全符合这种标准。西方人认为优良的治理体系必须具有竞争性的选举制度，以及由此衍生出来的政党、权力制衡、司法独立等一系列制度体系。虽然中国的治理体系并不符合这一标准，但这却不应该成为中国人不自信的理由。因为民主的实现形式并不只有竞争性选举这一种，只要符合本国实际，并且能够取得优良的治理绩效，民主形式一样可以是多元的，国家治理也是优良的。

其次，制度自信的构建是一个涉及实践和理论的重大、复杂问题。所谓“实践”，是指这一制度符合国家发展实际，能够取得良好

❶ 俞可平. 论国家治理现代化［M］. 北京：社会科学文献出版社，2014：77.
❷ 俞可平. 论国家治理现代化［M］. 北京：社会科学文献出版社，2014：78.
❸ 俞可平. 论国家治理现代化［M］. 北京：社会科学文献出版社，2014：80.
❹ 俞可平. 论国家治理现代化［M］. 北京：社会科学文献出版社，2014：156.

的治理绩效。这种实践上的客观结果，能让制度体系内的人对这一制度产生强烈认同和充满信心。所谓“理论”，是指不管这一套制度体系在治理过程中出现何种问题，生活在这一制度体系内的人都能通过一套认识模式和价值标准对这一制度保持忠诚，充满认同和信心，并愿意进行必要的辩护。

通过比较可以发现，从实践上来说，我们有充足的理由构建自身的制度自信；然而从理论上来说，我们却明显处于一种失语的状态。所以，当前我们构建自己的制度自信，最大的障碍就是对西方政治价值标准的盲从和迷信。正如有的学者所说：“要真正坚定‘制度自信’，不但要深化对中国特色社会主义制度‘特色’‘优势’的认识，发展和完善中国特色社会主义制度，而且应从根本上放弃一切‘制度他信’，实现从‘制度他信’到‘制度自信’的根本转变。”❶ 旨哉斯言。

这里面其实还涉及一个更深层次的事实判断与价值判断关系的问题。事实判断是实际是什么的问题，价值判断是人主观认识上应该是什么的问题。问题的关键在于，世界上的事并不总是能从事实判断导向价值。人总是从纷繁复杂的事实中选择有利于自己价值判断的事实来论证自己的价值取向。人们对世间任何事物的认识都是掺杂着价值取向、事实依据和披着偏好外衣的事实依据。而事实不过是价值形塑自身的材料，人追求的是价值，而不是事实。我们今天对制度的认识也是这样。从事实上看，我们有足够的理由建立自信；从价值上看，我们又没有那么自信。所以，今天制度自信的构建，说到底是一个价值判断的问题，是一个思想方式的问题，其来源就是在我们的价值判断中有一种对西方政治制度与理念的迷思。

如何破除这种顽强的对西方政治制度和理念的迷思？如何真正地从“制度他信”转向“制度自信”？要解决这一问题，首先需要追溯中国人对西方政治的迷思是如何形成的。

---

❶ 邹升平．从“制度他信”到“制度自信”的转变［J］．理论探讨，2014（3）：34.

二、祛魅与超越[1]：打破对西方政治理念和制度的迷思

抗战时期，北大校长蒋梦麟旅居边城昆明，描述当时“炸弹像冰雹一样从天空掉下，在我们周围爆炸，处身在这样的一次世界大动乱中，我们不禁要问：这些可怕的事情究竟为什么会发生呢？”[2] 为了弄清这些事情的原委，蒋梦麟以自身经历为基础，追溯中国自鸦片战争开始以来的百年历程，写下了回忆录《西潮》一书。他把自己的回忆录命名为《西潮》，这是非常具有象征意义的。无疑，蒋梦麟认为近代推动中国变革的最大力量就是这股“西潮”。那么，西方的势力为什么能做到这一点？“西潮”为什么能占据当时中国人思想意识的主导地位？这就要从中西文化差别的性质说起。

（一）西方文化优越观的确立：由蔑视到仰视

1920年，在美国留学的冯友兰曾与印度文学家、思想家泰戈尔讨论过一次东西方文化的关系问题。冯友兰问了这样一个问题：“我近来心中常有一个问题，就是东西洋文明的差异，是等级的差别（difference of degree），还是种类的差别（difference of kind）？”泰戈尔回答说：“此问题，我能答之，它们是种类的差别。西方的人生目的是‘活动（activity）’，东方的人生日的是‘实现’（realization）。”[3] “种类的差别”，就是地区、民族的差别；“等级的差别”，就是发展程度的差别。“种类的差别”彰显的是不同的特色和个性，“等级的差别”则有先进和落后之分。

泰戈尔的观点是在当时东方知识分子中比较流行的一种看法。大概在同一时期，中国哲学家梁漱溟的《东西方文化及其哲学》出版了。他认为，中、西、印文化虽然差别明显，但这一差别与发展程度

---

[1] “祛魅与超越”这一题目引自王绍光的著作《祛魅与超越：反思民主、自由、平等、公民社会》一书，这一观点颇能表达今天我们对西方文化的态度。王绍光. 祛魅与超越：反思民主、自由、平等、公民社会［M］. 中信出版社，2010.

[2] 蒋梦麟. 西潮［M］. 沈阳：辽宁教育出版社，1997：前言.

[3] 冯友兰. 三松堂学术文集［M］. 北京：北京大学出版社，1984：12.

无关，完全是由不同的生活路向导致的。西方文化是以征服自然、改造环境为路向的；中国文化是以意欲自为调和、持中为路向的；印度文化是以意欲反身向后为路向的。而世界未来的文化，应当到中国文化的路上来，到孔子所提倡的生活的路上来。

但是，冯友兰并不完全认同他们的观点，他认为中国文化与文艺复兴之前的欧洲文化相比还处在一个水平，但是现在中国却已经落后，而“西方各国已经是新的”❶。20 世纪 30 年代，他去欧洲考察，对东西方文化差异的性质理解得更为深刻，终于明确“认识到所谓东西之分，不过是古今之异”❷。“古今之异”就是传统与现代的区别，也就是先进与落后的区别。所以，“所谓西化，应该说是近代化。”❸而冯友兰的这一认识，其实是近代以来大部分中国知识分子的共同看法。

那么，西方现代文化究竟比东方文化先进在什么地方？对此，马克思、恩格斯在《共产党宣言》中有着深刻、明确的论述，他们说：“资产阶级，由于一切生产工具的迅速改进，由于交通的极其便利，把一切民族甚至最野蛮的民族都卷到文明中来了。它的商品的低廉价格，是它用来摧毁一切万里长城、征服野蛮人最顽强的仇外心理的重炮。它迫使一切民族——如果它们不想灭亡的话——采用资产阶级的生产方式；它迫使它们在自己那里推行所谓的文明，即变成资产者。一句话，它按照自己的面貌为自己创造出一个世界。”❹

鸦片战争后，入侵中国的就是这一横扫全世界的、被工业资产主义武装起来的强大西方。马克思后来在《中国革命与欧洲革命》等文章中，详细描述了天朝上国的威灵在西方坚船利炮的攻击下，是如何像迅速腐朽的。面对这一强大力量，中国只有向其学习，引进它的文

---

❶ 冯友兰．三松堂学术文集［M］．北京：北京大学出版社，1984：23.

❷ 冯友兰．冯友兰自述［M］．北京：中国人民大学出版社，2004：79.

❸ 冯友兰．冯友兰自述［M］．北京：中国人民大学出版社，2004：79．此处的“近代化”即英文中的 modernization，其意义相当于今天的“现代化”。

❹ 马克思，恩格斯．马克思恩格斯文集：第二卷［M］．北京：人民出版社，2009：35 -36.

化，采用它的生产方式，舍此之外，别无他途。由于对西方的力量认识不深刻，再加上几千年来形成的骄傲自满心态，一开始中国以为西方人不过是与边疆夷狄类似的落后部族，并不值得学习。但随着在中西冲突中处于劣势，中国人对西方和西方文化的态度发生了急剧的变化。

林则徐、魏源作为开眼看世界的最初的一批人，提出的“师夷长技以制夷”的口号，还以传统的天下观为依据，将西方人称为“夷”；但到了曾国藩、李鸿章一代，就已经开始使用相对中性的“洋”，其向西方的学习也被称为洋务运动；到洋务运动后期，已经以稍带崇敬色彩的“西人”来称呼他们，他们的文化也被称为“西学”；戊戌变法后，西方的文化更被尊称为带有褒义色彩“新学”。“西学”既然被称为“新学”，“中学”自然就成为“旧学”。如果说在“中学为体，西学为用”的语境下，“中学”尚不失主体地位，而在新旧对立中，“旧学”就距待弃的敝屣不远了。正如著名学者罗志田所言，至此，中国人从自认为是世界文化的中心逐渐转变到承认自身文化的野蛮，退居世界文化的边缘。结果，从思想界到整个社会都形成了一股尊西崇新的大潮。[1]

不仅如此，在西人的引导和中国人对西方文明认识不断深入的过程中，中国士人逐渐认识到：西方的强大并非只是靠其工艺和科技，其背后尚有更重要的制度和观念。[2] 所以，中国向西方学习就不能是局部地学，而应该是全面地学，工业、科技、制度、观念统统都要向西方学习。在中西冲突失败的压力下，在与西方科学技术的对比下，中国人对自身文化的信心一点点被摧毁，以致思想方式和思维模式被彻底改变。最终，当时中国人评价自己文化是否有价值，也要看这一文化成分是否符合现代西方文化价值，中国人反对西方化也要运用西方的观念和理论资源才能进行。

---

❶ 罗志田．权势转移：近代中国的思想与社会［M］．北京：北京师范大学出版社，2014：9．

❷ 罗志田．权势转移：近代中国的思想与社会［M］．北京：北京师范大学出版社，2014：9．

物竞天择，适者生存。一旦弱小者认为强大者的胜利是由于其文化优越导致的，那弱小者的文化就成为落后低劣的代名词，弱小者对自身文化的信心也被粉碎了。既然如此，为了救亡图存，出洋留学、向西方学习就成为救国的不二法门。1898 年，梁漱溟先生的父亲梁济先生在札记中谆谆劝导子弟以出洋为要，他说："务必以出洋当一件正大要紧之事。勿惜费，勿惮劳，即使竭尽大半家资亦不为过。"❶ 20 世纪初一位留日学生曾问道："中国有何学问适用于目前，而能救我四万万同胞急切之大祸?" 当时的答案是 "惟游学外洋者，为今日救吾国唯一之方针"。❷ 在这种风潮的带动下，西方文化优越论在中国的确立就只是时间问题了。❸

沿着这一逻辑前行，十几年后，新文化运动健将采取了一种更激烈的反传统的观点。他们认为，中国的传统文化与西方的现代文化是不可能综合在一起的。如果需要进行根本改革，唯一的选择就是彻底摧毁中国的传统文化，而代之以西方的现代文化。当时，陈独秀反复表达过一个观点：要在当今的世界上生存，就要建成一个西方式样的国家，而要建成西方式样的国家，就要输入西方的思想信仰。所以，"对于与此新社会新国家新信仰不可相容之孔教，不可不有彻底之觉悟，猛勇之决心：否则不塞不流，不止不行。"❹

由此，向西方学习也成为中国前途命运的唯一方向，西方文化成为真理的象征、文明的标志、先进文化的代表。西方的事物和制度在中国获得了无与伦比的正面价值，以至于当有西方人如杜威、罗素等人提倡保存中国的文化传统时，都会遭到提倡西化的中国知识人的反对。胡适在 1926 年就尖锐地批评这些西方学者 "既要我们现代化，

---

❶ 林毓生. 中国传统的创造性转化 [M]. 北京：生活 · 读书 · 新知三联书店，1988：208.

❷ 廖正华. 劝同乡父老遣子弟航洋游学书 [G] //张枬，王忍之. 辛亥革命前十年间时论选集：第 1 卷. 北京：生活 · 读书 · 新知三联书店，1960：381 –384.

❸ 罗志田. 权势转移：近代中国的思想与社会 [M]. 北京：北京师范大学出版社，2014：23.

❹ 林毓生. 中国意识的危机："五四" 时期激烈的反传统主义 [M]. 穆善培，译. 贵阳：贵州人民出版社，1986：119 –120.

又要我们不放弃‘传统的’美妙事物。”[1] 毛泽东在总结中国近代历史时，也说那时中国人的普遍信仰是“要救国，只有维新，要维新，只有学外国”[2]。至此，中国人认为西方文化优越的思想意识正式形成。“凡是外国的都是好的”[3]，成了国人特别是知识分子的普遍心态。

中华人民共和国成立后，建立了先进的社会主义制度，而且评价我们事业和制度的标准也由“西方化”转变为“现代化”[4]，但现代化发展依然是以当时最先进的西方国家为发展方向。所以，现代化标准的确立并没有改变中国人思想意识中的西方文化优越论。改革开放后重新打开国门，中西差距之大再次给国人以巨大的心理冲击，20世纪90年代后市场化改革的加速，更使西方文化的影响力达到无以复加的程度。中国人自信心很低，到处都想着与西方接轨。[5]

可以说，西方文化优越论这一思想意识自20世纪初形成以来，就一直是中国人评价中西制度和文化的最主要的价值标准，也是今天我们构建制度自信最主要的障碍。今天，是改变这一自我矮化、自我“殖民化”现象的时候了。

（二）反思现代性与反对西方文化霸权：由仰视到平视

就在新文化运动如火如荼进行时，1918年年底，梁启超携蒋方震、丁文江等六人赴欧洲游历，并声援正在参加巴黎和会的中国代表团。到达欧洲后，梁启超深为战后欧洲的破败景象与民气低沉所震

---

[1] 罗志田．权势转移：近代中国的思想与社会［M］．北京：北京师范大学出版社，2014：4.

[2] 毛泽东．毛泽东选集：第三卷［M］．北京：人民出版社，1991：1470.

[3] 罗志田．权势转移：近代中国的思想与社会［M］．北京：北京师范大学出版社，2014：40.

[4] “现代化”这一名词中国在20世纪30年代就已经出现，但中华人民共和国成立之后才被确立为国家的发展目标，而只有到改革开放后，有关现代化的学术研究才步入正轨。现代化研究在20世纪五六十年代成为社会科学研究中的显学，八九十年代传入中国，也成为中国学界关心的中心问题。具体梳理见罗荣渠．现代化新论：世界与中国的现代化进程［M］北京：商务印书馆，2009.

[5] 甘阳．文明 国家 大学［M］．北京：生活·读书·新知三联书店，2018：114.

惊，回国后撰写了《欧游心影录》一书。在这本书中，他首先描述了第一次世界大战前后的欧洲：物质枯窘、科学万能破产、思想混乱矛盾。“一面从前的理想和信条，已经破坏得七零八落，于是全社会都陷入怀疑的深渊，现出一种惊惶沉闷凄惨的景象。”❶

在欧洲时，一位美国记者问梁启超：“你回到中国干什么事，是否要把西洋文明带些回去?”他说：“这个自然。”美国记者叹口气说：“唉！可怜！西洋文明已经破产了。”他问道：“你回到美国却干什么?”美国记者说：“我回去就关起大门来等，等你们把中国文明输进来救援我们。”❷

所以，在这本书的第二部分，他说中国人要自觉，发掘自身文明的价值，并用其他文明的补助，形成一个新文化系统，这种新文化不仅能救中国，而且能救世界。他说：“我们人数居全世界人口四分之一，我们对于人类全体的幸福，该负四分之一的责任。不尽这责任，就是对不起祖宗，对不起同时的人类，其实是对不起自己。我们可爱的青年啊！立正！开步走！大海对岸那边有好几万万人，愁着物质文明破产，哀哀欲绝地喊救命，等着你来超拔他哩。”❸

梁启超对中国文化的价值和未来估计是否过于乐观，在今天看来是一个有待商榷的问题，但他对第一次世界大战后欧洲的悲观看法还是具有普遍意义的。因为差不多同一时期，欧洲的知识精英也有着相同的感受。在第一次世界大战时期，斯宾格勒构思出了《西方的没落》，该书在1920年出版，迅速风靡欧洲知识界，因为它表达出了普遍存在于欧洲的幻灭情绪。

差不多同时，英国历史学家汤因比开始对希腊罗马历史进行全新的研究，他认为第一次世界大战正如毁灭希腊的伯罗奔尼撒战争一样将欧洲文明拖入了悲惨的境地。他说：“我打算写一部篇幅较短的希腊史和一本部头大得多的、讲述罗马如何毁灭世界的历史。”“我认

❶ 梁启超．欧游心影录［M］．北京：商务印书馆，2014：23.
❷ 梁启超．欧游心影录［M］．北京：商务印书馆，2014：22.
❸ 梁启超．欧游心影录［M］．北京：商务印书馆，2014：52.

为，类比是表达对这场战争体验的最佳方式。”❶ 汤因比由此开始了持续终生的、对世界诸文明命运的探究，并最终写出了《历史研究》这一巨著。

第一次世界大战的确是西方现代文明产生以来遭遇到的最大危机。而对向往和羡慕西方世界、一心一意要向西方学习的中国人而言，这种危机的冲击也是巨大的，“提供美好未来希望蓝本自身出现了大问题”❷。此前，主张向西方学习的梁启超、严复都在不同程度上出现了对西方的失望。而随着西方的危机和分裂，中国人对西方的学习也出现了多元化的趋势，有人仍坚持资产阶级自由主义，有人则转向了社会主义。

此时，西方人也开始更系统地反思自身文明的缺陷，确切地说，就是对现代性的反思。所谓“现代性”，就是启蒙运动以来在西方产生的价值和制度体系，如民族国家形态、工业和服务业主导的现代产业、资本主义生产组织、理性主义精神等。❸ 现代性也指人们对现代社会的体验，以及经由这种体验所表达出来的态度，其中包括一种肯定的态度，即对现代性历程的欢呼雀跃，也包括另一种否定的态度，即现代性进程引发了人的沮丧、忧郁、焦虑、呐喊和反抗，其中一种著名的说法是将现代社会称为“荒原”。❹

现代化是一个正面的历程，现代性何以变成了一个喜忧掺杂、凯歌与诅咒并存的事物？这源于现代性的根基。马克斯·韦伯认为，理性是现代性的一个核心观念，是现代社会组织形式的内在根基。❺ 他认为，现代文明的一切成果和问题都是来源于价值理性与工具理性的紧张和对立。一方面，形式理性产生了理性形态的科学、法律、行政体系以及理性的资本主义劳动组织；另一方面，近代文明生活在本质

---

❶ 麦克尼尔. 阿诺德·汤因比传［M］. 吕厚量，译. 北京：上海人民出版社，2020：131.

❷ 罗志田. 权势转移：近代中国的思想与社会［M］. 北京：北京师范大学出版社，2014：201.

❸ 汪民安. 现代性［M］. 南京：南京大学出版社，2020：8.

❹ 汪民安. 现代性［M］. 南京：南京大学出版社，2020：10.

❺ 汪民安. 现代性［M］. 南京：南京大学出版社，2020：9.

上是以工具理性为取向，受功利主义的支配。现代社会的环境污染、人性迷失、道德堕落，无不与工具理性的片面宰制有关。[1]

西方保守主义大师施特劳斯也认为西方文明正处在危机中，他说："西方的危机在于，西方事实上已经不能确信自己的目标。西方的目标曾经是普遍社会（the universal society）：一种由诸平等民族构成的社会，各民族又由自由平等的男人和女人组成，所有这些民族都可以借助科学提高自己的生产力，从而得到充分的发展。人们认为，科学在本质上有助于增强人的力量并改善人的境况，科学会带来普遍的富裕。"[2] 对施特劳斯而言，现代性意味着相信科技的进步可以解决社会和人生中的一切苦难而不再需要个人的自我节制和约束。很明显，现代性是建立在人对自身理性和科技盲目自信的基础上的。任何时代，谦逊、节俭、敬畏自然都是可贵的美德。

苏联解体、东欧剧变之后，西方世界自以为自由、民主已经达到人类的价值巅峰，弥漫着一股普遍的而浅薄的乐观情绪。然而，即使在这时，仍有不少见解深刻的思想家对以西方为代表的现代社会展开了锋芒毕露的批判。如加拿大麦吉尔大学的查尔斯·泰勒就认为，现代社会中的个人主义、原子主义和中央集权现象三者的纠缠已经导致其出现了难以解开的"现代性的别扭"。其具体表现就是无所依归的迷茫个人、屈从于技术压力的人性和道德情感，以及过度专注于私人生活所导致的现代模式的专制主义。[3] 这里的现代专制主义是过于关注个人生活的个人主义与现代民族国家中的中央集权共同作用的结果，它虽然没有古代专制主义的强制与严酷，但依然是被引导、被构建出来的。

---

[1] 陈来. 人文主义的视界［M］. 南宁：广西教育出版社，1997：250－251。这里有几个名词，简单梳解如下：价值理性也可以称为实质理性，即人只注重行为所代表的价值，如公平、正义、忠诚、荣誉等能否实现，而不在意价值实现的手段与后果。工具理性，是指通过精确计算的方法可以最有效达到目标的理性。形式理性关注的是不同事物之间的逻辑性，具有普遍性、客观合理性的特点。

[2] 施特劳斯. 西方民主与文明的危机［M］. 刘小枫，选编. 北京：华夏出版社，2018：4－5.

[3] 韩水法. 泰勒与多元文化主义［J］. 读书，1998（7）：76－77.

所以，尽管西方世界有强大的国力，特别是强大的武力，但西方并非是一个毫无瑕疵的理想世界。西方的价值理念并不是真理的代表，西方的制度并不是没有缺陷的模板。当然，更不像福山所说，自由民主是人类价值的巅峰，它的实现代表着历史的终结。无论是在历史上还是现实中，西方世界都存在各种各样的问题，其价值理念与制度结构也存在难以克服的内在矛盾。这些问题和矛盾一样会把西方世界拖入濒临灭亡的境地。

既然西方世界也存在种种问题，我们还有必要学习西方吗？客观而言，的确有必要，因为现代文明毕竟是从西方世界发展出来的。但学习，并不需要盲从甚至迷信，如同对待传统一样，对待西方，我们也应该科学地认识、分析地引进、批判地借鉴。

从现代性的角度反思西方文化优越论的虚妄，只是问题的一个方面，另一方面，今天在中国人头脑里占据主导地位的西方文化优越论并不完全是西方世界的客观反映，而是西方人主动传播、主动构建的结果。这是因为帝国主义要全面控制被侵略国，除了在政治、经济上的支配，文化控制权也很重要。而像近代中国这种半殖民地国家，由于不能采用直接破除的方式，西方人表现其文化权势和优越性就更为重要了。[1] 只有让中国人也认同西方文化是一种远超中国传统文化的文化，确立西方文化在中国的优越地位，才能达到一种深层次的对中国的控制。

19 世纪中叶，中西双方都认为自己的文化优于对方。因此，中西文化竞争的第一步就是要证明自身的文化优于对方，而最终还是落实于谁能使对方改变其思想方式。[2] 而这时，中国文化的劣势就显现出来了，因为中国文化在基于国力竞争的现代世界中，的确没有说服西方人的思想工具。

充当文化侵略急先锋的西方传教士很快就发现了能够改变中国人

[1] 罗志田．变动时代的文化履迹［M］．上海：复旦大学出版社，2010：5.

[2] 罗志田．权势转移：近代中国的思想与社会［M］．北京：北京师范大学出版社，2014：3－4.

思想方式的武器：科学。传教士林乐知说，引进科学的特别价值在于可以“根绝和摧毁他们对自己关于世界和自然理念的信心”。❶ 而传教士所展示的科学实验，也的确达到了目的，成功地让中国士人目瞪口呆。当中国人了解到科学与轮船、铁路、电报等现代工具不过是科学的产物，而科学才是西方富强的基础时，他们的心态就开始改变了。❷ 西方在中国知识分子那里成了先进的代名词，其对西方的态度也由蔑视排斥转为崇敬接纳。

到19世纪末期，一部分开名士人主动寻找西学书籍，探究富强救国之道。而且，中国士人被西学慑服之后，开始自办刊物和自译西书，逐渐成为传播西学的主体。西方对中国的文化渗透终于得到了中国人的主动配合。1898年，立德信心满满地说：“西方思想方式取得控制地位的日子一定会来到。”❸

果不其然，随着严复翻译的《天演论》风靡全国，西学在中国传播的规模越来越大，地位也越来越重要，直至新文化运动时期，出现了“全盘西化”这样的主张。而且20世纪以来，知识分子提出的各种救国救文化的主张，如自由主义、民主主义、无政府主义、社会主义无一不来自西方。中国人的头脑成了外国思想观念的“跑马场”。正如著名学者甘阳所说，自新文化运动以来，整个人文社会科学，从范畴、概念、语词、理论到架构，都完全是西方的。❹

然而，真正的问题在于，世界上是否只有西方一条发展道路，只有西方理论这一套价值观念。事实是，西方主流社会理论一旦转化成一种被普遍宣传和接受的主流意识形态，不但以往的历史将被大大曲解，人类的想象力和历史多重可能性也就常常被无情地扼杀。❺ 如果

---

❶ 罗志田．权势转移：近代中国的思想与社会［M］．北京：北京师范大学出版社，2014：18－19.

❷ 罗志田．权势转移：近代中国的思想与社会［M］．北京：北京师范大学出版社，2014：20.

❸ 罗志田．权势转移：近代中国的思想与社会［M］．北京：北京师范大学出版社，2014：24.

❹ 甘阳．文明　国家　大学［M］．北京：生活·读书·新知三联书店，2018：162.

❺ 甘阳．文明　国家　大学［M］．北京：生活·读书·新知三联书店，2018：92.

硬要用西方的分析框架来解释纷繁复杂的现实世界，只会使我们希望了解的现实世界遭到扭曲。❶

所以，现在是打破西方中心主义和文化霸权，终结长期以来西方政客与媒体以世界道德法官自居的时代了。中国人应该从把西方的傲慢与偏见当作真理与事实的思想方式中解放出来❷，重拾文化自信，重新确立中国文化的主体地位。中国必须摆脱马克思在《路易·波拿巴的雾月十八日》中所说的“他们无法表述自己；他们必须被别人表述”的尴尬境地。

因此，有的学者提出中国需要“第二次思想解放”。第一次思想解放是从以一种非常粗暴、简单化的方式全盘否定西方转变到大规模地学习西方，❸ 但是它同时也创造了自己的新的迷信，即对西方的迷信。所以，当下的中国再启蒙，应从西方和美国模式中解放与摆脱出来，这就是第二次思想解放❹。两次思想解放是相辅相成的，没有第一次思想解放，就不会有第二次思想解放。两次思想解放从本质上来说，都是要打破对西方的偏见，第一次打破的是对西方的盲目无根的忽视、无视、蔑视，第二次打破的是对西方盲目无根的盲信、迷信、偏信。无论是无视还是迷信，其实都是从情感和价值偏见出发，而不是从事实出发，对事物做出的客观评价，都是一种不理性、不成熟的表现。正如斯宾诺莎所说，不要哭，不要笑，只要理解。

第二次思想解放，就是要在相当深刻地理解西方的基础上进行甄别、判断，根据自己的眼光来看它们各种各样的模式和理论，看它们和我们中国的相似性到底如何。❺ 哪些模式和理论可以为我所用，可用到什么程度，即便可用又如何使用，要回答这些问题，无疑都需要进行艰苦的研究。只有经过艰苦的研究，我们才能做到不再无条件地

---

❶ 王绍光．祛魅与超越：反思民主、自由、平等、公民社会［M］．香港：三联书店（香港）有限公司，香港浸会大学当代中国研究所，2010：12.

❷ 甘阳．文明　国家　大学［M］．北京：生活·读书·新知三联书店，2018：199.

❸ 甘阳．文明　国家　大学［M］．北京：生活·读书·新知三联书店，2018：135.

❹ 甘阳．文明　国家　大学［M］．北京：生活·读书·新知三联书店，2018：135.

❺ 甘阳．文明　国家　大学［M］．北京：生活·读书·新知三联书店，2018：136.

盲从盲信西方的一切，而是用中国人自己的头脑去分析和看待问题。所以，没有第二次思想解放，就不可能有中国道路。[1]

无疑，打破近代以来根深蒂固的对西方的迷信，是我们今天坚持和加强制度自信的基本前提。

（三）对西式民主制的反思

打破对西方模式和价值的迷信，作为一种自觉意识，是近代中国思想意识发展史上的重大进步。这种意识要落到实处、取得实效，还需要开展对西方的艰苦研究。在这方面，中国学者已经取得了一些成绩，尤其是在西方人自诩为最先进的自由民主制上。因为自由民主制是西方制度的主干，而西方批评我们最多的是说我们没有民主制，确切地说是没有竞争性的选举制度。然而，竞争性的选举制度就是民主制吗？民主是否只有这一种形式？这就要从民主的本意和源头说起了。

“民主”起源于古希腊，英文单词“democracy”由“demos”（人民）和“cracy”（统治）组成，其含义是“统治归于人民”，确切地说，就是由全体人民平等地、无差别地参与国家决策和进行国家管理。[2] 然而，正因为民主制的这种性质，很长时间以来，人们并不认为民主是一个“好东西”，它被看作是一个“旨在维护穷人利益而非公共利益的政体形式”[3]。

柏拉图认为“真”“善”这些人类的优秀品质并不是来源于多数人，而是来源于一小部分天资聪慧的饱学之士，强调所有公民的平等无异于摧毁人类的优秀品质。亚里士多德认为，民主制可能导致穷人干坏事，如不尊重财产权，甚至出现暴民政治，发动骚乱。[4] 所以，希腊古典时代的著名文人，如苏格拉底、柏拉图、阿里斯托芬等，都

---

[1] 甘阳. 文明　国家　大学［M］. 北京：生活·读书·新知三联书店，2018：138－139.

[2] 王绍光. 民主四讲［M］. 北京：生活·读书·新知三联书店，2008：2.

[3] 亚里士多德. 政治学［M］. 吴寿彭，译. 北京：商务印书馆，1965：202.

[4] 王绍光. 祛魅与超越：反思民主、自由、平等、公民社会［M］. 香港：三联书店（香港）有限公司，香港浸会大学当代中国研究所，2010：129.

对民主制倍加揶揄，认为民主制在雅典的实现是希腊政治衰败的表征。而对于伯罗奔尼撒战争之后的雅典乱象，民主制的确也难辞其咎❶。可见，柏拉图、亚里士多德等大思想家向往的理想政治制度基本上都是具有共和色彩的贵族制。

罗马共和时代的人也不愿意采用“民主”这个词来称呼自己的体制。罗马政体的拥护者波里比阿认为，罗马的共和制（repulic），是吸收了君主制、贵族制和民主制三者优点的混合制。中世纪意大利的城邦共和国也不认同民主制，托马斯·阿奎那曾说过：“民主就是一种平民政体，其中民众仅仅靠着人多势众便压榨富人，结果使全体人民都变成了暴君。”❷

近代以来，启蒙思想家也不喜欢民主。洛克在日记中写道，由于大多数人沉迷于激情和迷信，人类的未来绝不能由多数人掌握，只能由少数开明者掌握。康德同意这种看法，他认为民主一是种不合理的政治制度，因为它不是建筑在理性的基础上，而是建筑在多数的随意性上。❸ 目睹法国大革命的狂暴与血腥的柏克直言法国“正沿着一条笔直的道路迅速地变成一种有害而不光彩的寡头政治”，并大骂“纯粹的民主制就是世界上最无耻的东西”❹。

然而，民主的时代毕竟到来了。19 世纪三四十年代，英国出现了以争取男性普选权为主要诉求的宪章运动。1848—1849 年，法国、普鲁士、奥地利、意大利、匈牙利也相继爆发了民众广泛参与的革命。正是在这一背景下，英国自由主义思想家约翰·穆勒不情愿地说：“尽管知识阶级中没有人喜欢它，民主还是不期而至。”❺ 托克维尔也

---

❶ 罗伯兹．审判雅典：西方思想中的反民主传统［M］．晏绍祥，等．长春：吉林出版集团有限责任公司，2015：98．

❷ 邓恩．民主的历程［M］．林猛，等译．长春：吉林人民出版社，1999：72 - 73．

❸ 王绍光．祛魅与超越：反思民主、自由、平等、公民社会［M］．香港：三联书店（香港）有限公司，香港浸会大学当代中国研究所，2010：130 - 131．

❹ 王绍光．民主四讲［M］．北京：生活·读书·新知三联书店，2008：25．

❺ 王绍光．祛魅与超越：反思民主、自由、平等、公民社会［M］．香港：三联书店（香港）有限公司，香港浸会大学当代中国研究所，2010：132．又见王绍光．民主四讲［M］．北京：生活·读书·新知三联书店，2008：32．

认为随着经济繁荣、教育普及、交通便利的发展，民主是不可逆转的历史潮流。

所以，接下来，欧美政界和知识界要考虑的就是如何驯服狂暴的民主制，如何对民主做无害化处理，他们找到的办法有代议民主、自由民主、多元民主等。所谓代议民主，即议会民主，是以选举出的代表代替民众的直接参与，用少数来取代多数。自由民主，是指自由主义者对民主制施加的限制，他们主张不仅要对君主权力进行限制，对民主权力也要进行限制，要限制“多数的暴政”❶，实现有限政府。多元民主，则认为民主是不同利益集团之间的竞争，民主主要是精英民主。❷ 总之，民主是一匹刚烈的野马，有必要为它套上各种各样的缰索。

在这种情况下，就需要重新定义民主了。1942 年熊彼特在《资本主义、社会主义和民主》一书中给民主下了一个程序性定义：“一些个人通过竞争人民选票来获得决策权的制度安排。”❸ 这一定义彻底颠覆了民主的原意，“民主”完成了从“人民统治”向“人民选择统治者”的转型：“人民”变成了“选民”；“民主”变成了“选主”。从此，有没有竞争性的选举制度成为评判一个政体是否民主的最重要甚至唯一标尺。❹ 之后，民主不再是关于人民当家做主的问题，而是把民众的参与仪式化了。❺

然而，将民主化约为竞争性的选举制度是否失掉了民主的本意？早在 18 世纪末，卢梭就对代议制的基本假设提出强烈质疑❻。他说：“英国人民自以为是自由的，他们大错特错了。他们只有在选举国会

---

❶ 这是托克维尔提出的著名观点，其中饱含了他对民众非理性精神的不信任，也反映了他对民主制的理性客观态度。

❷ 王绍光. 祛魅与超越：反思民主、自由、平等、公民社会［M］. 香港：三联书店（香港）有限公司，香港浸会大学当代中国研究所，2010：133－145.

❸ 熊彼特. 资本主义、社会主义和民主［M］. 吴良健，译. 北京：商务印书馆，1999：394.

❹ 王绍光. 民主四讲［M］. 北京：生活·读书·新知三联书店，2008：45.

❺ 王绍光. 祛魅与超越：反思民主、自由、平等、公民社会［M］. 香港：三联书店（香港）有限公司，香港浸会大学当代中国研究所，2010：141.

❻ 王绍光. 民主四讲［M］. 北京：生活·读书·新知三联书店，2008：45.

议员期间才是自由的，议员一旦选出之后，他们就是奴隶，他们就等于零了。”❶ 2008 年，哈佛大学法学院拉尼·吉尼尔（Lani Guinier）在美国重要法律期刊《现代法律评论》上发表了一篇文章《超越选主：重新思考作为强大陌生者的政治代表》，在文中他造了一个英文词“Electocracy”，也就是以选举为特征的制度。❷ 同年 12 月，一批学者齐聚普林斯顿大学开会，会议主题是“超越选举：新代表行使的民主正当性”，讨论的也是选举以外实现民主的其他形式。❸ 民主与选举并不是一回事，选举偷窃了民主的本意。

之所以这样说，是因为选举民主带有明显的“贵族”“寡头”色彩。在选举制度中能够影响选举结果的因素非常多，既取决于选举制度的设计、国内外对选举人的支持度，还取决于候选人选取的竞争策略和占有的资源，如金钱、知名度、长相、口才、演技等。竞争性选举使经济和知识精英更容易脱颖而出，但限制了大多数人的参政机会。这样的制度无论多么开放、自由、激烈，也难以称得上是真正的民主。❹

卢梭在《社会契约论》一书中写道：“就民主制这个名词的严格意义而言，真正的民主制从来就不曾有过，而且永远也不会有。”❺ 这是因为他认为多数人统治少数人是违反自然秩序的。但如果细读《社会契约论》就会发现，卢梭认为真正的民主制很难实现，更根本的原因在制度设计上，现实中没有一种制度能够完全实现民主的真谛。当然，这也意味着，在实现民主的制度探索上是没有止境的，也是开放的。选举民主只是世界在实现民主的制度探索中的一个阶段性成果，

---

❶ 卢梭. 社会契约论［M］. 何兆武，译. 北京：商务印书馆，2003：121.

❷ Lani Guinier. Beyond Electocract: Rethinging the Political Representative as Powerful Stranger［J］. Modern Law Review, 2008 (1): 1－35. 此文已经翻译为中文，副标题与英文版稍有不同。拉尼·吉尼尔. 超越选主：反思作为陌生权贵的政治代表［J］. 欧树君，译. 北大法律评论，2012 (2): 597－630.

❸ 王绍光. 祛魅与超越：反思民主、自由、平等、公民社会［M］. 香港：三联书店（香港）有限公司，香港浸会大学当代中国研究所，2010：285.

❹ 王绍光. 民主四讲［M］. 北京：生活·读书·新知三联书店，2008：53－54.

❺ 卢梭. 社会契约论［M］. 何兆武，译. 北京：商务印书馆，2003：84.

不排除未来会出现更能体现民主真谛的制度设计。

如何才能超越选举民主，实现真正的民主？著名政治学者王绍光提出了以下几点建议：用抽签替代选举，增强民众政治参与的力度❶；加强商议，提高民众政治参与深度；利用现代电子技术，提高民众政治参与的广度；超越政治民主，将民主的原则适用于更广泛的范围。❷当前，人们不应该被选举民主禁锢了想象力，应该在真正的民主原则下，探索更充分地实现民主的形式，这也是接下来中国人应该做的。

当然，上面所说的只是问题的一个方面，即民主制作为一种制度本身存在的弊端，以及选举民主在实现真正民主方面存在的问题。然而，即使选举民主在实现民众的参政议政方面没有局限性，也并不代表它适用于世界上的所有国家。这一点可以在美国强行输出其民主模式的诸多失败案例中看得很清楚。

菲律宾曾经是美国的殖民地，其宪法完全是仿照美国宪法制定的，并且得到了时任总统罗斯福的批准。根据宪法，菲律宾除了不实行联邦制，其政体与美国一模一样。但是就是这一制度，也没有让菲律宾逃过马科斯二十一年的独裁。人民力量推翻马科斯之后，1987 年制定的宪法仍然与美国宪法高度相似，依然没有让菲律宾避免长期的纷争、贫穷与动荡。

另一个与美国制度高度相似的国家是非洲的利比里亚。利比里亚的国名（Liberia）原意为“自由”（Liberty），它是美国在 1821 年建立的殖民地，目的是将获得自由的黑人遣返回非洲。1847 年，利比里亚独立，制定了一部以美国宪法为蓝本的宪法，几乎完全照搬了美国的制度。然而，自利比里亚建国后，政治权力长期被美裔利比里亚人所掌握，直到 1980 年才将其推翻，随后经历了持续二三十年的内战。

---

❶ 从形式上来说，抽签是最民主的形式。孟德斯鸠曾说过：“以抽签来进行选举，乃是民主制的本性。”见《论法的精神》第二卷第二章。卢梭也对抽签与选举的优劣进行过认真的反思，见《社会契约论》第四卷第三章。

❷ 王绍光. 民主四讲［M］. 北京：生活·读书·新知三联书店，2008：245－256.

至今，利比里亚仍是全世界最不发达的国家之一。[1]

为什么会出现淮橘为枳的现象？对此，亨廷顿在《文明的冲突与世界秩序的重建》一书给出了颇具启发性的答案。亨廷顿认为，21世纪所有国家都面临一个共同的问题，即这个国家的“现代国家形态”是否与其固有“文明母体”具有亲和性，是否能植根于其固有的文明母体。他认为如果一个现代“国家”不能植根于她原先固有的“文明母体”，而是千方百计地与自己的文明母体断绝关系，力图想“换种”而进入一个本不属于她的“其他文明母体”，这个“国家”就必然会成为一个“自我撕裂的国家”，在文明的认同上无所适从，其前途多半是令人沮丧的。[2]

亨廷顿的观点其实是想说，政治制度能否有效运转，要受制于当地的政治文化。而政治文化无疑又是被社会普遍接受、世代相传的态度、价值和知识体系的一部分。所以，借鉴任何外来的制度，首先要看其是否能与本国的政治文化相适应。这也正是西方世界强行输出民主，但最终往往却水土不服的原因。

舍弃自己的文明母体、一心一意向西方学习，做得最彻底的国家是土耳其。第一次世界大战结束后，土耳其奉行凯末尔主义，废除伊斯兰旧俗与政治制度，全面引进西方的各项制度，力图融入西方，实现现代化。但差不多一百年后，土耳其却由于欧盟迟迟不愿接纳其为成员国，导致精神上产生无所归宿的极端沮丧感，[3] 由此出现了一股强劲的伊斯兰复兴的潮流。今天土耳其正在逐渐背离那种全盘西化的凯末尔主义，伊斯兰主义政党“正义发展党”已经连续在土耳其执政接近二十年，就是这一趋势的象征。

当然，除了土耳其，世界其他地区，如俄罗斯、印度、伊朗等国都出现了强劲的本国文明复兴的浪潮。中国现在大力提倡和强调优秀传统文化和实现中华民族的伟大复兴，正是这股世界潮流的一部分。

---

[1] 菲律宾与利比里亚这两个案例是王绍光《民主四讲》（第94－95页）介绍的，本书这里添加了一些资料，论证的目的还是一样的。

[2] 甘阳. 文明　国家　大学［M］. 北京：生活·读书·新知三联书店，2018：4.

[3] 甘阳. 文明　国家　大学［M］. 北京：生活·读书·新知三联书店，2018：9.

可以想象，中国的民主制一定不是西方的翻版和拷贝，而是在中国政治土壤中生长出来的、具有中国特色的制度。

三、中国道路、中国学派与制度自信

只有打破对西方制度和理念的迷思，才能确立中华文明的主体性，才会有更高程度的走中国国家治理发展道路的理论自觉，才能发展出具有中国特色、中国风格的哲学社会科学的中国学派，最终才能构建出对中国制度的自信。

（一）确立自主的国家治理发展道路

近代以来，中国历史发展得出的最大经验教训就是，无论革命还是建设，都要走自己的路。近代中国人在寻找国家出路的过程中，走过日本、德国的路，走过英、美的路，走过苏联的路，最终发现还是要走中国自己的路，探索中国革命新道路。中华人民共和国成立后，在中国搞社会主义建设，开始走的是苏联人的路，最后还是在改革开放新时期探索出中国特色社会主义道路。

经济社会发展如此，政治制度建设、国家治理体系和治理能力现代化也是如此。正如习近平总书记在庆祝全国人民代表大会成立六十周年大会上的讲话中所说的："设计和发展国家政治制度，必须注重历史和现实、理论和实践、形式和内容有机统一。要坚持从国情出发、从实际出发，既要把握长期形成的历史传承，又要把握走过的发展道路、积累的政治经验、形成的政治原则，还要把握现实要求、着眼解决现实问题，不能割断历史，不能想象突然就搬来一座政治制度上的'飞来峰'。"❶ 改革开放以来，中国社会长期保持和谐稳定，经济实力、综合国力、人民生活不断跃上新台阶，"这些事实充分证明，中国特色社会主义民主政治具有强大生命力，中国特色社会主义政治发展道路是符合中国国情、保证人民当家做主的正确道路"。❷

---

❶ 习近平. 习近平谈治国理政：第二卷［M］. 北京：外文出版社，2017：285－286.

❷ 习近平. 习近平谈治国理政：第二卷［M］. 北京：外文出版社，2017：288.

正是因为这种自主发展的重要性，我们的国家领导人在多种场合反复强调要尊重各个国家自主选择发展道路的权利，以及坚持走独立自主发展道路的重要性。在选择社会发展道路上如此，在选择国家治理现代化的方式和途径上也是如此。

2013 年 3 月 23 日，习近平总书记在莫斯科国际关系学院发表演讲时说："要坚持国家不分大小、强弱、贫富一律平等，尊重各国人民自主选择发展道路的权利，反对干涉别国内政，维护国际公平正义。'鞋子合不合脚穿着才知道。一个国家的发展道路，只有这个国家的人民才知道。'一个国家的发展道路合不合适，只有这个国家的人民才最有发言权。"[1] 习近平总书记的论述，后来被学者们亲切地概括为"鞋子论"。他以形象的语言论证了一个国家发展道路的选择必须坚持独立自主，必须以本国的国情为基础，自主地选择适合自身的道路。2019 年 10 月，党的十九届四中会通过的决议中再次强调，"完善和发展我国国家制度和国家治理体系，必须坚持从国情出发、从实际出发"。[2] 这就要求我们在制度建设中要注重继承长期形成的历史传统，要以中国的实际国情为依据，进行自主的探索。

所以，对我国而言，就是要打破近代以来形成的对西方制度和理念的迷信，坚持中国的主体性，坚持走国家治理现代化的中国道路。中国走这条道路已经走得非常成功，接下来要在反思、质疑近代以来西方文化优越论的基础上，更加自觉地坚持走这一道路。

如果说之前我们坚持自主发展道路是出于对国家主权的坚持，是出于对中国共产党成立以来成功经验的遵循，那么，进入新世纪以来，特别是在 21 世纪第二个十年，我们坚持独立自主的发展道路多了一份理论上的自觉，更注意把中国的自主发展道路放置在五千年的文明史脉络中去理解。而这一对自主道路在认识上的进步又与近年来中国学术界对国家治理的研究深化紧紧联系在一起，这种深化的一个

---

[1] 习近平. 习近平谈治国理政：第一卷 [M]. 北京：外文出版社，2018：273.

[2] 中共中央关于坚持和完善中国特色社会主义制度推进国家治理体系和治理能力现代化若干重大问题的决定 [EB/OL]. (2019 - 11 - 05) http://www.xinhuanet.com/politics/2019 - 11/05/c_1125195786.htm.

重要表现是越来越自觉地将中国道路与历史传统联系在一起。回归传统、回到中国，是国内政治学研究一个非常明显的趋势，这里以著名学者、华中乡土派代表人物徐勇的研究历程为例进行简单说明。

华中师范大学的徐勇是国内著名的农村治理和中国政治研究专家，因其卓越的研究成绩，曾在2006年为中共中央政治局集体学习讲解中国社会主义基层民主政治建设的相关内容。徐勇在回顾自己的研究历程时曾说他的学术研究大体可以分为三个阶段。第一阶段是20世纪90年代及之前，主要是从理论上探讨中国政治与农村问题，特别是农村村民自治问题，并开始尝试运用田野调查方法；第二阶段是从2000年开始，将农村问题和村民自治置于现代国家建构的框架下加以解释；第三个阶段是2010年后，试图将中国政治与农村问题置于历史的深处，发现制约和影响中国进程的制度底色，并由底色所造就的中国特色，关注在解决国家治理问题中形成的中国路径，[1] 主要成果有《国家治理的中国底色与路径》《关系中的国家》（两卷本）。

2016年，徐勇在《中国社会科学》上发表《历史延续性视角下的中国道路》一文，检讨了近代以来在落后就要挨打的现实下形成的自我否定的历史观，认为这一历史观忽视了对中国历史的理性分析，而既定的西方理论和思维方式也遮蔽了丰富的事实，这一切都不利于对中国的客观认识。但其实中国既有内生活力及其制度基因，也有惰性元素及其基因缺陷，这种活力与惰性在当下具有很强的延续性。这种历史的延续性而非断裂性，为当下的中国道路提供了深厚的历史根基，同时也预示着中国道路是未来的接力创新过程。[2] 现实是历史的延续，我们都生活在历史的延长线上。

所以，我们现在所提倡的“道路自信”不是浅薄的自我陶醉，而是有着深厚历史底蕴的自信。而在此道路上进行的制度建设和国家治理现代化，也要在与西方制度和理论理性对话、比较的基础上，与中

---

[1] 徐勇．国家治理的中国底色与路径［M］．北京：中国社会科学出版社，2018：自序．

[2] 徐勇．历史延续性视角下的中国道路［J］．中国社会科学，2016（7）：20－24．

国自身的传统进行一种“创新型的接续”❶。

（二）构建本土化的国家治理学说

西方文化优越论造成的另一个后果是，中国在国际舆论场和学术界处于一种失语状态。这种失语状态的主要表现是在哲学社会科学领域，尤其是在政治学研究和国家治理学说上，我们所用的概念大多来自西方❷。而且我们对西方学说的反思、与西方理论进行的商榷，也是利用西方的理论工具，在西方的理论体系内进行，基本上还是一种“西与西战”。

当然，现代社会科学是“舶来品”，我们借鉴和利用它们有一定的必然性，但我们也应该充分认识到西方社会科学虽名为“科学”，但其背后自有一套意识形态作为支撑，并没有做到真正的价值中立（value - free）。这套意识形态和价值观很可能使由西方社会科学产生的理论只是一种“地方性知识”，而非西方人自我标榜的具有普世价值。所以，由西方社会科学所进行的中国研究，可能会观察到在传统视域下无法关照到的方面，但也可能会产生对中国无可避免地扭曲认识。

也就是说，西方社会科学作为一面中国人进行自我认识的镜子，可能是一面正常的玻璃镜，也可能是引人发笑的哈哈镜，还可能是遮蔽视野的有色眼镜。近代以来，西方文化优越论和中国人对自身历史传统的否定都与这面镜子有很大关系。

中国人在批判传统政治制度时，最常使用词语是“封建专制”。殊不知这个词包含着对中国历史传统最深的误解。这个词，虽然古已有之，但现在所使用的含义都是在翻译相关西方词语时形成的，都源自西方。下一章将会详细梳理中国人对“专制”的认识，本章先来探讨“封建”一词。

---

❶ 徐勇．历史延续性视角下的中国道路［J］．中国社会科学，2016（7）：23．

❷ 王绍光．祛魅与超越：反思民主、自由、平等、公民社会［M］．香港：三联书店（香港）有限公司，香港浸会大学当代中国研究所，2010：3．

“封建”“封建主义”“封建社会”，差不多是在中国历史研究中含义最为混乱的术语。20世纪五六十年代，“五朵金花”之一的中国古代史分期问题，就源于对“封建”一词理解的歧义。首先，作为一种政治和法律制度的封建就是西欧历史上的封君封臣制度，附带着采邑制度和封臣的一系列权利与义务。这种制度与中国西周时期的封邦建国的分封制度有某些相似之处，日本人当初使用“封建”一词翻译西方历史上的封君封臣制度有一定的合理性。在马克思的学说中，封建制是五种社会生产方式之一，这种生产方式也是与分散的社会政治结构联系在一起的。但在中国的语境中，“封建”主要指一种生产方式、社会形态，“专制”是一种政治制度，“封建专制”就是封建社会的专制政治，但世界上的封建社会无不是一种分散的政治结构[1]。所以，“封建专制”这种畸形话语的产生正是利用西方术语在西方社会理论观照下对中国的误解。

这只是问题的一个方面，另一个方面是由于使用“封建”一词为中国古代史分期，产生了中国历史长期停滞的印象。中国古代史分期的关键问题，是封建社会起于何时，主要的观点有三种：范文澜的西周封建说、郭沫若的战国封建说和何兹全的魏晋封建说，其中战国封建说是官方采用的说法，占据主流。但是，不论采用哪种学说，都意味着中国封建社会的存续时间比欧洲的封建社会要长。也就是说，中国社会长期停滞于封建状态下，由此产生了西方进步、中国停滞的印象。魏晋封建说的提出，正是有感于这种停滞，为了缩短中国封建社会长度的，将中国进入封建社会的时间点尽可能地往后推，但这一学说论据较为薄弱，在学术界的接受度较低。

那么，所谓的长期停滞，到底是根据什么标准得出的？很显然是与欧洲社会比较得出的，因为只有欧洲社会率先摆脱了封建形态，进入了资本主义社会。但这样一来，就不仅是中国社会长期停滞于封建状态了，除了欧洲之外的其他国家无不停滞于封建状态之下。特殊的

[1] 安德森．绝对主义国家的系谱［M］．刘北成，龚晓庄，译．上海：上海人民出版社，2001：前言．

是欧洲，而非中国。西方是特例，而中国是常规。所以，如果采取一种真正的世界历史观点，问题应该是西欧封建社存续时间会为什么比世界其他地区要短，或者说西欧封建社会短期性原因何在。所以，中国封建社会长期停滞是我们使用西方的概念与西方历史进行比较得出的结论。正是在这一层意义上，何兆武将中国封建社会长期停滞论称为历史研究中的假问题。❶ 如果跳出封建社会长期停滞说，我们会发现，不论是西周还是魏晋之后，中国社会在物质文明、政治制度和学术思想上都有长足的进步。以一句“长期停滞”来抹杀中国一两千年内的发展进步，正是在西方文化优越论观照下对中国产生的最大的扭曲认识。好在中国学术界早已跳出这一观点，但西方文化优越论在学术研究和中国人的思维方式中仍较普遍存在。

中国传统国家治理体系的最大特征是“大一统”。但是，中西方学者对“大一统”的认识却有着根本性的差异。“大一统”在中国一直具有强烈的正面价值，被认为是古今之常经、天地之通义。但西方学者中，哪怕是认为西方正面临衰落危险的思想家斯宾格勒和对中国充满期待的历史大家汤因比也把“大一统”作为文明衰朽的表现。

斯宾格勒说：“在埃及、中国和罗马等帝国中，在印度世界和伊斯兰世界的社会中，我们都可以看见帝国霸业的化石残骸。他们残存了数百年乃至数千年，从一代征服者的手中传到下一代征服者的手中：已经死亡的躯体，已经丧失灵魂的杂乱人群，已经耗尽的那个辉煌历史的材料。留下这些残骸的帝国霸业乃是社会土崩瓦解的典型征兆。”❷ 汤因比继承了他的这一观点：“无论一个大一统国家的寿命可能会多么长久，它最终会被证明是一个灭亡前社会的最后阶段。”❸“就此而言，我们必须拒绝把大一统国家当作目的本身的观念。”❹ 这大概是中国人最不能接受的论点了。如果认同斯宾格勒、汤因比的观点，那么，中国自秦统一之后两千多年的历史还有什么意义？难道没

❶ 何兆武．苇草集［M］．北京：生活·读书·新知三联书店．1999：319－322．
❷ 斯宾格勒．西方的没落［M］．吴琼，译．上海：上海三联书店，2014：101．
❸ 汤因比．历史研究［M］．刘北成，译．上海：上海世纪出版集团，2005：245．
❹ 汤因比．历史研究［M］．刘北成，译．上海：上海世纪出版集团，2005：246．

有文明从容的创新创造，只是临死前的奋力挣扎？

大的理论如此，小的学术概念也是这样。亚里士多德按照统治者数量将政体分为共和制、贵族制和君主制。其中君主制的变态形式为僭主制，僭主制与君主制的不同在于它的权力不是来源于世袭，而是“篡夺”或“公举”。❶ 若按照古希腊君主与僭主的标准来研究中国，不仅唐太宗、明成祖这类杰出的政治家只能名列僭主，即使是历朝的开国皇帝无一不是造反者或篡权者，都只能是僭主。这一分类对中国人对自身政治历史的理解何止是毫无裨益，简直是格格不入。❷ 正是在源自古希腊民主理论的现代西方政治学说的观照下，中国的皇帝制度作为专制制度的代表成为近代以来中国一切落后的“替罪羊”和“遮羞布”。

这种唯西方理论马首是瞻的观点，表明我们现在还无力在学术研究上与西方展开平等的对话与竞争。当务之急是在吸收中西学术成果的基础上，建立自己的学术话语体系。❸ 所以，在当下推进国家治理现代化的过程中，既要向西方学习，更要不为西方所惑，要跳出西方现代性的窠臼，构建具有中国特色、符合中国价值理念的学术话语。正是在这一意义上，习近平总书记强调要加快构建中国特色的哲学社会科学，要立足本国实际，要继承融通中华优秀传统文化中的治理资源，“在指导思想、学科体系、学术体系、话语体系等方面充分体现中国特色、中国风格、中国气派”❹。

其实，就在西方哲学社会科学刚刚传入中国不久，中国的学者已经开始对其进行本土化。20 世纪 30 年代，吴文藻先生就提出了将西方社会学的本土化的呼吁，其后这种声音不绝如缕，延续至今。但只有到了新世纪之后，特别是 21 世纪的第二个十年，随着中国经济的崛起，中国意识苏醒，构建本土化的政治理论和国家治理学说才真正

---

❶ 亚里士多德．政治学［M］．吴寿彭，译．北京：商务印书馆，1965：159－160.

❷ 苏力．大国宪制：历史中国的制度构成［M］．北京：北京大学出版社，2018：483.

❸ 王绍光．祛魅与超越：反思民主、自由、平等、公民社会［M］．香港：三联书店（香港）有限公司，香港浸会大学当代中国研究所，2010：3.

❹ 习近平．习近平谈治国理政：第二卷［M］．北京：外文出版社，2017：338.

进入取得一定实效的阶段。

一直致力于反思西方政治学原理的清华大学教授王绍光在 2010 年提出，中国政治学的本土化应该从四个方面着手：一是研究课题的选择要辨别真问题和假问题，所谓真问题就是从中国现实中发现真正值得研究的问题，伪问题有很多，但多是西方的热点研究课题或以西方理论观照中国产生的问题；二是思考、质疑西方理论背后的种种基本预设，基本预设是无须言明的前提条件，但却可能决定研究理论的倾向和价值，如政治学中的个人本位和经济学中的理性人假设；三是深入分析西方政治学关键概念的源流、内涵以及适用性，当今社会中对传统政治的诸多误解不少来自对西方概念的误解或误用；四是选择适用的研究方法，不要盲目追求尖端技术。[1] 一句话总结，就是发展中国的概念体系，在中国的大地上研究中国问题。

而差不多与此同时，一些从事本土国家治理与政治问题研究的学者也开始在理论方法上进行自觉的反思，开始概括提炼新的概念，建构新的分析框架，重新定义中国政治[2]，其中较为突出的是“华中乡土派”。徐勇发现，以调查发现事实，以事实检验现有理论的限度，仅仅这样还不够。重要的还是要提炼概念，在此基础上搭建知识体系，在较为广泛地传播后，才能形成话语权和独特的学术风格，最终才可能出现政治研究和国家治理学说中的中国学派[3]。为此，徐勇提出了与“天赋人权”相对的“祖赋人权”、与西方自由主义相对的“东方自由主义”等概念，以从中国本土经验提炼出的概念解释中国的现实，寻找解决国家治理问题的内在规律。

2020 年 10 月北京大学出版社出版了贺雪峰的《在野之学》，这本书是他多年来关于如何做学术研究和如何培养学生的一些思考和总结，主旨则是要将来自西方的社会科学与中国经验结合起来，建立有主体性的中国社会科学。西方理论中没有解释中国问题的现成框架乃

---

[1] 王绍光. 祛魅与超越：反思民主、自由、平等、公民社会［M］. 香港：三联书店（香港）有限公司，香港浸会大学当代中国研究所，2010：30－35.

[2] 徐勇. 国家治理的中国底色与路径［M］. 北京：中国社会科学出版社，2018：117.

[3] 徐勇. 国家治理的中国底色与路径［M］. 北京：中国社会科学出版社，2018：自序.

至具体方案，中国人要解决自己的问题，首先需要摆脱西方话语的束缚，“呼啸着进入田野”[1]，研究中国经验和传统。所以，在对中国问题研究中，“中国经验是本”[2]，而且应该在注重现实的同时回顾传统，“一个真正懂得现实的人必定有理解历史的能力”[3]。现实是由历史发展而来的。

（三）高贵的竞赛：今天我们如何面对西方

以中国经验为本、坚持自身文明的主体性是否意味着不需要再向西方学习了？

当然不是！2014 年 9 月，在孔子诞辰 2565 周年国际学术研讨会上，习近平总书记既强调了研究和弘扬中国传统的重要性，也提出要维护世界文明多样性，要尊重各国各族文明，要正确进行文明的学习和借鉴。他说：“对人类社会创造的各种文明，我们都应该采取学习借鉴的态度，都应该积极吸纳其中的有益成分，使人类创造的一切文明中的优秀文化基因与当代文化相适应、与现代社会相协调，把跨越时空、超越国度、富有永恒魅力、具有当代价值的优秀文化精神弘扬起来。”[4] 这一态度是中国共产党人一百年来艰辛探索的经验总结，也是习近平总书记在谈到中外制度关系时一贯坚持的态度。

习近平总书记的论述无疑为我们今天在国家治理现代化中如何面对西方提供了总遵循。仔细体会和领悟习近平总书记的讲话可知，我们应该吸收包括西方文明在内的人类一切优秀文化成果和治理经验。因为就宏观文化的角度而言，处于前现代的中国文化如何对现代化的西方文化做出创造性的回应，一直是近代中国文化的一大课题。[5] 这一课题直到今天也没有发生变化。就国家治理而言，中国国家治理的

---

[1] 贺雪峰．在野之学［M］．北京：北京大学出版社，2020：9.

[2] 贺雪峰．在野之学［M］．北京：北京大学出版社，2020：97.

[3] 贺雪峰．在野之学［M］．北京：北京大学出版社，2020：44.

[4] 习近平．在纪念孔子诞辰 2565 周年国际学术研讨会暨国际儒学联合会第五届会员大会开幕会上的讲话［M］．北京：人民出版社，2014：12.

[5] 陈来．人文主义的视界［M］．南宁：广西教育出版社，1997：1.

进步和完善、中国国家制度优势和自信的构建，既不能以西方文明的游戏规则为准则，更不能从对抗性的反西方逻辑之中获得。❶

当下中国的制度主要有三个来源：革命和建设时期借鉴的苏联的制度、中国传统政治制度在当代的延续和新生，以及向西方借鉴的各种制度。西方毕竟是现代社会的发源地，在中国国家治理现代化中具有无可替代的先行导向意义。中华人民共和国成立以后特别是改革开放以来，中国在国家治理方面的进步，在很大程度上都来源于学习和借鉴先进的国外政治文明成果❷。

仅仅将西方当成对手去"超克"是建不成中国典范的❸，而要找回没有经过西方文明"染指"过的古代中国典范也缺乏可行性与创意。中国典范的建立首先要"超克"狭隘的中国情结，在西方现代典范的不足方面为人类未来的梦想与生活方式提供来自中国的经验与智慧。❹ 中国要实现自身国家治理的现代化，构建有中国特色的哲学社会科学，并不是要将西方现代性推倒重来，而是要在坚持自身主体性地位的基础上，寻找自己的特色与地位，在解决现代性问题的过程中贡献中国力量。

其次，从实现路径上来说，或者说在具体的学习心态、过程与方法上，我们应该摈弃过去那种对西方盲目仰视的教条主义态度，认真地对西方文化进行批判和分析，在此基础上有选择有针对性地引进有益的成分。

一般而言，非西方国家的现代化道路可以分为三种类型：第一种类型的国家认为，要现代化就必须彻底西方化，现代化就是西方化，其中最典型的国家是上文分析过的土耳其，土耳其所奉行的凯末尔主义就是一种彻底的全盘西化，但经过几十年的发展，并没有取得预期

---

❶ 这是许纪霖先生在如何应对现代人的认同危机时提出的观点，这里借用为制度构建的路径，见郭盛民. 新天下主义：观念与秩序的重构［J］. 读书，2017（6）：55.

❷ 俞可平. 论国家治理现代化［M］. 北京：社会科学文献出版社，2014：108.

❸ "超克"是日本学者竹内好的用语，见竹内好. 近代的超克［M］. 北京：生活·读书·新知三联书店，2016.

❹ 童世骏. 西学在中国：五四运动90周年的思考［M］. 北京：生活·读书·新知三联书店，2010：414.

的效果，反而出现了巨大的自我撕裂，不得不向自身的突厥传统回归。

第二种类型的国家主张，为了反对西方化就必须反对现代化。它们不想西方化，但在反对西方化的过程中有时连现代化也拒绝了。这类国家主要是现在中东地区某些国家如伊朗、阿富汗等。现代文明由于现代工业所释放出来的巨大生产力是传统文明无法比拟的，拒绝现代文明是不现实的。这一点，马克思和恩格斯在《共产党宣言》中，有着深刻的论述，此处不再重复赘述。

第三种类型则是追求现代化但拒绝西方化，这也是部分成功实现现代化的东亚国家所走过的道路。❶ 其中，最成功的是日本。日本在明治维新之后开启了向西方的进程，实行“脱亚入欧”的政策，但是“经历短暂的迷途后，他们又重拾起传统的习惯”“更加着意于维护过去与现在之间的延续性”❷。尽管经历了不少曲折，仍然取得了巨大的成功，成为非西方国家中现代化最成功的国家。不得不现代化，又不能全盘西化，那中国要想实现现代化，也要走第三条道路。

正如甘阳所说，中国向西方学习，简单做小学生的时代已经过去了。面对西方，既要告别牵强附会式的主观臆测，又要改变削足适履式的简单比附。❸ 我们必须知道西方为什么会发展成这样，如果不去研究分析，可能学到的是最不适合我们的东西。❹ 今天，是时候告别在迷信与蔑视之间摇摆、简单粗暴地对待西方的方式了。

所以，我们今天要实现现代化的目标，就要切实检讨民族、国家、工业主义、资本主义等制度以及自由、民主与科学等理念的真意，以及它们彼此之间的和它们与中国传统之间的关系。❺ 同时也要摈弃那种把中国当“病灶”把西方当“药铺”的病态心理，健康地

---

❶ 甘阳．文明　国家　大学［M］．北京：生活·读书·新知三联书店，2018：4．

❷ 汤因比．中国纪行：从旧世界到新世界［M］．司佳，译．上海：上海人民出版社，2019：264－265．

❸ 徐戬．古今之争与文明自觉：中国语境中的施特劳斯［M］．上海：华东师范大学出版社，2010：5．

❹ 甘阳．文明　国家　大学［M］．北京：生活·读书·新知三联书店，2018：177．

❺ 林毓生．中国传统的创造性转化［M］．北京：生活·读书·新知三联书店，1988：149．

阅读西方，深入西方文明本身的脉络，知悉其利弊得失所在，形成自己权衡取舍的广阔视野。[1] 摈弃在近代历史上形成的对西方的盲目崇拜，转向对西方进行深入的学术研究。这种研究，不可急功近利，甚至需要提倡林毓生一再强调的“比慢”精神[2]。

再次，要本着相互尊重的态度，与西方进行平等的、深层次的对话，开展“高贵的竞赛”。对西方社会的技术专制保持着警惕，是德国哲学大师马丁·海德格尔思想倾向之一。他的弟子施特劳斯在评述其思想时说：“技术使人的人性有毁灭之虞。技术是理性主义的结果，而理性主义则是希腊哲学的结果。”[3] 如何解决这一问题呢？海德格尔认为，“仅当我们变得能够向东方特别是向中国学习时，我们才能指望超越技术性世界社会，我们才能希冀一个真正的世界社会。可是中国正屈服于西方理性主义。”[4] 近代以来，中国毫无反思地一边倒向西方学习，正是屈服于理性主义的表现。

中西两种文明是无法在当前这种浅薄层面上进行交会的。海德格尔的学生施特劳斯说：“我们亟须东西方的交会。西方必须对克服技术性做出他自己的贡献。西方必须首选在自身之内寻回使这种交会得以可能的东西：它本己的至深根源……东西方之间的交会只能是二者最深层次根源的交会。西方思想家可以沉潜到西方的至深根源来准备那个交会。”[5]

施特劳斯一生都在研究这个“至深根源”，这就是他所说的苏格拉底式的政治哲学。他认为只有在这个“至深根源”的基础上才能克服西方的技术理性主义。当然，也只有在这个“至深根源”的层次才

---

[1] 甘阳. 文明　国家　大学［M］. 北京：生活·读书·新知三联书店，2018：150.

[2] 林毓生. 中国传统的创造性转化［M］. 北京：生活·读书·新知三联书店，1988：自序.

[3] 施特劳斯. 古典政治理性主义的重生：施特劳斯思想入门［M］. 郭振华，等，译. 北京：华夏出版社，2011：89.

[4] 施特劳斯. 古典政治理性主义的重生：施特劳斯思想入门［M］. 郭振华，等，译. 北京：华夏出版社，2011：90.

[5] 施特劳斯. 古典政治理性主义的重生：施特劳斯思想入门［M］. 郭振华，等，译. 北京：华夏出版社，2011：92.

可能有东西方思想上的真正交会。施特劳斯的弟子潘戈在为他老师著作的中译本写前言时曾说，施特劳斯的一生就是自觉为这种交会准备的典范。而今，施特劳斯已经去世，责任落到他们这一辈的身上，而他们既需要与东方对话，也需要东方的帮助。“我们需要你们的帮助。我们需要一种高贵的竞争：你们向我们展示了，施特劳斯的引领和典范可以如何照亮东方至深的根基，可以说你们此举就是在与西方乃至西方的至深根基进行竞争和对话。”❶

潘戈的意思大概是，具有中学背景的中国人学习和研究施特劳斯也能够照亮我们东方“至深根源”，这种学习本身就是在进行对话和竞争。但是，对我们中国人而言，研究施特劳斯固然能够照见从西方引进的现代性的“至深根源”。但克服这种技术理性主义所带来的现代化的缺陷又靠什么呢？正如有的学者所说，“在美国的潘戈教授有幸凭靠‘苏格拉底式的政治哲学’指引迷津，在中国的我们应该凭靠什么呢?”❷

答案似乎是显而易见，正如施特劳斯借助“古典理性主义”，也就是苏格拉底－柏拉图式的理性主义，来帮助现代人抵御技术加诸人类精神的种种毁灭性威胁。在西方人的强力侵入下进入现代世界、同样慢慢陷入现代理性主义之阱的中国人，大概也只有求助于中国古代的理性主义了。

---

❶ 施特劳斯．古典政治理性主义的重生：施特劳斯思想入门［M］．潘戈编，郭振华，等，译．北京：华夏出版社，2011：前言．

❷ 徐戬．古今之争与文明自觉：中国语境中的施特劳斯［M］．上海：华东师范大学出版社，2010：33．

第五章 重新发现中国：构建制度自信的深厚根基

实现国家治理的现代化，需要打破对西方制度与理念的迷思，但这样还远远不够，最重要的还是实现自身制度的内生性发展。然而，要做到这一点并不容易，难点并非在于没有可资利用的传统资源，而是由近代以来的激烈反传统主义造成的整体上对传统的负面看法，让中国人觉得传统没有利用和发掘的价值。本章将详细研究这种反传统主义的来源、发展，然后寻找打破这种看法的方法，重新发现中国[1]，最后在此基础上，论证如何通过传统资源增强制度自信。

一、近代以来激烈反传统主义的形成与发展

近代以来，中国在面对西方国家的强势侵略，一直处于劣势，不得已开启了规模宏大、绵延百年向西方学习的进程。在对西方制度和理念的学习和模仿中，形成了一种无反思的、单向迷信心态。与此同时，中国自身的传统却被看作是阻碍现代化、需要强力清除的历史包袱，由此也形成了一股延续至今的激烈反传统主义思潮。

[1] “重新发现中国”，即重新认识中国，是学术界在21世纪初期出现的一股重新评价传统文化的强劲思潮，因为这一态度颇能表达本书欲表达的观点，这里就直接引用这一学界成说。从广义上来说，每一个对中国的研究，研究的深入或视角的转换，都是在“重新发现中国”，但这里的“重新发现中国”具有更大的转折意义，即打破那种自我贬低的认识模式，以更加理性的态度看待中国，以更积极的态度评价和吸收传统资源。

（一）救亡图存与反传统意识的萌生

在鸦片战争后的半个世纪里，中国虽然面对列强一再落败，但还一直享受着延续了两三千年的文明优越感。在19世纪末20世纪初，中国文明在以帝国主义侵略为主要形式的西方近代文明的冲击下，面临生死存亡，在民族危亡和中外实力差距较大的前提下，中国人被一种渴望急剧变革的焦急心态所支配，思想越来越极端化。[1]

甲午战争失败后，中国汲汲于变法图强，由此掀起了对传统政治制度和政教思想的反思。康有为、梁启超师徒都曾或明或暗地批判传统制度，而谭嗣同则对传统制度展开了激烈的攻击。他在《上欧阳中鹄书》中说："今日所行之法，三代之法耶？周、孔之法耶？抑亦暴秦所变之弊法，又经二千年之丧乱，为夷狄盗贼所羼杂者耳？"[2] 当时流传最广泛的是他在《仁学》一书中说的："二千年来之政，皆秦政也，皆大盗也；二千年来之学，荀学也，皆乡愿也。"[3] 既然两千年来的历史传统都是不合周孔之道的伪传统，那么，自然就可以反对、破坏它了。[4] 由此，中国知识界开启了从负面解读传统的取向。[5]

1898年，张之洞在《劝学篇》中提倡"中学为体，西学为用"之说时，还是要坚持中国文化的基本价值。但1902年严复在反驳这一提法时，就明确指出："中学有中学之体用，西学有西学之体用；分之则并立，合之则两亡。"[6] 中西之政教学问，各有体用，不可混杂，而为了救国图强又只能建立西方的政教制度。严复的这种思想，其实已经接近后来的"全盘西化"说[7]。

---

[1] 陈来．人文主义的视界［M］．南宁：广西教育出版社，1997：1.

[2] 谭嗣同．谭嗣同全集［M］．蔡尚思，方形，编．北京：中华书局，1981：160.

[3] 谭嗣同．谭嗣同全集［M］．蔡尚思，方形，编．北京：中华书局，1981：337.

[4] 罗志田．权势转移：近代中国的思想与社会［M］．北京：北京师范大学出版社，2014：187.

[5] 罗志田．权势转移：近代中国的思想与社会［M］．北京：北京师范大学出版社，2014：186.

[6] 严复．严复集［M］．北京：中华书局，1986：558－559.

[7] 罗志田．权势转移：近代中国的思想与社会［M］．北京：北京师范大学出版社，2014：26.

（二）"中国意识的危机"

进入20世纪后，由于清政府制度改革的一再延迟导致民族危机更加严重，以及民国初年几次帝制复辟运动与孔教的关系，致使知识分子对传统文化的评价一步一步负面化，并越来越激进。到五四运动时，就变成整个中国的落后挨打都要传统文化要负责的问题。[1] 从此，传统文化就成为现代化的最大敌人，砍掉一份传统，才能获得一分现代化。[2] 传统文化从令人崇敬的信条完全变成了负担、阻碍和包袱。

陈独秀在著名的《敬告青年》一文中大声呼吁道："吾宁忍过去国粹之消亡，而不忍现在及将来之民族，不适世界之生存而归消亡也。"[3] 国粹消亡不消亡，无足撄心；民族能不能生存，才是大事。如果为了民族生存，必须扫荡国粹，当然在所不惜。所以，当时的知识分子认识到只有学习西方的制度及文化、科学技术才能生存于世，中国固有的伦理、法律、学术、礼俗则无一不在破除之列。

胡适对中西文化的理解较陈独秀深入，但在对待文化传统上，他们的看法却出奇地一致。他感到中国传统的基本的、显著的特征是残忍、懒惰和压抑个人。所以，不得不整个地打倒，实现全盘西化。在给《吴虞文录》作序时，他称吴虞是"'四川省只手打孔家店'的老英雄""因为两千年吃人的礼教法制都挂着孔丘的招牌，故这块孔丘的招牌——无论是老店，是冒牌——不能不拿下来，捶碎，烧去。"[4] 他认为，孔子思想中或许有值得肯定的东西，但他已经成为落后糟粕的象征，为了中国的进步，不得不把他完全打倒。

五四时期最深刻的思想家和批判者是鲁迅。然而正因为深刻，他对中国的前途命运也更为悲观。悲观的原因正在于中国民族根性的痼

---

[1] 余英时. 中国近代思想史上的激进与保守［G］//李世涛. 知识分子立场：激进与保守之间的动荡. 北京：时代文艺出版社，2000：8.

[2] 余英时. 中国近代思想史上的激进与保守［G］//李世涛. 知识分子立场：激进与保守之间的动荡. 北京：时代文艺出版社，2000：24.

[3] 陈独秀. 独秀文存：第1卷［M］. 北京：外文出版社，2013：4－5.

[4] 胡适. 胡适文存：第4卷［M］. 北京：外文出版社，2013：259.

疾太深，民族的传统太腐败。❶ 这种沉疴，深刻到鲁迅一再怀疑自己的批判努力是否是铁屋中的呐喊。当然，怀疑是怀疑，鲁迅仍然勇毅地展开了对传统文化的全面批判。《狂人日记》中的一段话最能代表他对传统的态度："我翻开历史一查，这历史没有年代，歪歪斜斜的每页上都写着'仁义道德'几个字。我横竖睡不着，仔细看了半夜，才从字缝里看出字来，满本都写着两个字'吃人'。"

如果整个中国历史都是"吃人"的记录，那么这传统的确没有留存的必要了。鲁迅将"吃人"界定为中国传统的特征，这是直言中国的传统文化就是一种野蛮文化。由此，中西方的差异就成为野蛮与文明的差异，这不再是民族、区域之间的差别，甚至不是发展程度即传统与现代的差别，而是文明与野蛮的差别。鲁迅的这种看法当然是非常极端的，中国五千年的文明史以"吃人"二字一笔抹杀自然也是不公正，正因为如此，追溯他这种激进态度的来源才成为思想史上重要事情。

五四运动之后，这种激烈的反传统主义的思维方式基本就确立下来了，而中国人对传统的负面看法也越来越激烈。改革开放后，中国人走出国门，看到了一个崭新而令人惊讶的世界，这个世界以物质财富的高度生产和消费展示着它的傲慢，中国人好像突然又回到了 19 世纪末一样感受到民族的生存危机。❷ 在这种局势下，传统依然是中国亟待卸掉的巨大的负面包袱，传统仍然没有从文化激进主义批判下解放出来。改革开放之初，政界和学界以"文化大革命"时的惨痛教训反思政治体制的弊端，是通过对"封建主义""家长制""封建专制"的批判来进行的。❸

20 世纪 80 年代，"文化热"勃然兴起，短短几年时间，又重新将 19 世纪的路走过一遭❹，只是规模、水准、影响都超过了新文化运

❶ 林毓生．中国意识的危机："五四"时期激烈的反传统主义［M］．穆善培，译．贵阳：贵州人民出版社，1986：182.

❷ 陈来．人文主义的视界［M］．南宁：广西教育出版社，1997：94.

❸ 陈来．人文主义的视界［M］．南宁：广西教育出版社，1997：93.

❹ 甘阳．文明　国家　大学［M］．北京：生活·读书·新知三联书店，2018：30.

动。在“文化热”中，对传统文化和儒家的否定仍然占据主导地位，由文化激进主义衍生出的“全盘西化”等类似主张变成了一种民众的普遍心理。[1] 而且客观来说，这种心理直到今天虽有改变，但还没有完全扭转过来。

近代中国的一个吊诡现象是，爱国主义与反传统主义奇妙地结合在一起。当时的士人形成了一个共同的心结，即大家为了中国好，就要提倡西洋化；为了爱国、救国，就要激烈地破坏中国传统。[2] 究其根源，正如史华慈所说：“当民族、国家处于衰亡之际，那里的民族主义者就很难在其往昔的民族传统中去寻求价值，因为那与民族富强的需求背道而驰。”[3]

无独有偶，威斯康星大学的教授林毓生也得出了相似的结论。他说，反传统的冲动在非西方世界的现代化过程中是经常出现的，但像中国的这种“全盘性反传统主义”[4]，即将传统作为一个整体予以否定，在世界上也是比较少见的。[5] 林毓生将这种“全盘性反传统主义”称为“中国意识的危机”，也就是中国人自我意识的危机。

总而言之，鸦片战争之后一百多年来，中国人对自身传统的认知发生了巨大变化，这一变化至今仍对中国的发展具有不可忽视的影响。确切而言，就是传统成了巨大的包袱、文化优越感变成了文化负罪感。这种心态成了中国现代化进程中一个主要的心理障碍，尤其是成为素有士大夫气质的中国知识分子在自我启蒙道路上的一块巨大“暗礁”。[6] 无疑，中国建立真正的制度自信和文化自信，首先要做的

---

[1] 陈来. 人文主义的视界［M］. 南宁：广西教育出版社，1997：95.

[2] 罗志田. 权势转移：近代中国的思想与社会［M］. 北京：北京师范大学出版社，2014：33－34. 陈来也有类似的看法，陈来. 人文主义的视界［M］. 南宁：广西教育出版社，1997：6.

[3] 史华慈. 寻求富强：严复与西方［M］. 叶凤美，译. 南京：江苏人民出版社，2010：18.

[4] 林毓生. 中国意识的危机：“五四”时期激烈的反传统主义［M］. 穆善培，译. 贵阳：贵州人民出版社，1986：6－7.

[5] 林毓生. 中国意识的危机：“五四”时期激烈的反传统主义［M］. 穆善培，译. 贵阳：贵州人民出版社，1986：2.

[6] 甘阳. 文明 国家 大学［M］. 北京：生活·读书·新知三联书店，2018：39.

就是跨越这块“暗礁”。

要跨越这块“暗礁”，最重要的是我们要重新看待自身的传统，重新梳理近代以来我们一贯视为落后的文化保守主义思潮。

二、近代的文化保守主义传统与文化自觉意识的产生

当激烈的反传统主义在新文化运动中蔚然成风时，学术界也出现了一股坚守传统文化价值的文化保守主义思潮。可以说，保守主义思潮与反传统主义意识的起伏交叉构成了近代中国文化的基本格局。❶保守主义思潮在规模与影响上是无法与激进的反传统主义相比的，但作为一股思潮它一直顽强地延续至今。

（一）近代中国的文化保守主义传统

1919 年，鲁迅曾非常不满地描述过中国社会新旧杂陈、鱼龙混杂的现象，从松油片到打火机，从独轮车到飞机，简直是将几十个世纪压缩在一起。他还说，这个时代“既许信仰自由，却又特别尊孔；既自命‘胜朝遗老’，却又在民国拿钱；既说是应该革新，却又主张复古。”❷ 鲁迅批判的是那种与新文化对立的守旧落后现象，然而今天我们应该可以更理性地看待这种混乱现象，以及当时新旧思想的对垒。

美国著名的汉学家、梁漱溟研究专家艾恺（Guy S. Alitto）曾经研究过世界各地的反现代化思潮，关于中国的这一思潮，他说：“民初时代思想史上一个重要的事件，可以说是对传统中国文化的全盘批评和攻击，同时提倡更深更广地引进西方文化。在差不多同时期，和反传统主义相反对的思潮也出现了，即面对日益增强的西化所产生的文化守成反应，他们提倡融合中西文化，提出未来的世界文化会是一种中西文化的结合体。我把这种主张称作文化守成主义（cultural conservative）。”❸

❶ 陈来．人文主义的视界［M］．南宁：广西教育出版社，1997：1.

❷ 鲁迅．热风·随感录五十四［M］//鲁迅全集：第 1 卷．北京：人民文学出版社，1981：344－345.

❸ 艾恺．世界范围内的反现代化思潮：论文化守成主义［M］．贵阳：贵州人民出版社，1991：前言.

“cultural conservative”其实就是文化保守主义，但因为“保守”一词在中国颇具贬义，所以艾恺这本书翻译成中文时，翻译者将其译成了“文化守成主义”。当然，从文化保守主义者所主张的中西文化结合这一观点来看，把其称为“反现代化思潮”并不准确，因为中国的文化保守主义者只是强调传统的价值，他们并不反对引进西方文化，更不反对现代化。向往西化的学者与保守传统的学者之间的差距在于到底要接受多少西方文化和如何接受西方文化。

不说昧于世界大势的顽固守旧派，其实，早在新文化运动兴起之前，主张理性看待中国传统、发掘传统价值的思想就已经出现了。甲午战争后，不少中国学人在研讨西学、寻求挽救民族命运之路时，不经意间发现了古学与国家富强的关系。他们发现日本人在决绝地脱亚入欧时，也在提倡本国的传统，这就是所谓的“和魂洋才”。1898年，湖南人宰天佑在南学会听讲时，曾问过经学大师皮锡瑞这样一个问题，日本之强是否与其“汉学重兴”有关。虽然他只得到了一个基本否定的答案，但也表明中国学人已经开始关注中国传统与富强的关系。❶

进入20世纪后，中国人对西方致强之由的了解更为深入，不少人发现了十字军东征、文艺复兴和明治维新中的传统文化作用。1904年，国粹学派的邓实在论保存国学时说，过去欧洲十字军东征带了很多东方的文物回国，促进了其文明的复兴；文艺复兴是近代欧洲兴起的标志性事件，而这一事件采取的却是复兴古学的方式；日本明治维新时，欧化潮流浩浩荡荡，但三宅雄次郎却逆潮流而动，提倡国粹保存主义。所以，“顾东西人士，无不知爱其国者；爱其国，无不知爱其学者。盖学者，所以代表其种人才之性而为一国之精神也。”❷

另一位学者宋恕则主张将国粹与欧化融为一冶，其所依据的也是

❶ 罗志田．权势转移：近代中国的思想与社会［M］．北京：北京师范大学出版社，2014：60－61.

❷ 罗志田．权势转移：近代中国的思想与社会［M］．北京：北京师范大学出版社，2014：58.

“海外望国皆先振古学、后发新知之进化历史”❶，只有先振兴古学，才能创造出新的知识，这是进化的一般规律。原来一贯倡导西化最有力的梁启超这时的思想也有所转变，他说：“凡一国之立于天地，必有其所以立之特质。欲自善其国者，不可不于此特质焉，淬厉而增长之。……不然，脱崇拜古人之奴隶性而复生出一种崇拜外人蔑视本族之奴隶性，吾惧其得不偿失也。”❷ 一个国家所以能够自立，需有其能够自立的特质，不宜对外来文化过度盲从。

1922 年 1 月，一批留学欧美的学人吴宓、梅光迪、胡先骕联合柳诒徵、徐震谔等人，以国立东南大学为基地创办了《学衡》杂志。《学衡》自始就对新文化运动中的激烈反传统主义非常不满，他们提出了“昌明国粹，融化新知”的主张。在对待传统上，他们认为应该“以切实之工夫，为精确之研究”，整理研究中国的文化。只有这样才能找到现代化的正轨，而不能像新文化运动中的那些人那样，肆无忌惮地盲目攻击，一心一意地毁灭固有文化，还自以为是正确的。

1926 年，《学衡》停刊，此后提倡传统价值最有力的是以梁漱溟、熊十力为代表的新儒家。中华人民共和国成立后，不少新儒家思想家，如钱穆、唐君毅、张君劢、牟宗三等远走海外，并培养了不少现代学术素养深厚、成就卓著的学生，如余英时、杜维明、李明辉、黄俊杰等。他们在发掘儒学的现代价值，并将这一价值与现代制度相结合上，也就是他们念兹在兹的“老内圣开出新外王”上，做了很多工作。

第二次世界大战结束不久，日本经济开始起飞。接着，亚洲四小龙紧随其后，经济也快速发展起来。东亚地区迅速工业化，成为世界上经济发展最快的地区。东亚地区在历史上深受儒家文化的影响，这一地区经济快速发展与马克斯·韦伯对儒教的判断完全相悖。韦伯在《儒教与道教》一书中断言，无论是儒家还是道家，其思想都是不利

---

❶ 胡珠生. 宋恕集［M］. 北京：中华书局，1993：377 -378.

❷ 梁启超. 论中国学术思想变迁之大势［M］//饮冰室合集·文集之七. 北京：中华书局，1990：3.

于资本主义经济发展的。因此，重估儒学的价值，重新思考儒家文化与工业的关系就成为海外新儒家的一个重要研究领域。他们在发掘儒家能够促进现代经济增长的因素上下了很大功夫。总的看法是，儒家内在的一些资源，以前都是以消极因素暴露的，现在变成了积极因素。❶

（二）西方学者对中国文明的推崇与期望

尽管启蒙运动之后，西方对中国的认识全面负面化，但在与中国实际接触并进行具体研究后，各个时代都有不少学者是以同情甚至羡慕的态度来理解中国文化。他们与近代以来的保守主义学者不时接触，相互声援，对理性、客观地看待中国文化传统和增强中华文化的世界影响力发挥了不小的作用。

近代以来，同情中国文化最极端的应该是英国人雷金纳德·弗莱明·约翰斯顿，中文名为庄士敦。他在中国生活多年，1919 年后曾在紫禁城担任溥仪的英文教师，其间深受中国文化浸染，对中国的典章制度、师道尊严、纲常伦理等，常常赞叹不已。1931 年回到英国后，他仍然沉醉于对过去生活和中国文化的回忆中，无法自拔。他买了一个小岛，在岛上挂起了“伪满洲国”国旗。每逢年节，都要穿戴起清朝的朝服。❷ 无疑，庄士敦已经以清廷的海外遗民自居了。

当然，像庄士敦这样以移民心态来看待中国文化的仅是极少数人，但在西方世界，抱以同情的态度来理解甚至欣赏中国文化的则大有人在。尤其是在第一次世界大战后，在深感西方文明已经破产的背景下，他们更是对中国文化多了一份朦胧而焦急的期待。

1920 年 10 月，英国大哲学家罗素应梁启超之邀来华访问讲学，在中国待了十个月，与中国知识界的精英多有互动。罗素的中国之行有一个很大的背景，一方面，第一次世界大战已经使他对西方资本主

---

❶ 杜维明. 现代精神与儒家传统［M］. 北京：生活·读书·新知三联书店，2013：422.

❷ 庄士敦. 紫禁城的黄昏［M］. 陈时伟，等，译. 济南：山东画报出版社，2007：中译本序.

义文明感到绝望[1]；另一方面，1920年5月11日至6月16日，罗素在苏联考察了一个月，考察的结果却令他失望，在他看来，布尔什维克主义不过是西方资本主义文明的折射或曲折反映。罗素后来说，苏联之行“带给我可怕的心灵痛苦，觉得西方文明越来越微。正是在这种心境中，我到中国去寻求新的希望。”[2] 正是抱着这一期待，罗素就尽量去发现中国文明中积极的一面。

罗素初到中国，在为其接风的第一次宴会上就说：“中国固有之文明，如文学美术，皆有可观，且有整理保存之必要。”在第一场学术演讲中，他又说：“鄙人初来中国，觉得种种事情都有兴味，而对模仿西方之各种事象，终觉得可厌。若中国将来因发达产业而使固有之审美上、精神上有价值的事事物物逐渐丧失，实觉可惜。”[3] 当然，作为客人，不排除罗素的讲话含有恭维东道主的成分，但作为严肃的学者，他对中国的态度其实是其哲学体系和政治倾向的一种自然逻辑延伸。他对中国的褒扬含有对西方文明的深深失望和忧惧。

所以，罗素呼吁必须避免中国在西方文明的压力下走上迷途。所谓迷途，是指中国要么彻底地西化，中国文明以往的一切特色荡然无存，从而在纷乱扰攘的世界中再增加一个精明能干而又浮躁好斗的民族；要么深固拒闭，抱残守缺，形成强烈的排外主义和保守主义，成为没有未来的国家。罗素认为，日本已经走上这一歧途，希望中国不要再重蹈覆辙。他的希望是在中国文明获得独立生存和发展的条件下，先进的中国能够明辨是非、奋发图强，综合中西文明之长发展出一种新文明，从而承担起拯救西方文明以至于整个人类文明的责任。[4]

罗素离开后差不多十年，另一位对中国充满好感和期待的英国人也踏上中国的土地。1929年年底，大历史学家汤因比在中国进行了数月的旅行考察。尽管此行之前汤因比已经对中国进行了一番研究，但初履中国大地之后，他仍然震惊于中国的人口和规模。他说：“就开

---

[1] 冯崇义．罗素与中国［M］．北京：生活·读书·新知三联书店，1994：103.
[2] 罗素．中国问题［M］．秦悦，译．北京：学林出版社，1996：14.
[3] 冯崇义．罗素与中国［M］．北京：生活·读书·新知三联书店，1994：181－182.
[4] 冯崇义．罗素与中国［M］．北京：生活·读书·新知三联书店，1994：158－159.

疆拓土来说，不管是‘土耳其人’还是任意一个其他民族，皆不可能达到中国人的成就。没有一个民族能够比得过中国人，过去没有，现在也没有。”“中国不是单一的民族国家，它自身就是一个完整的世界，即‘寰宇天下’（orbis terrarum），中国人不是一个单一的民族，而是一个庞大的多民族社会。”❶

汤因比所说的“开疆拓土”，其实指的是国家整合的意思，也就是将人口众多、差异巨大的各个民族整合在一个统一的国家之中。作为一个对第一次世界大战西方文明分裂之苦感受甚深的敏锐学者，汤因比对中国历史上的国家整合能力表现出了由衷的赞叹。直到晚年，汤因比都抱持这一信念。1974 年，他在与日本思想家池田大作对话时曾说过，中国人“几千年来，比世界上任何民族都成功地把几亿民众，从政治文化上团结起来。他们显示出这种在政治、文化上统一的本领，具有无与伦比的成功经验。这样的统一正是今天世界的绝对要求。”❷ 所以，中国在人类不可缺少也不可避免的统一过程中，可能会发挥主导作用。汤因比可以说是对中国传统国家治理能力最为推崇的外国学者了。

继汤因比 20 世纪 20 年代末的考察后，30 年代来到中国的是一个声望更著名的学者——科学史家李约瑟。抗战时期，由英国政府派遣，李约瑟曾领导英中文化科学协会代表团来华工作四年，遍访中国各地文化古迹。中华人民共和国成立后，李约瑟先后担任英中友好协会及英中了解协会会长，并四次来华访问。他以毕生精力编纂完成的《中国的科学与文明》一书，被共推为空前的科学史巨著。

李约瑟对中国的文化推崇也是从反思西方文化开始的。他在 1955 年英中友好协会主席词《东方和西方的对话》中说：“在西欧以及欧洲体系的美洲的许许多多人深受所谓精神优越感之害。他们坚持认为

❶ 汤因比. 中国纪行：从旧世界到新世界［M］. 司佳，译. 上海：上海人民出版社，2019：247.

❷ 汤因比，池田大作. 展望 21 世纪：汤因比与池田大作对话录［M］. 荀春生，朱继征，陈国梁，译. 上海：国际文化出版公司，1985：293.

只有他们自己的文明才是唯一具有世界性的文明。”❶ 这是因为欧洲人有一种武断的错觉，由于现代科学技术的普遍性，而认为欧洲的东西无不具有普遍性。李约瑟认为，欧洲必须迅速纠正这种武断的臆说，不要将自身的文明强加在亚洲人身上。❷

接下来，李约瑟通过中西对比，详细列举了中国在抽象思维、法律、道德、民主与官僚制度等方面的成就。这里无法一一介绍，只以与我们的研究关联比较密切的民主与官僚制度为例进行简单的说明。李约瑟认为，中国文化中蕴藏着一种天生的民主气息，人民有权利和义务反抗不符合儒教精神的君主。所以，中国历史传统中虽然从来没有西方国家所说的代议制政体，但中国也绝不像有些人想象的那样是一个纯粹的专制独裁的国家。中国是一个高度立宪化的国家，是依靠风俗习尚进行统治的。❸ 显然，这一观点与近代以来向往西方的中国知识分子对自身的认识差别巨大，但也与那些浸润传统、对传统抱有同情之理解的中国知识分子，特别是新儒家有诸多契合之处。

李约瑟看到，由于现代社会的技术复杂性，政府机构的高度官僚化是不可避免的。关键是如何通过人道主义和仁爱精神来降低官僚机构的严酷性。所以，李约瑟把目光转向了东方，他说：“我们但愿未来的官吏们能够像唐代或宋代的贤良县丞那样以真正的人道主义精神来治理政事。”当诗人成为官吏，就能更好地领会亚洲传统的优越性了。“在这一方面，中国人负有重大的责任去教育世界上其他各国的人民，因为中国已有两千多年官僚政治的经验。”❹

正如对中国文明的负面评价，西方学者对中国文明的推崇，也充满了不必要的误解和不切实际的期待。但这种推崇传到中国后，与保守主义思潮相互支援，在某种程度上，也有利于中国对自身文明自信

---

❶ 李约瑟. 四海之内［M］. 劳陇，译. 北京：生活·读书·新知三联书店，1987：1.

❷ 李约瑟. 四海之内［M］. 劳陇，译. 北京：生活·读书·新知三联书店，1987：4－5.

❸ 李约瑟. 四海之内［M］. 劳陇，译. 北京：生活·读书·新知三联书店，1987：54－55.

❹ 李约瑟. 四海之内［M］. 劳陇，译. 北京：生活·读书·新知三联书店，1987：17.

的恢复。如服膺罗素思想的哲学家张申府就认为，中国文化未来前途就是把孔子、罗素与列宁的思想综合在一起。[1] 还有，李约瑟最初下决心研究中国的科学，本来是想探讨现代科学为什么没在中国产生，但研究中却发现，其背后还有一个重大问题，即为什么文艺复兴之前中国的科技比欧洲要进步得多[2]。西方学者对中华文明的推崇，总体来说是有利于中国文化自觉意识的苏醒和文明主体性确立的。

（三）新时期文化自觉意识的产生

20 世纪 80 年代后，海外学术著作被大规模地翻译出来，海外新儒家重新传入国内，与国内的“文化热”中对传统与现代关系的思考一起促成了 90 年代国学热的兴起和文化自觉意识的苏醒。[3] 90 年代初，西化狂潮开始消解，主流意识形态也开始改变批孔、批儒、批传统的一贯立场。[4] 更重要的是，随着中国市场经济改革的加速，商业化大潮席卷了社会的每一个角落，导致社会上出现了普遍的道德滑坡、人心焦虑、社会失衡等现象，这些现象的根源其实现代化进程中普遍存在的人生意义迷茫和人文价值阙失。所以，1993—1994 年在全国范围内出现了有关“人文精神”的大讨论，整个社会也逐渐地一反过去的过激倾向，出现了一种向传统回归、恢复道德约束和文化秩序、寻求稳定价值观念的广泛心理。[5] 于是，国学热就应运而生了。

在国学复兴的过程中，一种更为理性地看待自身传统和西方文化的倾向也逐渐产生。1997 年，在北京大学社会学人类学研究所举办的第二届社会文化人类学高级研讨班上，费孝通先生第一次提出“文化自觉”的概念。他曾经详细地回顾过自己提出这一概念所经历的反思历程。1990 年，在东京瞻望人类学的前途时，他提出“各美其美，

---

❶ 高力克. 新启蒙：从欧化到再生［M］. 北京：东方出版社，2019：218.

❷ 李约瑟. 四海之内［M］. 劳陇，译. 北京：生活·读书·新知三联书店，1987：80－81.

❸ 郑家栋. 断裂中的传统［M］. 北京：中国社会科学出版社，2001：307－308.

❹ 郑家栋. 断裂中的传统［M］. 北京：中国社会科学出版社，2001：308.

❺ 陈来. 人文主义的视界［M］. 南宁：广西教育出版社，1997：前言.

美人之美，美美与共，天下大同”的主张。1993 年在苏州举行的“海峡两岸”社会学人类学座谈会上，他反思自己一生所写的文章，“并不是我个人的作品，而是反映了当时中国知识分子的心态”❶。1995 年，费孝通开始写作自觉地反思自己一生作品的文章，在反思中，其对中国文化的地位和价值产生了新的认识，于是提出了“文化自觉”的概念。所谓“文化自觉”，是指生活在一定文化中的人对其文化有“自知之明”，明白它的来历、形成过程、所具有的特色和发展趋势，不带任何“文化回归”的意思，同时也不主张“全盘西化”或“坚守传统”❷。李亦园在总结费孝通一生的贡献时，也认为他从理论上确定了中国文化的特点和它对人类的未来发展所能做出的贡献。❸“文化自觉”的逻辑结果必然是摈弃那种激烈的反传统主义，确立中国传统的主体性地位。

汤一介先生在 20 世纪 80 年代就开始研究和弘扬中国的文化传统，但直到 90 年代中期之前，他对中国文化传统都持一种保留态度，甚至在国学热兴起后，他仍然说：“我不主张过分提倡国学。”“它有很多不适合现代社会节奏之处。”它专注于“内在超越”，而缺乏“一套健全而完备的政治法律制度”，导致“社会走向人治而非法治”❹。但在 90 年代中期后，在反思“新轴心时代”和“文明的冲突”等观念的基础上❺，他对中国文化传统的肯定多了一些。在全球化的时代，我们需要回到“传统”，以“传统”为起点，并从“传统”中找寻力量和支点，以推进我们的文化发展，来解决当前人类社会存在的问题。❻ 他接过了费孝通先生的“文化自觉”的概念，提倡

---

❶ 费孝通．文化与文化自觉［M］．北京：群言出版社，2010：192.

❷ 费孝通．文化与文化自觉［M］．北京：群言出版社，2010：291.

❸ 费孝通．文化与文化自觉［M］．北京：群言出版社，2010：246.

❹ 汤一介．在非有非无之间：汤一介自述［M］．郑州：河南文艺出版社，2017：78 – 79.

❺ “新轴心时代”的提出是在 1998—1999 年，亨廷顿的《文明的冲突与世界秩序的重建》是 1998 年在中国翻译出版的。

❻ 汤一介．在非有非无之间：汤一介自述［M］．郑州：河南文艺出版社，2017：152 – 153.

中国文化将沿着“反本开新”或“继往开来”的方向发展。[1]

亨廷顿在《文明的冲突与世界秩序的重建》一书中说，冷战结束后，“本土化和宗教的复兴是全球现象。”[2] 但这种文化自我伸张意识，其实恰恰是实现现代化较为成功国家的必经阶段。这些国家的现代化一般分为两个阶段：第一阶段，在推进现代化的同时也推进西方化，因为改革的早期阶段必须向西方学习；第二阶段，往往表现为复兴“本己文化”的倾向。因为随着总体国力不断提升，将激励这个社会对自己文明产生更强的自信和自豪，而传统纽带和社会关系断裂导致的个体层面上的焦虑和认同危机，也会导致民众向传统的回归和肯认。[3]

没有任何一个国家能够在失去文化自主权、文化不自信的情况下构建出坚定的制度自信的。无疑，经过一百多年的迷惘、探索、追寻，今天产生的这种自信、自豪感，以及向传统的回归与肯定，是我们构建制度自信的重要前提。当然，构建文化自信、制度自信，只有态度和情感上的转变是不够的，还需要从理论上进行解释和论证，这就需要我们从根源上探讨这种自我贬低认识范式产生的根源。

三、超越自我贬低的认识范式

萨义德在《东方学》一书开篇就说：“东方几乎是被欧洲人凭空创造出来的地方。”[4] 的确，当今非西方世界的很多国家的对外形象和自我认知都是由欧洲人塑造出来的，而且这种形象与认知已经深深纳入他们的思想意识中，让人在浑然不觉中成为西方人的知识附庸。[5]中国人自我贬低的认识范式，在很大程度也是西方人所构建的有关东方的知识谱系的一部分。我们要超越这一自我贬低的认识范式，首先

---

❶ 汤一介．在非有非无之间：汤一介自述［M］．郑州：河南文艺出版社，2017：153.

❷ 亨廷顿．文明的冲突与世界秩序的重建［M］．侯井天，译．北京：新华出版社，2002：102.

❸ 甘阳．文明 国家 大学［M］．北京：生活·读书·新知三联书店，2018：12－13.

❹ 萨义德．东方学［M］．王宇根，译．北京：生活·读书·新知三联书店，2007：1.

❺ 王绍光．祛魅与超越：反思民主、自由、平等、公民社会［M］．香港：三联书店（香港）有限公司，香港浸会大学当代中国研究所，2010：36.

需要追溯西方世界是如何构建中国落后国家形象的。

（一）西方的“中华帝国专制说”的形成与发展

西方对中国有比较确切丰富的认识始于蒙古人征服世界时期，而且西方对中国的认识一开始也并非负面的。《马可波罗游记》塑造的中国形象，有两个最动人的主题，一是财富，二是君主权力。中国物产丰富、城市繁荣，是物质财富的象征，而大汗无上的威严，是君权的力量与荣誉的象征。同样的主题也出现在大致同时期的《曼德维尔游记》和《鄂多立克东游录》中。❶ 这一时期，正是资本主义刚刚萌芽的时期，对财富的向往成为当时社会的主流意识。所以，在他们编制的有关中国的神话中，中国就成为遍地黄金的天堂，成为西方向往的对象。❷

三个世纪后，1585 年，西班牙神父门多萨的《大中华帝国志》在罗马出版，这是他根据当时商人、水手、冒险家和传教士在中国的见闻写成的。门多萨描绘的中国，其文明程度、政治制度令人仰慕。皇帝和内阁是国家的实权机构，司法保证了社会治安，监察制度几乎杜绝了贪污受贿。最奇特的是，门多萨认为中国的行政是议会制度，由经验丰富、德高望重的议员集体决定政务大事。❸ 总之，“这个强大的王国是世界上迄今为止已知的统治最完善的国家。”❹ 很明显，门多萨正是以对遥远中国的乌托邦想象来表达对自身制度变革的期待，遥远的中国正是他们希冀达到的理想国。

一个多世纪后的启蒙思想家仍然对中国的制度充满向往。德国的沃尔夫认为中国政体是世界上最优秀的政体，实现了柏拉图的理想国，也实现了哲人王统治下人民的真正幸福。❺ 伏尔泰也说：“人类肯定想象不出一个比这更好的政府……如果说曾经有过这样一个国家，

---

❶ 周宁．天朝遥远［M］．北京：北京大学出版社，2006：25.
❷ 周宁．天朝遥远［M］．北京：北京大学出版社，2006：26.
❸ 周宁．天朝遥远［M］．北京：北京大学出版社，2006：54－55.
❹ 门多萨．大中华帝国史［M］．何高济，译．北京：中华书局，1998：330.
❺ 周宁．天朝遥远［M］．北京：北京大学出版社，2006：173.

在那里人们的生命、名誉和财产受到法律的保护，那就是中华帝国。”❶ 中国是伏尔泰心目中的孔教理想国，但他对中国的评价不能当作对中国的客观认识来看待，这是一种价值判断，是伏尔泰自身价值观念观照下的理想粉饰，也是他对法国政治制度的未来期许。

对中国制度的赞美和向往，几乎是启蒙思想家的共同倾向，以至于托克维尔在《旧制度与大革命》一书中说，当时的思想家在身边找不到符合他们理想的制度，所以就将注意力投向了遥远的亚洲。“可以毫不夸张地说，启蒙哲学家们几乎每一个人都或多或少地在他们的著作中赞美过中国……他们将中国政体当作举世楷模的最完美的政体。”❷

然而，西方对中国政体的乌托邦想象至此也达到了顶峰。随着启蒙运动提倡的自由、民主、平等、进步等现代意识形态在欧洲的确立，中国逐渐成为西方人确证自身现代性的“他者”。也就是说，西方现代性观念和价值是在否定和排斥“他者”的过程中逐渐建构而成的。在这一建构过程中，中国的形象尤其是政治制度逐渐变得负面化。

东方专制主义话语起源于古希腊。这是在古希腊与波斯的对峙过程中形成，其含义就是希腊是民主的，波斯是独裁的；东方是专制的，西方是自由的。最初，这一话语的对象只包括波斯帝国，但随着西方在地域上的扩张，专制主义概念逐渐向东扩展，最终“收编”了“中华帝国”。中国也逐渐从开明君主的楷模发展成为东方专制主义的代表。❸

孟德斯鸠的《论法的精神》将世界上的政体分为三种：共和政体下的民主政治，最高原则是品德；君主政体的贵族政治，最高原则是荣誉；专制政体，既无品德，也无荣誉，只有畏惧。“中国是一个以畏惧为原则的专制国家”❹ 亚洲的奴役和欧洲的自由都是自然注定的。

---

❶ 伏尔泰．风俗论：下［M］．梁守锵，译．北京：中华书局，1994：460－461．

❷ 托克维尔．旧制度与大革命［M］．冯棠，译．北京：商务印书馆，1992：126．

❸ 周宁．天朝遥远［M］．北京：北京大学出版社，2006：545－546．

❹ 孟德斯鸠．论法的精神［M］．许明龙，译．北京：商务印书馆，2013：152．孟德斯鸠在《论法的精神》第八章第二十一节用专门一节的篇幅论述了“中华帝国”的政治制度。

孟德斯鸠对“中华帝国”的专制主义论述，意味着西方文化传统对中国形象的一种新的定位。❶

需要说明的是，启蒙运动时期的“专制”一词并没有后世那样强烈的负面色彩，例如在魁奈的著作《中华帝国的专制制度》中，虽然也称之为“专制制度”，但比较客观分析了中国各种制度的优缺点，甚至还把某些方面奉为楷模。只有后来由于欧洲逐渐抛弃绝对主义这种国家形态，与绝对君主制类似的专制制度的贬义色彩才越来浓烈。当然在这一过程，被界定为专制国家的中国，在欧洲人的认识中也越来越具有负面色彩。

法国大革命开始时，赫尔德正在写作《关于人类历史哲学的沉思》。在这本书中，他批判了启蒙思想家对中国富庶强大、中国人勤劳善良、中国政府公正鲜明的赞美❷。他认为，中国人是愚昧迷信的，建立在其上的政府是专横腐败的。❸

而此时，马戛尔尼使团恰好出使中国归来，哲学家的思想建构得到了外交使者的实地确证。马戛尔尼发表的中国观感，打开了一个封闭神秘的、在专制与愚昧中衰败成半野蛮国家的帝国。❹

西方人眼中帝制时代中国的专制主义形象在黑格尔的历史哲学中完成了最终的理论论证。黑格尔将世界历史看作世界精神实现自身的过程，每个民族都根据自己在世界历史进程中所扮演的角色或占有的位置，获得自身的意义与价值。在这一体系中，东方不管在空间上还是时间上，都是世界历史的起点或低级阶段，其意义和价值是被否定的。❺

马克思、恩格斯继承了西方流行的，特别是黑格尔对中国的看法，他们在《中国革命与欧洲革命》一文中说：“清王朝的声威一遇

---

❶ 周宁．天朝遥远［M］．北京：北京大学出版社，2006：587.

❷ 夏瑞春．德国思想家论中国［M］．陈爱政，等，译．南京：江苏人民出版社，1997：88.

❸ 周宁．天朝遥远［M］．北京：北京大学出版社，2006：595.

❹ 周宁．天朝遥远［M］．北京：北京大学出版社，2006：595.

❺ 周宁．天朝遥远［M］．北京：北京大学出版社，2006：603.

到不列颠的枪炮就扫地以尽，天朝帝国万世长存的迷信受到了致命的打击，野蛮的、闭关自守的、与文明世界隔绝的状态被打破了。”❶ 马克思、恩格斯发现东方国家普遍存在三个特征：不存在土地私有制、国家兴修大型水利灌溉工程以及采用村社制度。在这三个因素中，马克思、恩格斯尤其看重村社制度，他们认为农村公社是东方社会制度的基础和亘古不变的原因与保证❷。

这样经过一百多年的持续深化，帝制时代中国专制落后的形象在西方社会的认知中已经难以动摇且理论论证也已经相当完备了。但在现实的历史发展中，专制主义却非东方国家的专利。第一次世界大战后，正是在欧洲产生了人类历史上专制主义的极端形态——法西斯主义。汉娜·阿伦特将这种极端形态称为极权主义，过去任何专制形态，其集权和专制程度都比不上极权主义。纳粹帝国几乎摧毁了西方现代文明的信念，西方文明的绝望与恐惧达到了前所未有的程度。❸

如何才能克服这一恐惧？怎样才能在观念上将专制主义从西方排除出去？这一任务最终是由魏特夫的《东方专制主义》来完成的。魏特夫认为，大型治水工程造就了东方国家的行政官僚体系和具有绝对权威的专制政权。这一体系最终借助革命的形式在斯大林时代变成了可怕的现实。由此，现代极权主义就成了东方专制主义的复辟，东方专制主义成为现代极权主义的源头。❹ 这是一种因应冷战需要、没有事实根据的理论建构❺。

总之，西方现代性的根本是一种关于进步与自由的政治哲学，目的是在一种二元对立的世界观念秩序内，完成自身现代性身份的认同。如果他们不把东方界定为专制与停滞、野蛮与邪恶的，又如何界定西方的自由与进步、文明与正义呢？西方的中国形象的意义在于一

❶ 马克思，恩格斯．马克思恩格斯文集：第二卷［M］．北京：人民出版社，2009：608.

❷ 许苏民．“专制”问题讨论中的一个理论误区：论如何看待西方学者的“东方专制主义”理论［J］．天津社会科学，2010（6）：134－138.

❸ 周宁．天朝遥远［M］．北京：北京大学出版社，2006：676.

❹ 周宁．天朝遥远［M］．北京：北京大学出版社，2006：669.

❺ 金寿福．东方专制主义理论是冷战产物［J］．历史评论，2020（2）：85.

种权力修辞或权力游戏，它将中国形象固定在一种西方现代性追求进步、自由、文明的主体框架中，成为被排斥、被否定的“他者”。❶

所以，西方有关中国的“他者”想象，其实是西方文化自我认同的隐喻。❷ 这种想象和隐喻基于一定的事实，但结论却并不是对中国的客观认识，更主要的是西方人对中国的价值判断，甚至是价值偏见。然而，这种想象与隐喻近代以来却随着西方人的侵略逐渐传入中国，成为支配性话语和中国人的自我认识。也就是说，在中国传统政体的认识上，中国人存在一定程度的“自我东方化”❸，甚至自我“污名化”❹ 的现象。西方人对中国的价值偏见内化成了中国人的自我认知。

（二）“中华帝国专制说”在中国的传播及由此引起的反思

明治维新后，日本在翻译西方哲学政治学著作，特别是孟德斯鸠《论法的精神》一书时，逐渐了解了西方人对中国政体的认识。19 世纪末 20 世纪初，经日本人转手的“中华帝国专制说”逐渐在流亡日本中国的知识分子中传播开来，并迅速成为他们批判中国愚昧落后的有力武器。❺ 1902 年，梁启超在《新民丛报》上接连发表了《中国专制政治进化史论》和《论专制政体有百害于君主而无一利》，将历代衰亡的理由最终归于专制政体。1903 年，革命领袖孙中山接受了“中华帝国专制说”，他在檀香山发表演讲时说，革命就是要“废除专制，实行共和”❻。“专制”这一概念，从学术语言变成了革命口号。理论一经为人民群众掌握，就成为改造世界的巨大物质力量。

此后，这一说说传入国内，流传日广，影响日深，最后就连国粹学派和清廷官员都认为两千年来的政体和满清政府是专制政体。民国

---

❶ 周宁．天朝遥远［M］．北京：北京大学出版社，2006：683.

❷ 周宁．天朝遥远［M］．北京：北京大学出版社，2006：前言.

❸ 侯旭东．中国古代专制说的知识考古［J］．近代史研究，2008（4）：27.

❹ 罗岗．成为一个问题的“专制”［N］．中华读书报，2010－04－14（6）.

❺ 侯旭东．中国古代专制说的知识考古［J］．近代史研究，2008（4）：10－11.

❻ 孙中山．孙中山全集：第 1 卷［M］．北京：中华书局，1981：226.

肇造后，专制说进入教材，在不少学者编写的历史教科书中都有体现。这样，专制说就随着这种体制化的力量在全国学生中迅速普及开来。1939 年，毛泽东在《中国革命与中国共产党》一文中指出："自秦始皇统一中国以后，就建立了专制主义的中央集权的封建国家。"❶这一论断对中华人民共和国成立后的大陆学界和历史教育产生了深远的影响，也成为中国人对传统政体认识的固定模式。

这一认识范式虽然成为中国人的普遍认识，但自"中华帝国专制说"传入中国开始，就不断有学者对其进行反思。梁启超虽然主张"专制说"，但他对这一论断也一直犹豫不决，认为中国的君权并不是无限的。❷ 此后严复、梁漱溟、柳诒徵也在不同程度上对这一看法的科学性提出各自的疑问。

1939 年，钱穆出版了《国史大纲》一书，系统地表达了"中国传统政治非专制"的观点。此后，他又发表了《中国传统政治与儒家思想》《道统与治统》《中国传统政治与五权宪法》《中国文化史导论》《中国历代政治得失》等著作和演讲，反思"专制说"始终是其中的重要论题。他说，清末的革命者为了现实政治的需要，没有经过思考就盲目接过了中国"专制说"这一论断，"彼辈论史，则曰：'中国自秦以来二千年，皆专制黑暗政体之历史也。'彼辈谓：'《二十四史》乃帝王之家谱。'彼辈于一切史实，皆以'专制黑暗'一语抹杀。彼辈对当前病症，一切归罪于二千年来之专制。"❸ 但他不仅不认同这一观点，还针锋相对地提出中国为民主政体。1945 年，他在《东方杂志》上撰文说，西方人说政体就君主专制、贵族政体和民主政体三种，中国早已没有贵族，但中国虽有君主，却不是君主专制，所以传统政治只能是民主政体。❹ 当然，钱穆一生心心系念于此，他

---

❶ 毛泽东．毛泽东选集：第二卷［M］．北京：人民出版社，1991：624.

❷ 宋洪兵．二十世纪中国学界对"专制"概念的理解与法家思想研究［J］．清华大学学报（哲学社会科学版），2009（4）：108－109.

❸ 钱穆．国史大纲［M］．北京：商务印书馆，1996：引论.

❹ 钱穆．政学私言［M］//钱宾四先生全集：第 40 册．台北：联经出版事业公司，1998：5－6.

对此的论证持续一生，其论述也绵密深刻，下文我们会详细引述。

钱穆这一观点提出后，几乎遭到了当时各派知识分子的一致反对。主张自由主义的萧公权、信仰马克思主义的胡绳、王亚南，还有带有保守主义色彩的张君劢、徐复观都纷纷撰文或发表论著批判钱穆的观点。甚至他的亲炙弟子余英时也并不赞同他的观点。几十年后，余英时在《“君尊臣卑”下的君权与相权》中说：“君权是绝对的、最后的；相权则是滋生的，它直接来自皇帝。”❶ 很显然，君主权力是最后的决定着，是绝对的。

1995 年，台湾地区的学者甘怀真发表的《皇帝制度是否为专制?》一文，除了梳理西方历史中的“专制”以及专制论在中国的起源，更重要的是提出要反省专制论。他说：“民主如果是 A，皇帝制度就是非 A，但非 A 的这种答案已经不能满足我们，我们想知道它究竟是什么。为了得到这个答案，我们应该更体贴地去思索过去的中国人是如何看待当时存在的事物、思想的，以及他们如何做出分类。”❷ 当然，甘怀真也就皇帝制度为何不是专制提出了自己的论据，这就是礼仪名分。他说：“传统中国并不是没有制君的机制，皇帝制度是受到规范的。黄仁宇在《万历十五年》一书中，鲜活地描述了明万历皇帝如何成为一位‘活着的祖宗’。只不过这种规范不是来自一个法律位阶高于皇权的权力机构，而是一种传统式的公共规范，即礼，亦即名分。”❸ 甘怀真的这种反思的态度后来得到了不少学者的赞赏。

改革开放后，大陆的相关学者也在思考儒家思想的现代价值、儒家思想与现代民主的关系时，也对中国专制论进行了不同程度的反思，但由于专制论根深蒂固，一时不易打破，也没有引起太大反响。

2008 年，侯旭东在《近代史研究》第四期上发表了《中国古代专制说的知识考古》一文，一石激起千层浪，在学界引起了较大反

❶ 余英时. 历史与思想［M］. 台北：联经出版事业公司，1976：50.

❷ 甘怀真. 皇权、礼仪与经典诠释：中国古代政治史研究［M］. 台北：台湾大学出版中心，2004：257.

❸ 甘怀真. 皇权、礼仪与经典诠释：中国古代政治史研究［M］. 台北：台湾大学出版中心，2004：258.

响。这篇文章是“对关于中国古代政体及皇帝本性的一种‘论断’的传播、发展历史的剖析”而非“对帝制时代两千多年中实际运转的中国统治体制本身的研究”,❶ 他的本意也并非是要否定“中国古代专制说”，但他认为中国接受“专制说”就是“自我东方化”的论断，却在客观上起到了为中国两千年来的专制制度平反的作用。

此文发表后虽然受到了很多学者的批判，但也得到了部分学者的声援。其中提出质疑和商榷的有黄敏兰、万昌华、姜鹏、许明龙、周思源、王也扬、张绪山、宁可、袁伟时、阎步克、张分田等，认同和声援他的有方朝晖、金春峰、王瑞来、张传玺、白彤东、秋风、罗岗等。2010 年 5 月，《文史哲》杂志举办的题为“秦至清末：中国社会形态问题”的高端人文论坛也涉及这一问题。论辩双方在儒家文化与皇权的关系、君主专制的概念界定、儒家文化能否制约君主专制等问题上，提出了各自的观点。

总体来说，坚持中国古代专制说的学者还是占大多数，他们认为这一观点有丰富的史料支持和本土思想资源的基础，经过中国学者审慎地研究和论证，并不完全是西方观点的中国翻版，不是一句“自我东方化”就能消解得了的。他们仍然坚持专制是传统中国落后的主要原因，并认为专制说在近代中国已经定谳，反对中国古代专制说的学者难免有“借尸还魂”的嫌疑。

而质疑中国古代专制说的学者认为，应该勇于破除西方理论的羁绊,❷ 摆脱西方人对中国的扭曲认识。他们大致相同的倾向是从概念上追溯专制的起源与传播，强调古代的君主制具有很大的合理性，以及儒家思想和士大夫群体对皇权的制约作用。总体而言，双方观点各有理据，但由于现实关注和理论基础差距较大，双方的观点也是极端对立的，一时之间，都不易说服对方。❸

---

❶ 侯旭东．中国古代专制说的知识考古［J］．近代史研究，2008（4）：5.

❷ 余英时．人文与理性的中国［M］．程嫩生，罗群，等，译．北京：上海古籍出版社，2007：416.

❸ 黄敏兰．近年来学界关于民主、专制及传统文化的讨论：兼及相关理论与研究方法的探讨［J］．史学月刊，2012（1）：114－116.

但不管双方的观点差距如何巨大，也不论传统中国政体是否为专制，他们都认为应该理性、科学也更加深入地加强对古代政体的研究。侯旭东说："现在亟须摘掉这类先入为主的'有色眼镜'，把历史上的'国家'重新开放给学者。"❶ 他这一观点与甘怀真殊途同归，都是要对传统国家治理进行系统、深入的研究，探究传统政体到底是一种什么样的政体。最近十几年，侯旭东在这一领域持续开展研究，先后出版了《宠》《什么是日常统治史》等颇具影响力的著作。

张分田虽然认为中国古代政体为专制制度是没有疑问的，但他依然认为"中国学者应当在坚定不移地批判君主专制及其各种流弊的同时，深入地研究中国古代政治学说的精到之处，并给予相应的评价。在研究实践中，我以儒家经典思想为中心，将'民本思想''帝王观念''统治思想'视为同一问题研究的三个主要视角，依据相当广泛的历史资料，在揭示其专制属性的基础上，充分肯定其历史价值及现实意义，提出了成体系的具有明显特异性的学术观点。"所以，"一个重大课题依然摆在中国学者的面前，即如何客观、全面、准确地认识中国古代政治文明及相关的思想现象？"❷

白彤东也认为应该摆脱过去那种简单化的二分观点，对中国的复杂性应该有充分的认知。他在《中国是如何成为专制国家的？》一文中写道，在世界上各种政体之间，甚至君主专制政体之间，存在一个权力渐变的光谱："在此光谱中，某些时段的中国传统政体，可能比欧洲的所谓节制政体更不专制。缺乏对'专制'的深入理解，缺乏对传统中国之复杂性的认知，用'专制'标签把传统中国一棒子打死，这在理论上是幼稚、有害的，在实践上是危险的。"❸

总体看来，参与这次讨论的学者，不管其意图如何，是为专制翻案，还是为专制定谳，讨论的双方其实在根本问题上已经达成共识，就是不再简单地接受"中华帝国专制说"，而是要对其进行深入具体

---

❶ 侯旭东. 中国古代专制说的知识考古［J］. 近代史研究，2008（4）：28.

❷ 张分田. "专制"问题论纲：关于"重建中国思想史知识体系"的若干思考［J］. 天津社会科学，2011（3）：128.

❸ 白彤东. 中国是如何成为专制国家的？［J］. 文史哲，2016（5）：45.

的研究。

20世纪30年代初，钱穆在北京大学任教，想开一门中国政治制度史的课程，历史系主任陈受颐不允许，认为“中国秦以下政治，只是君主专制。今改民国，以前政治制度可勿再究。”经过反复争取，学校终于允许钱穆开设此课。“北大选课，学生可先自由听讲，一月后始定选。到时，乃无人选余此课。”❶ 有关古代政治制度的课程无须开设，开了也没有学生选课，显然都是认为“专制”一词就可以将传统政治制度囊括无遗，而这一制度粗陋落后，也没有学习的必要和价值。

然而，治理一个疆域辽阔、人口众多、族群复杂的国家，政府有效运作，社会大致安定，且创造了几千年来长期领先于世界的物质财富和精神文明的制度体系，会没有任何优点，没有任何有益于现代社会的恒久价值吗？这一本来不成问题的问题，却在西方文化的强势入侵、中国文化信心尽失的背景下，成为中国人认识和利用传统治理资源时首先需要越过去的心理认知障碍。可喜的是，经过一百多年的研究、反思，中国人终于不再以专制黑暗为由将传统政治制度一笔抹杀，而是愿意重新思考传统治理资源的优势，发掘其现代价值。

四、重思传统治理资源

传统治理资源的内容是非常丰富的，而且有些内容一直都具有正面的价值，无须进行反思。所以，这里所说的“重思”，重点是指那些近代以来随着西方的入侵，逐渐被视为负面的制度和价值，其中主要是对传统政治制度的认识。传统的政体到底是一种什么样的政体？它对今天国家治理体系和治理能力现代化又有何意义？近代以来的学者对这一问题从不同角度进行了反思，已经产生了不少积极成果。

❶ 钱穆．八十忆双亲：师友杂忆［M］．北京：生活·读书·新知三联书店，1998：169－170．

（一）“中国式的民主政治”❶

“中国式的民主政治”是钱穆对传统政体的概括。钱穆一生奋斗的目标是要“找出今日中国自救之道”❷，所以，“中国式民主政治”的提出，既是其学术探索的成果，又是其为现实政治寻找的答案❸。自《国史大纲》一书出版后，这一论题就成为他念兹在兹、不断进行论证的主题。钱穆的论证主要是从纵横两方面展开的。

在纵的方面，主要是从中国政治制度演进过程进行论证。钱穆认为，中国政治制度的进步可以分为三级。第一级，“由封建而跻统一”，即由先秦时期的封建制转变为汉代的统一政府。这个统一政府，“立国规模，广土众民，乃非一家一姓之力所能专制”❹。第二级，“由宗室、外戚、军人所组成之政府，渐变而为士人政府”。汉代设立五经博士，接纳儒生从政，“乃晚周先秦平民学术思想盛兴后，伸展于现实所应有之现象”。士人儒生成为政府官员的主要来源，意味着汉朝的统治基础逐步扩大化和平民化，这正是非专制的表现。❺ 第三级，“由士族门第再变而为科举竞选”❻，隋唐以后施行的科举制度，以平等参与、公平竞争为原则，通过考察德行和学识，用制度化的方法从社会中选拔人才，这正是民主化的做法。民主精神的文治政府、经济平等的自由社会、个性伸展的平民生活，都是在这一时期逐步实现的。传统政治制度当然也有弊端，但就中国政治制度发展的大势而言，则是不断进步的，而且是不断理性化和平民化的。

在横的方面，主要是在士人与政府关系以及政府运作程序上进行论证。钱穆认为，汉朝以后的政治是受学术指导，其政治可以称为

---

❶ 钱穆．政学私言［M］//钱宾四先生全集：第 40 册．台北：联经出版事业公司，1998：284.

❷ 钱宾四先生百龄纪念会学术论文集［M］．香港：香港中文大学新亚书院，2003：30.

❸ 张昭军．“中国式专制”抑或“中国式民主”：近代学人梁启超、钱穆关于中国古代政治制度的探讨［J］．近代史研究，2016（3）：129.

❹ 钱穆．国史大纲［M］．北京：商务印书馆，1996：引论.

❺ 钱穆．国史大纲［M］．北京：商务印书馆，1996：引论.

❻ 钱穆．国史大纲［M］．北京：商务印书馆，1996：引论.

"士人政治"。士人是政府官员的主体，也是社会的主导力量，起着限制君权的作用。这是因为，士人并非像专制论者所主张的那样是君主统治民众的驯服工具，其政治理念和学人身份直接影响着他们的政治行为。他们入仕参政是为了实现儒家所提倡的社会道德理想，从道不从君是他们的从政原则。由此，士大夫群体就有可能成为制衡君主的重要力量。不仅如此，士人来自社会，特别是农村，他们在一定程度上还代表了民间意志。正如钱穆所说："中国政府虽无国会，而中国传统政府中之官员，则完全来自民间。既经公开之考试，又分配其员额于全国自各地。又考试按照一定年月，使不断有新分子参加。是不啻中国政府早已全部由民众组织，则政府之意见，不啻即民间之意见。"❶ 在这个意义上，钱穆甚至认为传统政府具有信托性质，政府既不由贵族独占，也不被军人垄断，而是由从民众选拔出来的知识人组成，这些知识人往往背负着某些家族和地区的信托❷。其民主程度可能超过了西方的间接民主："近代西方政府民众对立，由民众代表来监督政府，此只可说是一种'间接民权'。若由民间代表自组政府，使政府与民众融成一体，乃始可称为一种'直接民权'。"❸ 钱穆的这一观点，倒是与李约瑟不谋而合。李约瑟也认为中国各个朝代中的文官知识分子往往形成了广泛和明智的舆论势力，而他们一般也能反映广大平民百姓的意见。❹ 科举制具有一定的反映民意的功能，这一点我们在研究科举制时已经做过介绍，与此处钱穆、李约瑟的观点恰好相互印证。

钱穆主要从两个方面来论证传统政体的民主性。一是人才选拔和任用的公平性与理性化，这主要体现在考试制度和铨选制度上。中国

❶ 钱穆．文化与教育［M］//钱宾四先生全集：第41册．台北：联经出版事业公司，1998：114．

❷ 钱穆．政学私言［M］//钱宾四先生全集：第40册．台北：联经出版事业公司，1998：158．

❸ 钱穆．国史新论［M］//钱宾四先生全集：第30册．台北：联经出版事业公司，1998：113．

❹ 李约瑟．四海之内［M］．劳陇，译．北京：生活·读书·新知三联书店，1987：45－46．

人早在先秦时期，就认识要保证清明理性的政治，就需要“选贤与能”。先秦诸子中不少人都设计过如何向民众实行一定的教育，然后从中选拔优秀人才，再根据能力大小和成绩高低安排相应的职位。钱穆说，中国“秦汉以下政制，即向此演进”❶，先秦诸子的制度设计逐渐变成现实。只不过中国历史是在平和中逐步演进的。二是，中国政制“自始即偏重政府之职分与责任，而不注重在政府之权利上”❷。政府职责的划分，首要的当然是君臣之分，“亦可说是‘王室’与‘政府’之划分”❸。这一划分，意在从制度上避免皇帝大权独揽。而且，中国传统政治职权的分配特别周密，各部门、各单位都有一种独立性与平衡性，一面互相牵制，一面互相补救，留有政治内部自身调节之余地。❹ 钱穆先生的这一观点，类似于我们上文说过的流程式分工。

钱穆对传统政制的研究，虽然有不少概念混乱和误用的地方，也有不少因为对西方政制了解不足而导致的误解。但他对传统所持的温情而有敬意的态度，以及对传统政制优良之处的全面发掘，对后世学者产生了很大的影响。今天，很多学者重思传统治理资源时，还要回归钱穆的观点，重新出发。

（二）“华夏治理秩序”

中国人再次大规模地反思传统政制特别是君主制度，已经是 21 世纪的事了。尤其是 2010 年之后，随着中国经济的快速崛起，中国人的自信心逐渐恢复，中华文明的主体自觉意识逐渐觉醒。这次反思虽然也遭到不少学者的质疑甚至批判，但其深度和规模已经不是钱穆一个人孤军奋战所能比拟的了。随着这次反思所产生的对传统政制的

---

❶ 钱穆．国史大纲［M］．北京：商务印书馆，1996：引论．

❷ 钱穆．国史新论［M］//钱宾四先生全集：第 30 册．台北：联经出版事业公司，1998：111．

❸ 钱穆．国史新论［M］//钱宾四先生全集：第 30 册．台北：联经出版事业公司，1998：98．

❹ 张昭军．“中国式专制”抑或“中国式民主”：近代学人梁启超、钱穆关于中国古代政治制度的探讨［J］．近代史研究，2016（3）：128．

新认识、新观点已经成为学界不可忽视的存在。

其中发挥的作用最大、态度最为坚决的还是大陆新儒家。大陆新儒家经过20世纪八九十年代的初步发展后，逐渐开始自觉地与海外新儒家分道扬镳。他们认为海外新儒家主要是一种心性之学，只注重内圣，而忽视外王，即使关注外王，也只是希望以儒家资源开出现代民主政道。而大陆新儒家则有着强烈的用世之心，旨在通过发掘儒家的制度设计，参与到当下中国的制度变革和国家治理中去。最早表达这一雄心壮志的是2003年出版的蒋庆所著的《政治儒学》。不久大陆新儒家又提出儒家宪政主义这一概念，他们认为中国有自己的宪政传统，传统政治制度就是宪政，可以称之为儒家宪政。2010年前后，一大批新儒家学者如杜钢建、唐文明、康晓光、柯小刚、陈祖为、任锋、姚中秋等围绕这一概念阐释了自己的理论。当然，为了阐明儒家宪政的现实意义，需要对其历史形态进行研究，这就涉及对传统政制的反思和重新认识的问题。其中，以姚中秋的研究最为全面、系统。他以“华夏治理秩序”为题，对中国传统国家治理进行了系统地梳理。

姚中秋虽然有着深厚的西方经济学、政治学背景，但他的研究基本还是从中国历史出发，是一种历史主义的研究。他的方法主要是通过重构尧舜以降的中国历史叙事，发掘中国的宪政传统。❶ 他的论证也是从纵横两个角度展开的。

在纵的方面，他认为华夏天下的治理之道在其最初确立之时，就具有宪政主义的基因，如“合和万邦”、舜与群臣的“共治”之道、皋陶的“天叙有典”等。此后的中国国家治理，一直在探索这一治理之道所蕴含的宪政主义基因的制度实现形态，并形成了两种治理秩序：封建制和共治体制。❷

周人建立的经典封建制的基本架构是自由人通过书面契约所建立的君臣关系。这一订约过程的一般性称呼是“策名委质”，这是西周金文中最常见的策名程序。君臣关系的契约性质，决定了封建治理的

❶ 姚中秋．儒家宪政民生主义［J］．开放时代，2011（6）：32.
❷ 姚中秋．儒家宪政民生主义［J］．开放时代，2011（6）：33.

高度依赖规则，这规则就是“礼”，由此形成了封建时代的“礼治”秩序。孔子所说的“君使臣以礼，臣事君以忠”❶，就是这种秩序的体现，也是儒家期望构建的基本宪政制度。姚中秋认为，西周时代所有人都被礼治全面约束，这与英格兰普通法传统中所形成的法治之基本架构是完全相同的。

在中国历史上形成的第二种具有宪政主义指向的制度形态，是汉武帝时期在董仲舒建议下形成的士大夫与皇权共治体制。儒家驯化皇权的策略是将皇权置于天道之下，而天道的解释权却掌握在儒生士大夫手中，由此就打通了儒生进入治理架构的通道，形成了此后延续两千多年的皇权与士大夫的“共治体制”。熙宁四年（1071 年）宋神宗、文彦博、王安石在资政殿曾有过这样一场讨论：

> 彦博又言：“祖宗法制具在，不须更张，以失人心。”上曰：“更张法制，于士大夫诚多不悦，然于百姓何所不便？”彦博曰：“为与士大夫治天下，非与百姓治天下也。”上曰：“士大夫岂尽以更张为非，亦自有以为当更张者。”安石曰：“法制具在，则财用宜足，中国宜强。今皆不然，未可谓之法制具在也。”彦博曰：“务要人推行尔。”❷

宋代皇权衰弱，士人精神高扬，与君主“同治天下”是他们的共同意识。但其实其他时代的士大夫与他们共享同一套儒家思想，他们以天下为己任，都认为君主不该独揽大权，儒生也有治国平天下的责任。所以，尽管各个时代的士大夫在分享权威的程度上有差别，但是共治体制却是秦汉以后传统政治的基本框架。

在横的方面，主要是秦汉以后共治体制的结构表现。共治体制的哲学基础是道统、学统高于政统，学术应该指导政治。王安石变法时，很多反变法派官员，如司马光、文彦博、张方平、苏轼、苏辙等人纷纷出朝，自甘流放，其理由就是所学与王安石不同。他们宁愿提

---

❶ 《论语·八佾篇》。

❷ 李焘.《续资治通鉴长编·卷二二一·熙宁四年三月戊子条》。

前退休或被流放岭南，受尽天涯海角的凄苦，也不愿稍贬所学，享受金马玉堂的富贵。当然，等他们还朝掌权后，也会依据所学，尽废王安石变法。宋代变法派和守旧派之争，其背后是儒家不同流派、不同政治理念之争，这正是学统高于政统的具体体现。

共治体制的表现主要在以下三个方面：第一，由独尊儒术制度建立起来的士人政府。儒家士大夫有自己信奉的道，有独立于皇权的政治理想，不可能甘当皇权的工具。他们在历史上屡屡与皇权及其附属物发生激烈的冲突。唐代著名诗人高适在封丘做县尉时，曾写过一首《封丘作》，其中说道："拜迎长官心欲碎，鞭挞黎庶令人悲"，这大概是传统文官知识分子共同的心理取向，其中既有面对权力时的独立意识，又有同情基层民众的人文精神。第二，儒家知识分子利用政府权威和知识优势在社会上确立的治理权威。首先，是由讲学形成的师徒关系和知识社团，这种关系往往跨越地域，在全国范围内具有影响力，像汉代的经师马融、郑玄，宋代的名儒孙复、胡瑗、石介，明代的东林党、复社等。其次，他们的家族可以自主处理相关事务，也构造了重要的社会自主治理组织。最后，共治的理念也让皇帝承认这些社会组织或个人拥有一定的自治权利，从而形成了政府与社会的"共治"格局。第三，西汉中期以后，出现了刑治与德治共同治理的格局。秦朝纯任刑罚，但汉朝任用儒生为政后，礼治得到了恢复。由此就形成"霸、王道杂之"的治理格局。此后，执法权落入以儒生为主体的官员手中，儒家精神逐渐渗入刑法之中，法律逐渐儒家化。对此，瞿同祖先生曾著有专文论述❶。

总之，由于具有内在平衡机制，共治体制是一种内在稳定的治理秩序。在这一秩序下，权力维持在较高的理性水平上，平等、自由、公正都能得到大致的保障。法律、市场在传统中国也能大体正常地运

❶ 这篇文章为《中国法律的儒家化》，后作为附录收入瞿同祖先生的名作《中国法律与中国社会》。

转，社会、文化能够维持一定的繁荣。❶ 总之，这是一套运行良好的多元治理秩序。

当然，大陆新儒家的儒家宪政理论也遭到了不少学者的质疑。他们认为即使儒家宪政是一种宪政，也是残缺的礼治型宪政，具有自身不可克服的内在限制。儒家宪政在现代社会中不再具有独立的光复价值，但其中的政治智慧有可能通过与现代政治理念的审慎的“嫁接”，在现代民主政治的基本架构之中实现创造性的转化，在21世纪的中国政治之中再放异彩。❷ 这两种观点哪一种更合理，哪一种会变成现实，还有待于未来实践的检验，但现在能够认识到传统的价值，并且愿意吸取其中有价值的成分，就已经是一个巨大的进步了。

（三）“混合政体”

就在新儒家提出“儒家宪政”时，一些具有西方哲学、法学和政治学背景的学者，也在反思传统君主制度的基础上提出了一些新的认识，其中比较重要的有“保育式政体”“混合政体”等。这里以“混合政体”为例进行简单的介绍。

亚里士多德在《政治学》一书提出了最早的政体谱系学，将当时他所观察到的政体分为君主制、贵族制和民主制及其变形僭主制、寡头制和暴民制。但他也说：“有些思想家认为理想的政体应该是混合了各种政体的政体。”❸ 后来，希腊历史学家波利比乌斯在考察罗马帝国崛起的秘密时，发现罗马的共和制度是一种融合各种政制的混合政体。其执政官、元老院和库利亚大会分别具有君主制、贵族制和民主制的优点。所以，罗马的共和制度是一种成熟、稳固且优良的政体制度，而在一定意义上混合政体也成为优良政体的代名词。

---

❶ 姚中秋．儒家宪政民生主义［J］．开放时代，2011（6）：34．以上所引姚中秋对“华夏治理秩序”的研究皆出自这篇文章。姚中秋尤其对儒家思想中市场经济的辩护再三致意，除了对现实中发展市场经济有意义，也因为平等、自由、法律等价值或制度往往与市场经济有着千丝万缕的联系。

❷ 许纪霖．儒家宪政的现实与历史［J］．开放时代，2012（1）：57．

❸ 亚里士多德．政治学［M］．吴寿彭，译．北京：商务印书馆，1965：66．

2011年8月6—7日，中国文化论坛第七届（2011年度）论坛在北京举行，论坛主题为“理想政体：古今中外的探求”。中国人民大学法学院的马小红教授认为游历中国的传教士对中国古代政制的判断应该比依靠二手资料断定中国专制制度的孟德斯鸠的看法更贴近客观事实。孟德斯鸠认为专制政治建立在恐惧之上，贵族政治建立在荣誉之上，共和政治建立在品德之上。所以中国是一个建立在恐惧之上的专制国家。但亲历中国的传教士一般认为，中国是一个兼具共和、贵族和君主三种因素的混合“政体”。❶

中国虽然有令人畏惧的刑罚，但其自古就重视以德治国，帝王的品德行为更是天下关注的焦点，其言行举止都受到礼制的约束和群臣的规谏。君主不能为所欲为，就连认为中国根本就没有历史的黑格尔也不能否认。黑格尔在评价中国皇帝时说：“他的职权虽然大，但是他没有行使他个人意志的余地。因为他的随时督察固然必要，全部行政却以国中许多古训为准则。”❷

除了对品德的关注，对荣誉的珍视也是礼教的特点，这正是儒生带给国家制度的品性。伏尔泰在研究中国法律时就注意到了这一点：“若是出现一桩罕见的高尚行为，那便会有口皆碑，传及全省。官员必须奏报皇帝，皇帝便给应受褒奖者立碑挂匾。”❸ 所以，中国的统治原则绝非只有刑罚带来的畏惧，而且主要也不是畏惧。从这种意义上来说，马小红教授认为，中国采用的虽然是君主的形式，但是也混合了共和制、君主制的因子，形成了一种兼而有之的混合政体。中国的先人们显然创造出了最适合当时中国的治理方式。❹

北大法学教授朱苏力也得出了大致相似的结论。他说：“若真要归类，我认为中国的皇帝从来就是一种‘混合宪制’。由于中国历史

---

❶ 马小红. 中国古代的“权力”理念：兼论中国古代社会的政体与法律［G］//王绍光. 理想政治制度：中西古今的探求. 北京：生活·读书·新知三联书店，2012：184.

❷ 黑格尔. 历史哲学［M］. 王造时，译. 上海：上海书店出版社. 1999：167.

❸ 伏尔泰. 风俗论：下［M］. 梁守锵，译. 北京：中华书局，1994：217.

❹ 马小红. 中国古代的“权力”理念：兼论中国古代社会的政体与法律［G］//王绍光. 理想政治制度：中西古今的探求. 北京：生活·读书·新知三联书店，2012：187.

总体而言没有贵族这个社会阶层，也没有直接民主、代议民主或保民官之类的制度，因此这种混合宪制在中国的具体体现就是皇权与以相权为代表的官僚士大夫势力相互间的制衡。尤其是在常规时期，即开国之后守成君主统治时期。”“否则就无法理解东晋‘王与马，共天下’的说法；无法理解在号称皇权最专制的明朝，万历皇帝会因文官集团过于强悍竟然以数十年不上朝来对抗。”[1] 所以，古代君主无论是雄才大略的，还是庸碌无为的，在很大程度上是受制于官僚的，这种受制一定不是规范要求，不是理想，而是在君主治理下的常规政治生态。[2]

复旦大学的白彤东教授也将传统政体界定为“混合政体”。他从孟子的思想出发认为：首先，孟子主张民为邦本，人民的满足是政权的合法性来源；其次，判断人民是否满足的依据来自人民的感受；由此传统政体就以民有、民享为主。但孟子认为，治理是人民力所不能及的事，治理应该交给“大人”“治人者”，也就是圣贤之人。由此就形成了中国古代主权在民、治权在贤的混合政体。[3]

当然，传统政治制度和国家治理体系历经几千年的演变，留下了非常丰富的文献，对其达到全面、客观的认识可能还要经过几代学者的艰苦努力，而且前面所介绍学者的研究成果也多是个人看法，仍有可商榷之处。但不管怎样，我们已经越过那个简单否定传统的时代，进入了一个可以理性看待传统、愿意吸收传统资源的新的时期。在这个时代，传统治理资源可以为构建制度自信发挥不可替代的作用。

五、以传统治理资源构建制度自信

悠久的国家治理传统能够为制度建设和制度自信提供深厚的历史基础。这是因为从制度自身演变的逻辑、国家的历史定位与文明认

---

[1] 苏力. 大国宪制：历史中国的制度构成［M］. 北京：北京大学出版社，2018：482－483.

[2] 苏力. 大国宪制：历史中国的制度构成［M］. 北京：北京大学出版社，2018：486.

[3] 白彤东. 主权在民，治权在贤：儒家之混合政体及其优越性［J］. 文史哲，2013（3）：14－15.

同、追求一种可以超越西方的更优良的国家治理体系等方面来看，中国国家治理体系和治理能力现代化都离不开传统治理资源的滋养。

（一）创造性转化：制度建设和国家治理现代化的内在逻辑

五四时期反传统的知识分子有一个共同的思想，就是要把“传统”从“现代”中剔除出去，送进“博物馆”。顾颉刚先生在改革开放后回忆自己几十年前编写《古史辨》的初衷时，曾说：“我要使古书仅为古书而不为现代的知识，要使古史仅为古史而不为现代的政治与伦理，要使古人仅为古人而不为现代思想的权威者。换句话说，我要把宗教性的封建经典——‘经’整理好了，送进了封建博物馆，剔除它的尊严，然后旧思想不能再在新时代延续下去。”[1] 研究古书、古史，不是热爱它们，也不是要发掘其中有益于今天的价值，而是要消解它们的权威，将其从今天的现实生活中剔除出去。顾颉刚先生之所以有此看法，是因为他是“五四之子”，继承了五四时期那一代知识分子将传统看作现代化阻碍的看法。

后来，美国学者列文森在名著《儒教中国及其现代命运》借用这一比喻，用以说明儒家传统的死亡。他说：“在西安，儒家庙宇得以修复，成为历史博物馆。在曲阜，修整一新的孔庙和孔林被保护起来。”“保护孔子并不是要复兴儒学，而是把他作为博物馆中的历史收藏物，其目的正在于把他从现实的文化中驱逐出去。”[2] 也就是说，不让儒学再禁锢现代人的头脑。

然而这样做，传统是否就能变成被禁锢在博物馆里的“幽灵”？答案是否定的。有形的物质被送进了博物馆，无形的思想还在社会上游荡；坚固的制度被打碎了，制度的基因仍然在顽强地延续。正如列文森在《儒教中国及其现代命运》这一著作结尾处引用的一则犹太寓言一样，传统虽然在一代代的传承中不断流失，最后的拉比已经不知

---

[1] 顾颉刚．我是怎样编写《古史辨》的？［M］//古史辨：第1册．上海：上海古籍出版社，1982：28．

[2] 列文森．儒教中国及其现代命运［M］．郑大华，任菁，译．北京：中国社会科学出版社，2000：340－341．

如何举行仪式，不知道地点，也不能祷告，“但我们知道这项任务是怎样完成的”❶，传统作为一种特殊记忆依然流传着。

这正是在历史传统与国家治理关系上，不管我们的态度如何，历史传统的延续都不以我们的意志为转移。中国当代国家治理体系中的很多制度因子和思想观念都是由历史传统演变而来的。历史传统是我们在进行国家治理体系和治理能力现代化建设时不得不面对的一项遗产。正像著名社会学家李培林在《村落的终结：羊城村的故事》一书中说：“人们似乎忘却或忽略了，在故去的老人和新生的婴儿之间存在的继替关系，以及后者的血脉和身躯里依旧流淌和生存着的祖辈的血液和基因。”❷ 村落作为一种形态虽然终结了，但其影响仍在。传统制度和价值亦然。

不仅如此，通过梳理成功国家的经验可以发现，制度建设可以学习、可以借鉴，但最根本的途径还是自身制度的发展和演变。这点可以以英国普通法的发展历程为例进行简单的说明。普通法来源于中世纪的习惯法，在英国有着深厚的传统。17 世纪，在欧洲大陆产生了尊崇君权和中央集权的现代政治理念，这一理念传到英格兰后，引起了议会党和保皇党的争端。议会党支持的是中世纪的政治理念，国王的支持者拥有的是现代政治理念。最终英国人使中世纪的普通法在与竞争对手的斗争中获得了胜利，不仅没有牺牲普通法包含的中世纪法律和政治理念，而且使其适于支撑现代国家的统治。❸ 英国历史学派的法学家们将过去出现的一些思想保留了下来，这些思想及建立于其上的规则与制度在未来的某一时刻有时又会展现出新的价值。❹ 善用传统，善于改造传统以适应现代的发展，正是英格兰政治制度能够保持活力的重要原因之一。

正如钱穆所说：“我认为政治制度，必然得自根自生。纵使有些

---

❶ 列文森．儒教中国及其现代命运［M］．郑大华，任菁，译．北京：中国社会科学出版社，2000：383－384．

❷ 李培林．村落的终结：羊城村的故事［M］．北京：商务印书馆，2004：1．

❸ 霍尔斯沃思．英国法的塑造者［M］．陈锐，等，译．北京：法律出版社，2018：125．

❹ 霍尔斯沃思．英国法的塑造者［M］．陈锐，等，译．北京：法律出版社，2018：139．

可以从国外移来，也必然先与其本国传统，有一番融和媾通，才能真实发生相当的作用。”❶ 为了实现制度的现代化，中国需要向西方学习，但中西双方在人文环境、精神信仰和历史进程等方面的巨大差异，决定了各自的演变路径和政治形态的不同。❷ 中国现代化的制度还是要在继承传统的基础上，从中国大地上逐渐发展起来。这其实是中国人在历史上吸收外来文化的一般经验，但这些经验在近代外患日亟、进退失据的危急局势中被全然抛之脑后，割断了自己的传统。

现代性是现代社会不同于传统社会的要素。但现代社会却并不能仅靠现代性而存在。现代社会中的公民道德与伦理秩序需要历史传统的守护和滋养。❸ 必须摈弃那种将传统等同于落后、现代等同于进步的简单粗暴的单线思维方式。在很多方面，传统与现代之间并不存在一条深深的鸿沟。世界上第一部史诗《吉尔伽美什》中对人生各种问题的思考、对社会如何实现公平正义、对合理政治制度的追求，即使今天读来也充满现代感。因为这些问题是人类面对的永恒问题，古人的思考未必没有现代人的深刻。

所以，以激烈反传统的姿态进行制度的现代化建设，不仅不会取得预期的效果，反而会使制度建设走上意想不到的歧途。林毓生的《中国意识的危机》专门研究了近现代历史上，特别是五四时期的整体性的反传统思想。他认为那种激烈的反传统思想不但没有为现代化开辟道路，反倒成了现代化的巨大障碍。新文化运动所提倡的现代价值没有错，但提倡的方式却是南辕北辙，不利于现代价值在中国生根发芽。因为“自由、理性、法治与民主不能经由打倒传统而获得，只能在传统经由创造的转化而逐渐建立起一个新的、有生机的传统的时候才能逐渐获得。”❹

---

❶ 钱穆. 中国历代政治得失 [M]. 北京：生活·读书·新知三联书店，2005：序.

❷ 张昭军. “中国式专制”抑或“中国式民主”：近代学人梁启超、钱穆关于中国古代政治制度的探讨 [J]. 近代史研究，2016 (3)：125.

❸ 陈来. 人文主义的视界 [M]. 南宁：广西教育出版社，1997：前言.

❹ 林毓生. 中国传统的创造性转化 [M]. 北京：生活·读书·新知三联书店，1988：自序.

林毓生认为，僵固的文化与社会会因为受到激烈反传统运动的冲击导致一般规范的崩溃，这种规则崩溃的文化与社会是不利于制度的正常建设和健康发展的。正如他经常引用的怀海特所说的：“生命有要求原创的冲动，但社会与文化必须稳定到能够使追求原创的冒险得到滋养；如此，这种冒险才能开花结果而不至于变成没有导向的混乱。”❶ 显然，中国近代激烈的反传统主义所造成的急剧变革正是中国制度无法健康发展的重要原因。所以，传统与现代并不是简单的非此即彼，传统不一定是现代化的阻碍，也可能成为现代化的基础和媒介。

当然，林毓生的研究主要集中在自由主义没有在中国发展起来的原因上。他在研究西方自由主义的历史和理论时，发现五四时期反传统知识分子的意识与西方自由主义的态度是非常不同的。就自由主义的基础——个人价值而言，他说，个人价值的最终辩护不是基于理性的探讨，而是基于由宗教信仰世俗化所演化出的伦理信念。而自由的政治与立法制度的功能亦大大仰赖于思想与道德的秩序，这也是由历史演化而来的。❷ 正如迈克尔·波兰尼曾论述的那样，真正的创造及创见必须服从于传统及其规制。❸ 所以，如果对儒学重作一番解释的话，儒家道德理想主义与西方自由人文主义之间的新整合是有相当可行的可能的。❹

如果我们将其中的自由主义换成国家治理，就很容易理解新文化运动和在这种思想影响下中国制度建设的两难局面了。五四时期的知识分子认为，若要爱国就必须激烈地反对传统，但激烈反传统却恰恰清除了制度建设和转化的基础与道德秩序。五四时期的一些知识分子完全拒斥传统还有一定的合理性，但今天我们首先需要做的就是跳出五四时期的思维框架，寻求中国历史传统与国家治理现代化的创造整

❶ 林毓生．中国传统的创造性转化［M］．北京：生活·读书·新知三联书店，1988：84.
❷ 林毓生．中国传统的创造性转化［M］．北京：生活·读书·新知三联书店，1996：192.
❸ 波兰尼．自由的逻辑［M］．冯银江，李雪茹，译．长春：吉林人民出版社，2011：38.
❹ 林毓生．中国传统的创造性转化［M］．北京：生活·读书·新知三联书店，1996：195.

合之路。这不仅是一个巨大的理论挑战，也具有实际的重要性。[1]

具体来说，就是把一些中国文化传统中的符号与价值系统加以改造，使经过创造性转化的符号与价值系统变成有利于变迁的种子，同时在变迁过程中继续保持文化认同。历史是不断发展的，不能说过去没有，以后也不可能有，这就需要对传统进行创造性转化[2]。

林毓生的这种看法并不是他独有的，他的老师殷海光在20世纪50年代就已经得出相似的结论。殷海光说，为了祛除乌托邦式的“全盘西化”和半通不通的“中体西用”，不要采取幼稚的破坏原有符号系统和价值观念的办法。这样既可以保住文化认同，也不至引起守旧势力的强烈抗议，可望发育出一种类似于文艺复兴式的文化运动。[3] 所以，他说：“我是传统的批评者，更新者，再造者。”[4] 这就摆脱了五四时期简单否定传统的倾向，批评是为了更新，更新是为了再造。批评、更新、再造，正是现代社会中传统得以再生的途径与步骤。

王元化晚年在反思五四思想时，与林毓生一样，也提出要对传统进行再认识。他提出了“现代化的转化”的概念，认为可以在传统的概念中注入现代的因素。在此基础上，他对传统的纲常名教，甚至早已成为负面价值的“三纲五常”进行了反思。[5] 首先，“三纲五常”不是像通常所想象的那样；其次，“三纲五常”中的关系是一种双向关系，在这种上下关系中有某种独立性存在，这种独立性所体现的道德理想人格可以转化为现代资源。他说：“可以把忠孝的价值开发出来，将它的好的方面引申出来，做一个现代性的转化。”[6]

像殷海光、王元化、林毓生这样在文化和制度建设上由西到中的转向，由批判传统向发掘传统的转变，并非个例，而是一个普遍现

---

[1] 林毓生. 中国传统的创造性转化［M］. 北京：生活·读书·新知三联书店，1996：162.
[2] 林毓生. 中国传统的创造性转化［M］. 北京：生活·读书·新知三联书店，1996：291.
[3] 陈来. 人文主义的视界［M］. 南宁：广西教育出版社，1997：97.
[4] 陈鼓应. 春蚕吐丝：殷海光最后的话语［M］. 北京：中华书局，2019：28.
[5] 王元化. 九十年代日记［M］. 上海：上海古籍出版社，2008：343－346.
[6] 王元化. 清园近作集［M］. 上海：文汇出版社，2004：49.

象，是主张西化但又有志于制度建设的学者走过的大致相似的心路历程。这一点在姚中秋身上体现得最明显。姚中秋曾从事奥地利学派经济学的译介和研究特别是研究翻译了哈耶克的著作。哈耶克认为现代西方民主制度存在很大缺陷，需要回到17世纪、18世纪的英格兰思想，用那个时代的普通法的宪政思想来解决当代民主制度存在的问题。受此影响，姚中秋认为在中国进行制度建设和完善民主，也要沿着中国的脉络进行。因此，他开始将目光投向中国的古典[1]，出版了《华夏治理秩序史》《国史纲目》《重新发现儒家》《儒家宪政主义传统》等梳理儒家思想脉络和治理资源的著作，成为大陆新儒家的代表人物。他的基本观点就是中国的制度建设要按照中国文明自身的逻辑展开[2]，进入中国的传统，归宗于中国之道，然后在文明的边缘上进行制度创新[3]。

所以，博物馆不是“历史的垃圾箱”，珍藏孔子作品的博物馆有可能储存着某种价值和启示。[4] 正如习近平总书记指出的：“照抄照搬他国的政治制度行不通，会水土不服，会画虎不成反类犬，甚至会把国家前途命运葬送掉。只有扎根本国土壤、汲取充沛养分的制度，才最可靠、也最管用。”[5] “中国特色社会主义政治制度之所以行得通、有生命力、有效率，就是因为它是从中国的社会土壤中生长起来的。”[6]

一直以来，国家领导人对传统与现代的关系都有着深刻的认识。习近平总书记关于中国制度发展与国家治理的重要论述，符合制度建设和国家治理现代化的内在演进逻辑，也充分肯定了弘扬中国历史传

---

[1] 姚中秋．为儒家鼓与呼［M］．福州：福建教育出版社，2014：162.

[2] 姚中秋．为儒家鼓与呼［M］．福州：福建教育出版社，2014：66.

[3] 姚中秋．为儒家鼓与呼［M］．福州：福建教育出版社，2014：84.

[4] 列文森．儒教中国及其现代命运［M］．郑大华，任菁，译．北京：中国社会科学出版社，2000：342.

[5] 习近平．习近平谈治国理政：第二卷［M］．北京：外文出版社，2017：286.

[6] 习近平．习近平谈治国理政：第二卷［M］．北京：外文出版社，2017：286.

统在坚定中国特色社会主义制度自信中的重大作用❶，对我们下一步通过对传统的创新性转化和创造性发展，以实现国家治理现代化具有重要指导意义。

（二）中国之为中国：历史传统与中国特色社会主义制度

西方现代文明向全世界传播的结果，并没有像预期的那样出现一个全球普世性文明，而是广大非西方地区文明意识的觉醒和多元现代性的兴起。这种觉醒和兴起，除了受现实国际政治影响外，其实还伴随着非常深刻的人性根源因素，这是一种必然趋势。对于这一点，著名思想家以赛亚·伯林和本尼迪克特·安德森有着清醒的认识。

伯林在接受以色列广播公司访问时曾回忆过对他影响最大的三种文化传统：俄罗斯、不列颠和以色列。因为他是犹太出身，在谈到以色列传统时，他说："尽管我长期信奉个人自由，但我从未经不起诱惑，与那些假个人自由之名拒绝忠于某个特定国家、团体、文化、传统、语言——这些特征将人类区分为不同群体，不计其数而又无法分析——的人为伍。于我而言，这虽然高尚，却让人误入歧途。当人们抱怨孤独时，他们的意思是没有人能理解他们所说的话。被人理解意味着分享共同的过去、共同的情感和语言、共同的设想，可以进行亲密沟通——简而言之，就是分享共同的生活方式。这是一种必不可少的人类需求：否认这一点是一种危险的谬误。"❷

本尼迪克特的观点与伯林有类似之处。他认为随着传统的祛魅，特别是宗教在人们生活中作用的衰减，人们需要重新寻找生活的目标和人生的意义。于是，民族、国家就成为传统或宗教的替代品。民族的属性被融入了肤色、性别、出身等不容选择的事物当中，带上了公正无私的光环，具有无可匹敌的道德崇高性。民族国家成了现代人人

❶ 阎树群. 习近平关于制度自信重要论述的基本内容与理论贡献［J］. 马克思主义研究，2021（2）：31.

❷ 伯林. 个人印象［M］. 林振义，王洁，译. 南京：译林出版社，2013：251－252.

生价值与生命意义的载体，也自然成了人们效忠和献身的对象。[1] 当今世界非西方世界国家主体意识和文明自觉意识的复兴，正是现代民族主义的起源和散布的自然逻辑结果。

冷战结束后，随着全球化的迅猛发展，国家、民族间的矛盾和冲突不断加强。在这种新的环境中，作为构建文化认同的根源性力量，诸如种族、语言、性别、土地、阶级和信仰等原初纽带又重新变得重要起来。[2] 几乎所有的国家都面临民族认同的危机，提倡民族语言、回归民族传统、寻找族群归属、确立民族认同等，成为很多国家维护社会稳定和政治团结所采取的基本手段。马来西亚为了强调民族的统一性，坚持以马来语为国语。以色列建国后决定将之前仅用于宗教仪式的希伯来语重新恢复为日常用语。一些东方国家的领导人和学者，如新加坡的李光耀、马来西亚的马哈蒂尔等，为了强调自身文化的特性，提出以家庭为中心的“亚洲价值”，以区别西方以个体为中心的所谓“世界价值”。[3]

就连超级大国美国也面临这一问题。亨廷顿的《文明的冲突与世界秩序的重建》一书实质是对美国国内白种人逐渐沦为少数群体的一种焦虑。西方世界要保持自己的世界地位，就要加强他们共同的宗教认同。后来，亨廷顿又写了《谁是美国人?：美国国民特性面临的挑战》一书，他认为美国“要遏制和扭转衰落的过程，重新焕发出活力和特性，从而推迟其衰亡”。[4]

具体到中国的历史传统与国家治理现代化上，我们不仅应该进行传统的创造性转化，还应该在这种转化中体现出中国特色。一个国家的制度如果失去了民族意识，也将失去其特性，只能是对其他文化的

---

[1] 安德森．想象的共同体：民族主义的起源与散布［M］．吴叡人，译．上海：上海人民出版社，2005：前言．

[2] 杜维明．儒家传统与文明对话［M］．彭国翔，编译．石家庄：河北人民出版社，2006：114．

[3] 汤一介．在非有非无之间：汤一介自述［M］．郑州：河南文艺出版社，2017：151－152．

[4] 亨廷顿．谁是美国人?：美国国民特性面临的挑战［M］．程克雄，译．北京：新华出版社，2010：前言．

模仿和照搬，它同样不能对人类文化做出积极的贡献。[1] 所以，国家治理现代化不仅应该在传统的基础上走出自己的道路，还应该充分利用传统治理资源，形成自身的特色甚至模式。

2004 年，乔舒亚·库珀·雷默（Joshua Cooper Ramo）提出“北京共识”（Beijing Consensus）的概念，引起了国内外政治学家对中国经济成功的制度因素的热烈讨论。一时间，与“北京共识”联系在一起的“中国模式”“中国经验”“中国道路”成为人们讨论的热点话题。“中国模式”既是中国实现现代化的选择，又是一套发展战略和治理模式，其背后还有一套植根于中国传统的思想意识。[2]

美国政治学家福山认为“中国模式”包括市场经济、一党集中统一领导、出口导向的发展战略以及相对有能力的国家（能够达到其预期目标）等。[3] 他认为，很多学者将中美之间的国家权力形态和民主制度的差异误以为是价值观差异，其实应该是历史发展道路的差异，也就是西方分权道路和中国集权道路的差异。中国当下的官僚体制是过去官僚体系的现代版本，这一体系为中国提供了高质量的治理。[4] 当代中国一直受到自身悠久历史传统的影响，如果观察的不是中国政府的外表而是本质，源自过去的连续性就看得更清楚了。[5]

正是在这一意义上，李泽厚并不同意林毓生“创造的转化”的观点。他认为“创造的转化”实际上仍是全盘西化，是要把今日中国创造性地“转化”到西方既定的形式、模态、规范标准中去，实际上排除了中国走一条自己的路的可能性。他提出了“转化性创造”的概念，并说这并不是简单的文字游戏，而是一个重要分歧。“转化性创造”就是通过逐步改良的方式，使中国成为现代化的发达国家，但不

---

❶ 汤一介. 在非有非无之间：汤一介自述［M］. 郑州：河南文艺出版社，2017：71.

❷ 俞可平. 敬畏民意：中国的民主治理与政治改革［M］. 北京：中央编译出版社，2012：46.

❸ 陈家刚. 危机与未来：福山中国讲演录［M］. 北京：中央编译出版社，2012：18.

❹ 陈家刚. 危机与未来：福山中国讲演录［M］. 北京：中央编译出版社，2012：46 - 47.

❺ 福山. 政治秩序与政治衰败：从工业革命到民主全球化［M］. 毛俊杰，译. 桂林：广西师范大学出版社，2015：337.

必全同于西方的形式、模态、规范。[1] 李泽厚与林毓生在这一问题上的分歧，其根源在于世界上有没有可能出现一种不同于西方的现代性，中国或者其他非西方国家能不能创造出一种与西方不同的文明形态。20 世纪末期，随着新兴市场国家的快速崛起，我们看到多元现代性的曙光慢慢从东方的地平线泛起。

著名学者秦晖也认为未来的中国制度建设应该发掘原初儒学的价值，走“西儒会融”之路。他认为原初儒学的民本精神作为本土资源具有三层价值：符号价值、功能价值和可能的超越价值。符号价值，是指传统儒学可以为现代价值观提供一种中国式的表述。功能价值，是指原初儒学的民本精神与所谓西学在现代化转型中可能实现的功能互补，如传统的宗族自治和士大夫精神就对现代制度体系中的居民自治和人格独立有着不可低估的支撑价值。超越价值，是指对“西方式的”现代性的超越，[2] 这点下文会详细分析。

当然，制度建设和国家治理现代化回归传统、从传统出发，构建具有自身特色的制度体系，这是所有国家都应该遵守的制度发展逻辑，但这只是问题的一个方面，另一方面在于中国是一个大国，确切地说是一种文明的代表。西方学者对中国的基本判断是“一个文明而伪装成一个国家”（a civilization pretending to be a state）[3]，也就是说，中国并不仅仅是通常意义上西方所谓的“民族国家”，它本质上还代表了一个在五千年历史演进中形成的灿烂文明。2021 年 7 月 1 日，习近平总书记在庆祝中国共产党成立 100 周年大会上的讲话中说：“我们坚持和发展中国特色社会主义，推动物质文明、政治文明、精神文明、社会文明、生态文明协调发展，创造了中国式现代化新道路，创造了人类文明新形态。”[4]

---

[1] 李泽厚. 世纪新梦［M］. 合肥：安徽文艺出版社，1998：512 - 513.

[2] 秦晖. 传统十论［M］. 上海：复旦大学出版社，2005：241 - 244.

[3] Lucian Pye. China：Erratic State，Frustrated Society［J］. Foreign Affairs，1990（4）：56 - 74.

[4] 习近平. 在庆祝中国共产党成立 100 周年大会上的讲话［N］. 人民日报，2021 - 07 - 02（1）.

而这种文明新形态的根基就是中华民族五千年来形成的历史传统。著名学者甘阳曾说过，21 世纪中国人必须树立的第一个新观念就是：中国的“历史文明”是中国“现代国家”的最大资源，而21 世纪的中国能开创多大的格局，在很大限度上取决于中国人是否能自觉把中国的“现代国家”置于中国源远流长的“历史文明”之源头活水中。❶ 而文明的底蕴植根于历久弥新的传世经典中，数典忘祖的民族没有资格承载伟大的文明。❷ 中国不仅要创造一种文明新形态，其自我期许还将是一个伟大的文明，中国在世界历史上的地位不是默默无闻。

事实证明，越能保持和弘扬中华民族的特色，就越能掌握全球化进程中的主动权，❸ 越能凸显自身的制度优势。所以，要实现国家治理现代化，其中一项重要工作就是要改变自我贬低的认识模式，发掘传统国家治理体系和理念中的优良因素，发扬本土优势和民族特色。中华人民共和国成立以来，中国共产党吸收了中国传统政治文化中的民主性精华，使之与马克思主义政治原理相契合，形成了中国特色社会主义制度和国家治理体系。

（三）对话与超越：以传统治理资源构建独特的价值与制度体系

世界上没有十全十美的制度和国家治理，对理想政治制度和国家治理的追求是人类永恒的课题。当今世界，国家间的竞争从根本上来说，主要是制度的竞争。所以，中国能否构建出一种不次于也不同于西方的制度体系，就成为国家发展中面临的重大问题。

原则上，任何国家的文化中都包含着可能不次于也不同于西方现代性的制度和价值资源。❹ 但中国传统文化由于具有独特的人文主义

---

❶ 甘阳．文明 国家 大学［M］．北京：生活·读书·新知三联书店，2018：1.

❷ 徐戬．古今之争与文明自觉：中国语境中的施特劳斯［M］．上海：华东师范大学出版社，2010：4.

❸ 俞可平．敬畏民意：中国的民主治理与政治改革［M］．北京：中央编译出版社，2012：54－55.

❹ 秦晖．传统十论［M］．上海：复旦大学出版社，2005：246.

特质和源远流长的制度构建传统，使中国在构建不次于西方的价值和制度体系方面具有特别丰厚的资源。而且随着中国的崛起与文明自觉意识的觉醒，中国人在传统治理资源的现代阐释和转化上做了很多努力。而在以传统治理资源为基础构建一个“立意高远但落点平实”❶的制度体系方面也具有了更大的可能性。这方面我们可以福山对美国政治衰败的研究为例进行说明。

美国林业局一直被认为是美国最成功的官僚机构之一。❷ 这一国家建设的成就主要源自吉福德·平肖的努力。在1898年主管美国农业部林业处后，平肖顶住国会的压力，坚决维护本机构的自主权。他以才能和技术专长为标准聘用大学毕业的农学家和护林员，并在招聘和晋升员工上享有独立的权力。多年以来，美国林业局都是高质量官僚机构的光辉典范。❸

然而，让人意想不到的是，今天的美国林业局却是一个功能高度失调的官僚机构，以错误的工具执行着过时的任务。之所以如此，是因为它已经失去了许多当年在平肖领导下争得的自主权。美国国会和法院对它下达了名目繁多且有时自相矛盾的任务，在这个过程中，花费了纳税人大量金钱。美国林业局原来的任务是通过有序的管理实现国家森林的可持续利用，然而后来却演变为控制野火。但随着环保事业的发展，人们发现森林火灾是一种自然现象，发挥着森林自我维持的重要功能。于是，林业局又转而采取任火燃烧的政策。不过这时，大量的居民移居森林附近，他们选出议员，努力游说，以保护自己免受野火的威胁。环保主义者和森林居民通过国会立法，迫使美国林业局追求经常相互矛盾的不同目标，破坏了其自主性，使其无法坚持去

---

❶ 唐文明. 乌托邦、现代性与未来中国政治的理想维度［J］. 中国图书评论，2011(7)：98.

❷ 福山. 政治秩序与政治衰败：从工业革命到民主全球化［M］. 毛俊杰，译. 桂林：广西师范大学出版社，2015：159.

❸ 福山. 政治秩序与政治衰败：从工业革命到民主全球化［M］. 毛俊杰，译. 桂林：广西师范大学出版社，2015：413.

做对森林长期健康有利的事情。[1]

美国林业局的遭遇并非个例，大量证据显示，美国政府出现了广泛的政治衰败，政府的整体质量在不断恶化，而民主所导致的过度分散化正是其衰败的原因之一。美国由于其复杂的制衡体系，已经出现了可以称为“否决制”的体制，也即在某些领域有太多制衡，以致集体行动的成本大大增加，有时甚至达到了寸步难行的地步。福山曾引用美国人对政府机构看法的调查结果，他说：“讽刺的是，接受调查的美国人最认可的，恰恰是这些几乎不受即刻监督的机构——武装力量、美国航空航天局和疾病控制与预防中心。它们获得推崇的一个原因是，的确能完成任务。”[2] 所以，问题已经很清楚了，如果要政府正常运作，绩效优良，赋予官僚体系相应的权力自主性是非常重要的。当然，赋予权力自主性，并不是要它们篡夺政治领袖的决策权，而是要在专业知识和民主监督之间找到适当的平衡。

如何解决这个问题？有意思的是，福山在讨论这一问题时，开始引用中国传统儒家思想中对政府与民众关系的定位。儒家认为，没有一套规则能在任何情况下都产生良好的效果。为了使政治体制妥善运作，需要有一种无形因素，即信任。公民必须相信政府在大部分时间都能做出有利于保障公民利益的正确决定，而政府必须通过积极回应和兑现承诺来赢得公民的信任。享有适度自主权的官僚机构并不隔绝于公民，而是随时回应社会的要求，这就加强了信任，导致有效政府，构成了高水平的平衡。[3] 所以，传统儒家政治思想是能够为解决当今西方的政治困境提供资源和借鉴的。

当然，政治衰败只是西方制度困境的一种外在表现，如果深入其制度和理念的内部，会发现这种制度还存在难以克服的内在困境。施

---

[1] 福山．政治秩序与政治衰败：从工业革命到民主全球化［M］．毛俊杰，译．桂林：广西师范大学出版社，2015：413－414.

[2] 福山．政治秩序与政治衰败：从工业革命到民主全球化［M］．毛俊杰，译．桂林：广西师范大学出版社，2015：454.

[3] 福山．政治秩序与政治衰败：从工业革命到民主全球化［M］．毛俊杰，译．桂林：广西师范大学出版社，2015：476.

特劳斯在《我们时代的危机》的演讲中认为，当代西方的危机是现代政治哲学导致的。而现代政治哲学虽然凭借科学的力量显示出诸多优点，但也暴露了其恶劣之处。所以，追溯西方的危机要从古今之辨也就是现代政治哲学与古代政治哲学的不同开始。他说："我们可以说现代方案与古代看法不同：现代方案认为社会发展完全取决于各种具体的政治或经济制度，而非品格的塑造。这种看法的隐含意味是，要将法律与道德彻底分离，而非辨别二者之间的差异。""现在，这一境况在现代自由民主制的发展中以另一种形式得到重申。"❶ 现代自由民主是通过投票制来实现的，公民通过投票成为主权者。但"主权者由个体组成，而这些个体却不承担任何责任，也无法被要求承担任何责任：不负责任的个体。这并不是自由民主制的初衷。其初衷是，这种享有主权的个体是尽职尽责的个体，是本着自己良心自我约束和自我引导的个体。""这个已然发生且正在发生的变化，可以称之为自由民主向放纵平等主义的退化。自由民主的核心是尽职尽责的个体，而放纵平等主义的核心却是欲望的个体。"❷

针对这个问题，施特劳斯说："只有通过非法律手段，只有通过道德教育才能培养出尽职尽责的品质。"❸ 再传弟子福山继承了这一思想，认为在现代政治运作中应该注意官员的专业素养和道德品质培养。不过，福山在讨论这个问题时，引用的却是中国古代法家与儒家关于法律规则的争论。法家认为，社会需要明确的法律规则来管理行为，而儒家认为成文法不可能在任何情况下都是正确的，妥善的判断需要弄清特定案件的具体情况：谁犯了罪？动机是什么？做出的判决如何影响广大共同体的利益？儒家认为，贤明的圣人在充分考虑相关情境后才能做出正确的判断。这恰恰与施特劳斯所崇尚的古典政治哲

---

❶ 施特劳斯. 西方民主与文明的危机［M］. 刘小枫，选编. 北京：华夏出版社，2018：11.

❷ 施特劳斯. 西方民主与文明的危机［M］. 刘小枫，选编. 北京：华夏出版社，2018：11.

❸ 施特劳斯. 西方民主与文明的危机［M］. 刘小枫，选编. 北京：华夏出版社，2018：12.

学原则不谋而合。亚里士多德在《尼各马可伦理学》中说，“拥有伟大灵魂的人”（great - souled man）能做出正确的道德选择。[1]

所以，正如施特劳斯回归古典政治哲学来寻找破解现代性问题的方案一样，中国人为什么不可以回到自身传统理论中，来寻找实现现代化和避免现代性问题的方案？既然现代性的深层问题是“道德堕落”[2]，儒家思想对教育的重视，以及其道德心性之学不正是济此陷溺的良方？正如有的学者所说，应该通过博学笃志、切问近思的磨砺，借助经典的阶梯使灵魂通向高贵、正义和美好。[3] 显然，这种经过经典启沃的个体，就不再仅仅是欲望的个体，很有可能成为尽职尽责的个体。

所以，在照鉴现代性和自由民主制问题的基础上，中西双方都有可能从传统出发，提出各自超越现代性的解决方案。也正是在这一意义上，当代大陆新儒家并不满意于海外新儒家的致思路径。港台新儒家希望对儒学进行创造性的诠释，以求与现代自由民主互相融通[4]，也就是通常所说的以老“内圣”（儒家的道德心性之学）开出新“外王”（自由民主）。且不说这种诠释是否有牵强比附之嫌疑，其即使成功，也不过是把现代性和自由民主制的优势与弊端一起移植过来。

在鸦片战争之前的三四千年里，中国人发展出一套完善的国家治理体系，取得了辉煌的治理成就。今天的中国完全有可能在反思现代困境的基础上，通过与西方政治哲学和制度体系的对话，从传统治理理念和制度出发，构建出不同于西方的现代国家治理理念和制度。只有如此，当代中国人才算不辜负华夏五千年的文明史。

---

[1] 福山. 政治秩序与政治衰败：从工业革命到民主全球化［M］. 毛俊杰，译. 桂林：广西师范大学出版社，2015：466.

[2] 施特劳斯. 西方民主与文明的危机［M］. 刘小枫，选编. 北京：华夏出版社，2018：12.

[3] 徐戬. 古今之争与文明自觉：中国语境中的施特劳斯［M］. 上海：华东师范大学出版社，2010：4.

[4] 何信全. 儒学与现代民主［M］. 北京：中国社会科学出版社，2001：151.

参考文献

一、经典著作

[1] 马克思，恩格斯. 马克思恩格斯全集：第三卷［M］. 北京：人民出版社，1960.

[2] 马克思，恩格斯. 马克思恩格斯文集：第二卷［M］. 北京：人民出版社，2009.

[3] 马克思，恩格斯. 马克思恩格斯文集：第三卷［M］. 北京：人民出版社，2009.

[4] 马克思，恩格斯. 马克思恩格斯选集：第一卷［M］. 北京：人民出版社，2012.

[5] 毛泽东. 毛泽东选集：第二卷［M］. 北京：人民出版社，1991.

[6] 毛泽东. 毛泽东选集：第三卷［M］. 北京：人民出版社，1991.

[7] 毛泽东. 毛泽东文集：第二卷［M］. 北京：人民出版社，1993.

[8] 毛泽东. 毛泽东文集：第三卷［M］. 北京：人民出版社，1993.

[9] 毛泽东. 毛泽东文集：第七卷［M］. 北京：人民出版社，1993.

[10] 毛泽东. 毛泽东文集：第八卷［M］. 北京：人民出版社，1993.

[11] 中共中央文献研究室. 建国以来毛泽东文稿：第十册［M］. 北京：人民出版社，1996.

[12] 邓小平. 邓小平文选：第二卷［M］. 北京：人民出版社，1994.

[13] 邓小平. 邓小平文选：第三卷［M］. 北京：人民出版社，1993.

[14] 江泽民. 江泽民文选：第三卷［M］. 北京：人民出版社，2006.

[15] 胡锦涛. 胡锦涛文选：第二卷［M］. 北京：人民出版社，2016.

[16] 习近平. 习近平谈治国理政：第一卷［M］. 北京：外文出版社，2018.

[17] 习近平. 习近平谈治国理政：第二卷［M］. 北京：外文出版社，2017.

[18] 习近平．习近平谈治国理政：第三卷［M］．北京：外文出版社，2020.
[19] 习近平．在纪念孔子诞辰 2565 周年国际学术研讨会暨国际儒学联合会第五届会员大会开幕会上的讲话［M］．北京：人民出版社，2014.
[20] 习近平．在中国文联十大、中国作协九大开幕式上的讲话［M］．北京：人民出版社，2016.
[21] 习近平．在纪念毛泽东同志诞辰一百二十周年座谈会上的讲话［M］．北京：人民出版社，2013.

二、古籍

[1] 高亨．周易古经今注［M］．北京：清华大学出版社，2010.
[2] 高亨．周易大传今注［M］．北京：清华大学出版社，2010.
[3] 周秉钧．尚书易解［M］．上海：华东师范大学出版社，2010.
[4] 程俊英，蒋见元．诗经注析［M］．北京：中华书局，2017.
[5] 孙诒让．周礼正义［M］．北京：中华书局，2013.
[6] 杨伯峻．春秋左传注［M］．北京：中华书局，1990.
[7] 程树德．论语集释［M］．北京：中华书局，1990.
[8] 杨伯峻．论语译注［M］．北京：中华书局，2004.
[9] 陈鼓应．老子今译今注［M］．北京：商务印书馆，2003.
[10] 王文锦．礼记译解［M］．北京：中华书局，2016.
[11] 孙诒让．墨子间诂［M］．北京：中华书局，1986.
[12] 朱海雷．尸子译注［M］．上海：上海古籍出版社，2006.
[13] 陈鼓应．庄子今译今注［M］．北京：中华书局，2016.
[14] 杨伯峻．孟子译注［M］．北京：中华书局，2005.
[15] 梁启雄．荀子简释［M］．北京：中华书局，1983.
[16] 王利器．吕氏春秋注疏［M］．成都：巴蜀书社，2002.
[17] 许维遹．吕氏春秋集释［M］．成都：中华书局，2009.
[18] 王先慎．韩非子集解［M］．北京：中华书局，1998.
[19] 阎振益，钟夏．新书校注［M］．北京：中华书局，2000.
[20] 苏舆．春秋繁露义证［M］．北京：中华书局，2015.
[21] 司马迁．史记［M］．北京：中华书局，1959.
[22] 班固．汉书［M］．北京：中华书局，2016.
[23] 许慎．说文解字［M］．北京：中华书局，2004.

[24] 房玄龄，等. 晋书［M］. 北京：中华书局，2015.
[25] 吴兢. 贞观政要［M］. 长沙：岳麓书社，1991.
[26] 刘昫，等. 旧唐书［M］. 北京：中华书局，1975.
[27] 司马光. 资治通鉴［M］. 北京：中华书局，2011.
[28] 程颢，程颐. 二程集［M］. 北京：中华书局，2004.
[29] 李焘. 续资治通鉴长编［M］. 北京：中华书局，2004.
[30] 马端临. 文献通考［M］. 北京：中华书局，2010.
[31] 脱脱，等. 宋史［M］. 北京：中华书局，2004.
[32] 方孝孺. 方孝孺集［M］. 杭州：浙江古籍出版社，2013.
[33] 吕坤. 呻吟语［M］. 郑州：中州古籍出版社，2008.
[34] 顾炎武，黄汝成. 日知录集释［M］. 上海：上海古籍出版社，2013.
[35] 黄宗羲. 黄宗羲全集：第1册［M］. 杭州：浙江古籍出版社，1985.

三、论著

[1] 阿伦特. 极权主义的起源［M］. 林骧华，译. 北京：生活·读书·新知三联书店，2008.
[2] 艾恺. 世界范围内的反现代化思潮：论文化守成主义［M］. 贵州：贵州人民出版社，1991.
[3] 安德森. 想象的共同体：民族主义的起源与散布［M］. 吴叡人，译. 上海：上海人民出版社，2005.
[4] 安德森. 绝对主义国家的系谱［M］. 刘北成，龚晓庄，译. 上海：上海人民出版社，2001.
[5] 贝淡宁. 贤能政治：为什么尚贤制比选举民主制更适合中国［M］. 吴万伟，译. 北京：中信出版集团，2016.
[6] 比瑟姆. 官僚制［M］. 韩志明，张毅，译. 长春：吉林人民出版社，2005.
[7] 波兰尼. 自由的逻辑［M］. 冯银江，李雪茹，译. 长春：吉林人民出版社，2011.
[8] 伯林. 个人印象［M］. 林振义，王洁，译. 南京：译林出版社，2013.
[9] 卜宪群. 习近平新时代治国理政的历史观［M］. 北京：中国社会科学出版社，2019.
[10] 陈独秀. 独秀文存：第1卷［M］. 北京：外文出版社，2013.
[11] 陈鼓应. 春蚕吐丝：殷海光最后的话语［M］. 北京：中华书局，2019.

［12］陈家刚．危机与未来：福山中国讲演录［M］．北京：中央编译出版社，2012．
［13］陈梦家．殷墟卜辞综述［M］．北京：科学出版社，1956．
［14］陈来．人文主义的视界［M］．南宁：广西教育出版社，1997．
［15］邓恩．民主的历程［M］．林猛，等译．长春：吉林人民出版社，1999．
［16］渡边信一郎．中国古代的王权和天下秩序［M］．北京：中华书局，2008．
［17］杜维明．儒家传统与文明对话［M］．彭国翔，编译．石家庄：河北人民出版社，北京：人民出版社，2010．
［18］杜维明．现代精神与儒家传统［M］．北京：生活·读书·新知三联书店，2013．
［19］费孝通．中国绅士［M］．北京：中国社会科学出版社，2006．
［20］费孝通．文化与文化自觉［M］．北京：群言出版社，2010．
［21］芬格莱特．孔子：即凡而圣［M］．彭国翔，张华，译．南京：江苏人民出版社，2002．
［22］芬纳．统治史［M］．上海：华东师范大学出版社，2014．
［23］冯崇义．罗素与中国［M］．北京：生活·读书·新知三联书店，1994．
［24］冯友兰．三松堂学术文集［M］．北京：北京大学出版社，1984．
［25］冯友兰．冯友兰自述［M］．北京：中国人民大学出版社，2004．
［26］伏尔泰．风俗论：下［M］．梁守锵，译．北京：中华书局，1994．
［27］福山．政治秩序的起源［M］．毛俊杰，译．桂林：广西师范大学出版社，2012．
［28］福山．政治秩序与政治衰败：从工业革命到民主全球化［M］．毛俊杰，译．桂林：广西师范大学出版社，2015．
［29］甘怀真．皇权、礼仪与经典诠释［M］．台北：台湾大学出版中心，2004．
［30］甘阳．古今中西之争［M］．北京：生活·读书·新知三联书店，2006．
［31］甘阳．文明　国家　大学［M］．北京：生活·读书·新知三联书店，2018．
［32］高力克．新启蒙：从欧化到再生［M］．北京：东方出版社，2019．
［33］葛兰西．狱中札记［M］．葆煦，译．北京：人民出版社，1983．
［34］沟口雄三．中国的公与私·公私［M］．郑静，译．北京：生活·读书·新知三联书店，2011．
［35］沟口雄三．中国前近代思想的屈折与展开［M］．龚颖，译．北京：生活·读书·新知三联书店，2011．
［36］谷川道雄．中国中世社会与共同体［M］．马彪，译．北京：中华书局，2002．
［37］顾颉刚．我是怎样编写《古史辨》的？//古史辨：第1册［M］．上海：上海古籍出版社，1982．

[38] 郝大维，安乐哲：先贤的民主：杜威、孔子与中国民主之希望［M］. 何刚强，译. 南京：江苏人民出版社，2004.
[39] 何怀宏. 世袭社会及其解体［M］. 北京：生活·读书·新知三联书店，1996.
[40] 贺雪峰. 大国之基：中国乡村振兴诸问题［M］. 北京：东方出版社，2019.
[41] 贺雪峰. 治村［M］. 北京：北京大学出版社，2017.
[42] 贺雪峰. 在野之学［M］. 北京：北京大学出版社，2020.
[43] 何兆武. 苇草集［M］. 北京：生活·读书·新知三联书店，1999.
[44] 黑格尔. 历史哲学［M］. 王造时，译. 上海：上海书店出版社，1999.
[45] 亨廷顿. 变化社会中的政治秩序［M］. 王冠华，刘为，译. 北京：生活·读书·新知三联书店，1989.
[46] 亨廷顿. 文明的冲突与世界秩序的重建［M］. 侯井天，译. 北京：新华出版社，2002.
[47] 亨廷顿. 谁是美国人?：美国国民特性面临的挑战［M］. 程克雄，译. 北京：新华出版社，2010.
[48] 何信全. 儒学与现代民主［M］. 北京：中国社会科学出版社，2001.
[49] 胡乔木. 胡乔木文集：第二卷［M］. 北京：人民出版社，1993.
[50] 胡适. 胡适文存：第4册［M］. 北京：外文出版社，2013.
[51] 黄仁宇. 中国大历史［M］. 北京：生活·读书·新知三联书店，2007.
[52] 黄延敏. 黄土与红旗：延安时期中国共产党与传统文化研究［M］. 北京：学习出版社，2014.
[53] 吉登斯. 民族国家与暴力［M］. 胡宗泽，赵力涛，王铭铭，译. 北京：生活·读书·新知三联书店，1998.
[54] 金观涛，刘青峰. 观念史研究：中国现代重要政治术语的形成［M］. 北京：法律出版社，2009.
[55] 金观涛，刘青峰. 兴盛与危机：论中国传统社会的超稳定结构［M］. 长沙：湖南人民出版社，1984.
[56] 蒋梦麟. 西潮［M］. 沈阳：辽宁教育出版社，1997.
[57] 姜义华. 中华文明的根柢：民族复兴的核心价值［M］. 上海：上海人民出版社，2012.
[58] 孔多塞. 人类精神进步史表纲要［M］. 何兆武，何冰，译. 北京：生活·读书·新知三联书店，1998.
[59] 李大钊. 李大钊全集：第二卷［M］. 北京：人民出版社，2006.

[60] 李峰. 西周的政体：中国早期的官僚制度和国家［M］. 北京：生活·读书·新知三联书店，2010.

[61] 李怀印. 华北村治：晚清和民国时期的国家与乡村［M］. 北京：中华书局，2008.

[62] 李开元. 汉帝国的建立与刘邦集团：军功受益阶层研究［M］. 北京：生活·读书·新知三联书店，2000.

[63] 李培林. 村落的终结：羊城村的故事［M］. 北京：商务印书馆，2004.

[64] 李世涛. 知识分子立场：激进与保守之间的动荡［M］. 北京：时代文艺出版社，2000.

[65] 李约瑟. 四海之内［M］. 劳陇，译. 北京：生活·读书·新知三联书店，1987.

[66] 李泽厚. 世纪新梦［M］. 合肥：安徽文艺出版社，1998.

[67] 梁云. 战国时代的东西差别：考古学的视野［M］. 北京：文物出版社，2008.

[68] 梁启超. 饮冰室合集：文集之七［M］. 北京：中华书局，1990.

[69] 梁启超. 新民说［M］. 沈阳：辽宁人民出版社，1994.

[70] 梁启超. 欧游心影录［M］. 北京：商务印书馆，2014.

[71] 梁治平. 为政：古代中国的致治理念［M］. 北京：生活·读书·新知三联书店，2020.

[72] 列文森. 儒教中国及其现代命运［M］. 郑大华，任菁，译. 北京：中国社会科学出版社，2000.

[73] 林尚立. 当代中国政治：基础与发展［M］. 北京：中国大百科全书出版社，2016.

[74] 林毓生. 中国意识的危机："五四"时期激烈的反传统主义［M］. 穆善培，译. 贵阳：贵州人民出版社，1986.

[75] 林毓生. 中国传统的创造性转化［M］. 北京：生活·读书·新知三联书店，1996.

[76] 刘岱. 永恒的巨流［M］. 北京：生活·读书·新知三联书店，1991.

[77] 刘建军. 古代中国政治制度十六讲［M］. 上海：上海人民出版社，2009.

[78] 刘建军，邓理. 国家治理现代化：新时代的治国方略［M］. 上海：上海人民出版社，2020.

[79] 刘俊文. 日本学者研究中国史论著选译：第一卷［M］. 黄约瑟，译. 北京：中华书局，1993.

[80] 刘俊文. 日本学者研究中国史论著选译：第二卷［M］. 高明士，邱添生，

夏日新，等，译. 北京：中华书局，1993.
[81] 刘泽华，汪茂和，王兰仲. 专制权力与中国社会［M］. 天津：天津古籍出版社，2005.
[82] 罗伯兹. 审判雅典：西方思想中的反民主传统［M］. 晏绍祥，石庆波，王宁，译. 长春：吉林出版集团有限责任公司，2015.
[83] 卢梭. 社会契约论［M］. 何兆武，译. 北京：商务印书馆，2003.
[84] 罗荣渠. 现代化新论：世界与中国的现代化进程［M］. 北京：商务印书馆，2004.
[85] 罗素. 中国问题［M］. 秦悦，译. 北京：学林出版社，1996.
[86] 罗志田. 权势转移：近代中国的思想与社会［M］. 北京：北京师范大学出版社，2014.
[87] 罗志田. 变动时代的文化履迹［M］. 上海：复旦大学出版社，2010.
[88] 罗志田. 裂变中的传承：20 世纪前期的中国文化与学术［M］. 北京：中华书局，2003.
[89] 罗兹曼. 中国的现代化［M］. 国家社会科学基金“比较现代化”课题组，译. 南京：江苏人民出版社，2010.
[90] 吕建奎. 民主的长征：海外学者论中国政治发展［M］. 北京：中央编译出版社，2011.
[91] 鲁迅. 鲁迅全集：第 1 册［M］. 北京：人民文学出版社，1981.
[92] 吕思勉. 中国制度史［M］. 上海：世纪出版集团，上海教育出版社，2002.
[93] 吕文郁. 周代的采邑制度［M］. 北京：社会科学文献出版社，2006.
[94] 麦克尼尔. 阿诺德·汤因比传［M］. 吕厚量，译. 北京：上海人民出版社，2020.
[95] 门多萨. 大中华帝国史［M］. 何高济，译. 北京：中华书局，1998.
[96] 孟德斯鸠. 论法的精神［M］. 张雁深，译. 北京：商务印书馆，1961.
[97] 钱杭. 周代宗法制度史研究［M］. 北京：学林出版社，1991.
[98] 钱穆. 国史大纲［M］. 北京：商务印书馆，1996.
[99] 钱穆. 政学私言［M］//钱宾四先生全集：第 40 册. 台北：联经出版事业公司，1998.
[100] 钱穆. 国史新论［M］//钱宾四先生全集：第 30 册. 台北：联经出版事业公司，1998.
[101] 钱穆. 文化与教育［M］//钱宾四先生全集：第 41 册. 台北：联经出版

事业公司，1998.
［102］钱穆. 八十忆双亲　师友杂忆［M］. 北京：生活·读书·新知三联书店，1998.
［103］钱穆. 中国历代政治得失［M］. 北京：生活·读书·新知三联书店，2005.
［104］钱穆. 中国史学发微［M］. 北京：九州出版社，2020.
［105］秦晖. 传统十论［M］. 上海：复旦大学出版社，2005.
［106］任建树. 陈独秀著作选编：第3卷［M］. 上海：上海人民出版社，2010.
［107］萨义德. 东方学［M］. 王宇根，译. 北京：生活·读书·新知三联书店，2007.
［108］商务印书馆编辑部. 辞源［M］. 北京：商务印书馆，1988.
［109］沈玉成. 左传译文［M］. 北京：中华书局，1981.
［110］施特劳斯. 西方民主与文明的危机［M］. 刘小枫，选编. 北京：华夏出版社，2018.
［111］施特劳斯. 古典政治理性主义的重生：施特劳斯思想入门［M］. 郭振华，等，译. 北京：华夏出版社，2011.
［112］史华兹. 寻求富强：严复与西方［M］. 叶凤美，译. 南京：江苏人民出版社，2010.
［113］斯宾格勒. 西方的没落［M］. 吴琼，译. 上海：上海三联书店，2014.
［114］斯当东. 英使谒见乾隆纪实［M］. 叶笃义，译. 北京：商务印书馆，1997.
［115］山本新，等. 未来属于中国［M］. 吴栓友，译. 北京：世界知识出版社，2018.
［116］胡珠生. 宋恕集［M］. 北京：中华书局，1993.
［117］苏力. 大国宪制：历史中国的制度构成［M］. 北京：北京大学出版社，2018.
［118］孙中山. 孙中山全集：第1卷［M］. 北京：中华书局，1981.
［119］孙中山. 三民主义［M］. 北京：中国长安出版社，2011.
［120］蔡尚思，方形. 谭嗣同全集［M］. 北京：中华书局，1981.
［121］汤森，沃马克. 中国政治［M］. 顾速，董方，译. 南京：江苏人民出版社，1995.
［122］汤因比. 历史研究［M］. 刘北成，郭小凌，译. 上海：上海世纪出版集团，2005.
［123］汤因比. 中国纪行：从旧世界到新世界［M］. 司佳，译. 上海：上海人民出版社，2019.
［124］汤因比，［日］池田大作. 展望21世纪：汤因比与池田大作对话录［M］.

荀春生，朱继征，陈国梁，译．上海：国际文化出版公司，1985.
［125］汤一介．在非有非无之间：汤一介自述［M］．郑州：河南文艺出版社，2017.
［126］托克维尔．旧制度与大革命［M］．冯棠，译．北京：商务印书馆，1992.
［127］童世骏．西学在中国：五四运动90周年的思考［M］．北京：生活·读书·新知三联书店，2010.
［128］童书业．春秋左传研究［M］．北京：中华书局，2006.
［129］王家范．中国历史通论［M］．上海：华东师范大学出版社，2000.
［130］汪民安．现代性［M］．南京：南京大学出版社，2020.
［131］王绍光．民主四讲［M］．北京：生活·读书·新知三联书店，2008.
［132］王绍光．祛魅与超越：反思民主、自由、平等、公民社会［M］．香港：三联书店（香港）有限公司，香港浸会大学当代中国研究所，2010.
［133］王绍光．理想政治秩序：古今中西的探索［M］．北京：生活·读书·新知三联书店，2012.
［134］王元化．九十年代日记［M］．上海：上海古籍出版社，2008.
［135］王元化．清园近作集［M］．上海：文汇出版社，2004.
［136］王学典．怀念八十年代［M］．广州：广东人民出版社，2015.
［137］王亚南．中国官僚政治研究［M］．北京：中国社会科学出版社，1981.
［138］韦伯．支配社会学［M］．康乐，简惠美，译．桂林：广西师范大学出版社，2004.
［139］韦伯．中国的宗教［M］．康乐，简惠美，译．桂林：广西师范大学出版社，2004.
［140］韦伯．学术与政治［M］．冯克利，译．北京：生活·读书·新知三联书店，2005.
［141］韦伯．经济与社会：第二卷［M］．阎克文，译．上海：上海世纪出版集团，2010.
［142］韦伯．儒教与道教［M］．洪天富，译．南京：江苏人民出版社，2010.
［143］尾形勇．中国古代的“家”与国家［M］．张鹤泉，译．北京：中华书局，2010.
［144］萧公权．中国政治思想史［M］．北京：商务印书馆，2011.
［145］夏瑞春．德国思想家论中国［M］．陈爱政，等，译．北京：江苏人民出版社，1997.
［146］熊彼特．资本主义、社会主义和民主［M］．北京：商务印书馆，1999.

[147] 徐戬. 古今之争与文明自觉：中国语境中的施特劳斯 [M]. 上海：华东师范大学出版社，2010.
[148] 许纪霖，刘擎. 何谓现代，谁之中国?：现代中国的再阐释 [M]. 上海：世纪出版集团，上海人民出版社，2014.
[149] 徐勇. 中国农村村民自治 [M]. 北京：生活·读书·新知三联书店，2018.
[150] 徐勇. 国家治理的中国底色与路径 [M]. 北京：中国社会科学出版社，2018.
[151] 许倬云. 从历史看管理 [M]. 桂林：广西师范大学出版社，2005.
[152] 许倬云. 中国文化与世界文化 [M]. 桂林：广西师范大学出版社，2006.
[153] 许倬云. 历史大脉络 [M]. 桂林：广西师范大学出版社，2009.
[154] 亚里士多德. 政治学 [M]. 吴寿彭，译. 北京：商务印书馆，1965.
[155] 阎步克. 士大夫政治演生史稿 [M]. 北京：北京大学出版社，1996.
[156] 严复. 严复集 [M]. 北京：中华书局，1986.
[157] 杨斌. 李泽厚学术年谱 [M]. 上海：复旦大学出版社，2016.
[158] 杨联陞. 国史探微 [M]. 北京：新星出版社，2005.
[159] 杨懋春. 一个中国村庄：山东台头 [M]. 张雄，沈炜，秦美珠，译. 南京：江苏人民出版社，2001.
[160] 杨树达. 论语疏证 [M]. 上海：上海古籍出版社，1986.
[161] 杨学为. 中国考试史文献集成：第6卷 [M]. 北京：高等教育出版社，2003.
[162] 姚大力. 追寻“我们”的根源：中国历史上的民族与国家意识 [M]. 北京：生活·读书·新知三联书店，2018.
[163] 姚中秋. 为儒家鼓与呼 [M]. 福州：福建教育出版社，2014.
[164] 姚中秋. 重新发现儒家 [M]. 长沙：湖南人民出版社，2012.
[165] 叶礼庭. 血缘与归属：探寻新民族主义之旅 [M]. 成起宏，译. 北京：中央编译出版社，2017.
[166] 俞可平. 敬畏民意：中国的民主治理与政治改革 [M]. 北京：中央编译出版社，2012.
[167] 俞可平. 论国家治理现代化 [M]. 北京：社会科学文献出版社，2014.
[168] 于建嵘. 岳村政治：转型期中国乡村政治结构的变迁 [M]. 北京：商务印书馆，2001.
[169] 余英时. 历史与思想 [M]. 台北：联经出版事业公司，1976.
[170] 余英时. 人文与理性的中国 [M]. 北京：上海古籍出版社，2007.

［171］余英时. 朱熹的历史世界：宋代士大夫政治文化的研究［M］. 北京：生活·读书·新知三联书店，2014.
［172］张枏，王忍之. 辛亥革命前十年间时论选集：第1卷［M］. 北京：生活·读书·新知三联书店，1960.
［173］张分田. 民本思想与中国古代统治思想［M］. 天津：南开大学出版社，2009.
［174］张灏. 危机中的中国知识分子：寻求秩序与意义［M］. 高力克，王跃，译. 北京：新星出版社，2006.
［175］赵鼎新. 东周战争与儒法国家的诞生［M］. 夏江旗，译. 上海：华东师范大学出版社，上海三联书店，2006.
［176］郑家栋. 断裂中的传统［M］. 北京：中国社会科学出版社，2001.
［177］郑钦仁. 中国古代制度略论［M］. 合肥：黄山书社，2012.
［178］中共中央文献研究室. 十三大以来重要文献选编［M］. 北京：人民出版社，1992.
［179］中共中央文献研究室. 建国以来重要文献选编：第9册［M］. 北京：中央文献出版社，1994.
［180］中共中央统一战线工作部，中共中央文献研究室. 新时期统一战线文献选编（续编）［M］. 北京：中共中央党校出版社，1997.
［181］中央政策研究室. 江泽民论社会主义精神文明建设［M］. 北京：中央文献出版社，1999.
［182］中共中央文献研究室. 十七大以来重要文献选编［M］. 北京：中央文献出版社，2013.
［183］中共中央文献研究室. 毛泽东年谱（1949—1976）：中卷［M］. 北京：中央文献出版社，2013.
［184］中共中央文献研究室. 十八大以来重要文献选编：上［M］. 北京：中央文献出版社，2014
［185］中共中央文献研究室. 十八大以来重要文献选编：中［M］. 北京：中央文献出版社，2016.
［186］中共中央文献研究室. 习近平关于社会主义文化建设论述的摘编［M］. 北京：中央文献出版社，2017.
［187］中共中央党史和文献研究院. 十九大以来重要文献选编：上［M］. 北京：中央文献出版社，2019.

［188］中外关系史学会，复旦大学历史系．中外关系史译丛：四［M］．上海：上海译文出版社，1988.
［189］周宁．天朝遥远［M］．北京：北京大学出版社，2006.
［190］朱凤瀚．商周家族形态研究［M］．天津：天津古籍出版社，2004.
［191］庄士敦．紫禁城的黄昏［M］．陈时伟，等，译．济南：山东画报出版社，2007.
［192］佐竹靖彦．佐竹靖彦史学论集［M］．北京：中华书局，2006.

四、论文

［1］安会茹．儒家的德治思想与当代社会治理［J］．哈尔滨工业大学学报（社会科学版），2020（6）：71－78.
［2］白彤东．中国是如何成为专制国家的？［J］．文史哲，2016（5）：34－46.
［3］白彤东．主权在民，治权在贤：儒家之混合政体及其优越性［J］．文史哲，2013（3）：12－23，165.
［4］高鹏．中国古代“天下主义”实践的历史轨迹和战略形态［J］．世界经济与政治论坛，2021（3）：21－37.
［5］郭盛民．新天下主义：观念与秩序的重构［J］．读书，2017（6）：53－57.
［6］韩庆祥．为解决人类发展问题贡献“中国理论”：习近平“人类命运共同体思想”［J］．东岳论丛，2017（5）：5－10.
［7］韩水法．泰勒与多元文化主义［J］．读书，1998（7）：74－82.
［8］韩海涛．坚守初心和使命：新时代政德建设的本质与路径［J］．中国特色社会主义研究，2019（5）：90－104.
［9］韩向臣，李龙．政治制度与政治文明：现代中国的新大一统模式［J］．河南社会科学．2020（7）：34－43.
［10］贺东航．“大一统”治理与中国政治的内生性演化之路［J］．中央社会主义学院学报，2021（4）：171－180.
［11］侯旭东．中国古代专制说的知识考古［J］．近代史研究，2008（4）：4－28，2.
［12］刘成志．从人治到法治：古代官德略论与现代官德重塑［J］．云南社会主义学报，2016（2）：131－136.
［13］胡静．“大一统”思想与中华民族共同体意识的形成［J］．青海民族大学学报，2021（2）：36－42.

[14] 黄建跃．错置与重构：传统官德文化的创造性转化探析［J］．湖湘论坛，2017（4）：149－154.

[15] 黄敏兰．近年来学界关于民主、专制及传统文化的讨论：兼及相关理论与研究方法的探讨［J］．史学月刊，2012（1）：100－119.

[16] 黄钊．中华优秀传统政德在当代治国理政中的价值［J］．学校党建与思想教育，2016（22）：4－6.

[17] 李晓敏．论新时代领导干部的政德建设［J］．学习论坛，2018（7）：42－47.

[18] 李永强，马慧玥．论中国科举制度对西方文官制度的影响［J］．中国人民大学学报，2008（1）：112－117.

[19] 金寿福．东方专制主义理论是冷战产物［J］．历史评论，2020（2）：80－87.

[20] 刘海峰．科举制百年祭［J］．北京大学教育评论，2005（4）：75－80.

[21] 刘海峰．为科举平反［J］．基础教育，2005（6）：42－44.

[22] 刘海峰．为科举正名［J］．厦门大学学报（哲社版），2010（3）：89－97.

[23] 吕勇．新时代中国共产党的“天下观”及其使命［J］．桂海论丛，2019（5）：44－48.

[24] 大卫·麦克莱伦．马克思主义的过去、现在和未来：英国马克思主义学者大卫·麦克莱伦访谈录［J］．科学社会主义，2018（3）：25－29.

[25] 潘祥超．中国共产党的传统文化观的演进及启示：中华人民共和国成立70年以来［J］．绵阳师范学院学报，2019（10）：35－41.

[26] 屈会涛．论三晋制度对秦国的影响［J］．黑龙江史志，2014（8）：42－43.

[27] 屈会涛．春秋时期的金文家训与世族的生存之道［J］．社科纵横，2019（2）：111－115.

[28] 鄯爱红．中国共产党对儒家政德思想的继承与创新［J］．新视野，2018（4）：29－34，40.

[29] 宋洪兵．二十世纪中国学界对“专制”概念的理解与法家思想研究［J］．清华大学学报（哲社版），2009（4）：102－114.

[30] 唐凯麟，龙兴海．现代理性视野中的传统行政伦理观：儒家官德思想的合理内核及其价值［J］．求索，2004（7）：120－122.

[31] 唐文明．乌托邦、现代性与未来中国政治的理想维度［J］．中国图书评论，2011（7）：94－98.

[32] 王家范. 重评明末“封建与郡县之辨”[J]. 华东师范大学学报, 2000 (7): 3-10.
[33] 王继凤. 新时代领导干部政德建设问题研究[J]. 学习论坛, 2018 (10): 34-38.
[34] 王慎. 得民心者得天下: 以土改为考察中心 (1946—1949)[J]. 河池学院学报, 2018 (3): 103-107.
[35] 王韶兴. 政党政治与政党制度论[J]. 政治学研究, 2004 (4): 24-29.
[36] 许纪霖. 儒家宪政的现实与历史[J]. 开放时代, 2012 (1): 44-59.
[37] 许纪霖. 新天下主义: 对民族主义与传统天下主义的双重超越[J]. 探索与争鸣, 2016 (5): 62.
[38] 许苏民. “专制”问题讨论中的一个理论误区: 论如何看待西方学者的“东方专制主义”理论[J]. 天津社会科学, 2010 (6): 134-138.
[39] 徐来富, 吴家华. 习近平政德观探析[J]. 西南石油大学学报(社会科学版), 2018 (5): 49-55.
[40] 徐勇. 历史延续性视角下的中国道路[J]. 中国社会科学, 2016 (7): 4-25, 205.
[41] 阎树群. 习近平关于制度自信重要论述的基本内容与理论贡献[J]. 马克思主义研究, 2021 (2): 21-31.
[42] 严泉. 论中国科举制度对近代西方文官考试制度形成的影响[J]. 历史教学, 1999 (1): 14-18.
[43] 杨凤城. 中国共产党对待传统文化的历史考察[J]. 教学与研究, 2014 (9): 78-86.
[44] 杨毓团. 从“天下主义”“民族国家”到“新大卜主义”: 中国民族主义特质流衍论略[J]. 政治思想史, 2016 (2): 21-40.
[45] 姚中秋. 儒家宪政民生主义[J]. 开放时代, 2011 (6): 26-41.
[46] 姚中秋. 世界历史的中国时刻[J]. 开放时代, 2013 (2): 5-8.
[47] 余英时. 试说科举在中国史上的功能与意义[J]. 二十一世纪, 2005 (10): 4-18.
[48] 张分田. “专制”问题论纲: 关于“重建中国思想史知识体系”的若干思考[J]. 天津社会科学, 2011 (3): 117-128.
[49] 张昭军. “中国式专制”抑或“中国式民主”: 近代学人梁启超、钱穆关于中国古代政治制度的探讨[J]. 近代史研究, 2016 (3): 113-132.

［50］赵赫. 新天下主义：一种世界秩序构想的论争与启示［J］. 世界经济与政治论坛，2021（2）：38－54.
［51］周辉，王海波. 马克思主义公私观及其时代价值［J］. 学术论坛，2015（11）：16－19.
［52］邹升平. 从“制度他信”到“制度自信”的转变［J］. 理论探讨，2014（3）：32－35.
［53］朱正平. 从“崇公抑私”到“尚公重私”：儒家公私观的现代转化［J］. 东方论坛，2012（3）：23－28.

五、报刊文章

［1］习近平. 在庆祝中国共产党成立100周年大会上的讲话［N］. 人民日报，2021－07－02.
［2］罗岗. 成为一个问题的“专制”［N］. 中华读书报，2010－04－14.
［3］国家统计局. 中华人民共和国2019年国民经济和社会发展统计公报［N］. 光明日报，2020－02－29.

六、网络文章

［1］习近平. 建设社会主义文化强国　着力提高国家文化软实力［EB/OL］.（2013－12－31）. http：//news. 12371. cn/2013/12/31/ARTI1388504955461547. shtml.
［2］习近平. 牢记历史经验历史教训历史警示　为国家治理能力现代化提供有益借鉴［EB/OL］.（2014－10－13），https：//news. 12371. cn/2014/10/13/ARTI1413196364304826. shtml.
［3］中共中央关于坚持和完善中国特色社会主义制度推进国家治理体系和治理能力现代化若干重大问题的决定［EB/OL］.（2019－11－05）http：//www. xinhuanet. com/politics/2019－11/05/c_1125195786. htm.
［4］徐泓. 何炳棣教授与《明清社会史论》［EB/OL］.（2014－10－13），http：//www. cssn. cn/zx/201712/t20171208_3773621. shtml.
［5］傅鸿泉. 谷牧与中国孔子基金会［EB/OL］. http：//www. chinakongzi. org/zt/thirty/twbd/201409/t20140910_42754. htm.

七、外文文献

[1] BALAZS. E. Chinese Civilization and Bureaucracy: Variations on a Theme [M]. New Haven: Yale University Press, 1964.

[2] TSOU. T. Reflections on the Formation and Foundations of the Communist Party – State in China in The Cultural Revolution and Past – Mao Reform: A Historical Perspective [M]. Chicago: The University of Chicago Press, 1986.

[3] CREEL. H. G. The beginnings of bureaucracy in China: The origin of the Hsien [J]. Journal of Asian Study, 1964 (2): 155 – 184.

[4] KRACKE. E. A. Family vs. merit in the chinese civil service examinations during the empire [J]. Harvard Journal of Asiatic Studies, 1947, 10 (2): 103 – 123.

[5] BODDE. D. Chinese Ideas in the West [R]. Washington. D. C.: American Council on Education Fourth Printing 1972.

[6] GAMBLE. S. North China Village: Social, Political and Economic Activities before 1933 [M]. Berkeley: University of California Press, 1963.

[7] PYE. L China: Erratic State, Frustrated Society [J]. Foreign Affairs, 1990 (4): 56 – 74.

[8] THOMPSON. W. Griffith John: The Story of Fifty Years in China [M]. New York: A. C Armstrong & Son Publishing House, 1906.

[9] LITTLE. A. Gleanings From Fifty Years in China [M]. London: Sampson Low, Marston &Co. 1910.

[10] STUART. J. L. Fifty Years in China: The Memoirs of John Leighton Stuart, Missionary and Ambassador [M]. Palo Alto: Sanford University Press, 2008.